日独シンポジウム

量刑法の基本問題
―量刑理論と量刑実務との対話―

【編著】
ヴォルフガング・フリッシュ
浅田 和茂
岡上 雅美

【著者・訳者】

ド イ ツ 側

ヴォルフガング・フリッシュ　　フランツ・シュトレング
ディーター・デリング　　　　　タチアナ・ヘアンレ
カール＝ルートヴィッヒ・クンツ　ハインツ・シェヒ
ルイーザ・バーテル

日 本 側

松宮孝明　　髙山佳奈子　　小島 透　　小池信太郎
井田 良　　葛原力三　　　浅田和茂　　安原 浩
岡上雅美　　中桐圭一　　　辻本典央　　中川博之
原田國男

成文堂

日本側代表者によるはしがき

　本書は、2009年9月12日（土）13日（日）の両日、立命館大学朱雀キャンパスで開催された日独シンポジウム「量刑法の基本問題――量刑理論と量刑実務の対話――（Japanisch‐Deutsches Symposium "Grundfragen des Strafzumessungsrechts"―Ein Dialog zwischen Strafzumessungstheorie und Strafzumessungspra-xis)」における報告の記録である。以下には、このシンポジウムの開催に至った経緯を簡単に紹介したうえ、その意義を確認しておきたい。

　このシンポジウムに至った発端は、2007年4月に遡る。このシンポジウムの共同主催者である岡上雅美准教授（筑波大学）から、フリッシュ教授（フライブルク大学）が「制裁法」についての日独シンポジウムを開催したいという意向とともに、日本側の世話人として浅田その他の名前が挙げられた旨の便りをいただいた。フリッシュ教授とは、大阪市立大学法学部とフライブルク大学法学部との協定に基づくシンポジウムを通じて、長年の知己であり、小生としては、日本では裁判員裁判を控え、とりわけ「量刑」が最も重要な課題になると考えていたので、量刑を中心にしたシンポジウムを開催するということであれば喜んで協力したいという返信をした。

　そこで、岡上准教授と相談のうえ、このシンポジウムの準備を兼ねて、「刑事制裁・量刑研究会」（代表：浅田、事務局：岡上）を発足させることにした。会場を関西大学に引き受けていただき（川口浩一教授、山名京子教授、葛原力三教授が全面的に協力してくださった）、2007年9月に第1回の研究会を開催し、ほぼ3カ月に1度の間隔で、2009年7月までに9回の研究会が開催された。メンバーは関西の教員・院生を中心に約25名であり、毎回、事務局から「案内」と「通信」がメールで配信されている。

　その間、岡上准教授を代表者として科学研究費に応募し、幸いにも平成20～22年度基盤研究（B）「日独比較による日本の量刑実務の特性に関する理論研究」として採用された。財政的基盤が整ったことから、それまで関西中心であった研究会のメンバーを全国規模に拡大するとともに、シンポジウムを2009年9月に開催することとして準備に入った。「量刑中心」という日

本側の提案に対し、フリッシュ教授からかなり詳細なプログラム案が提示され、それを研究会で検討しつつ、漸次、内容および報告者を確定していった。会場は、交通の便等を考慮して、立命館大学法科大学院（朱雀キャンパス、JR二条駅前）とした。

副題を「量刑理論と量刑実務の対話」としたのは、フリッシュ教授の希望に沿ったものであるが、それが可能になったのは、当初から研究会に参加してくださった石井一正元裁判官の紹介で現職の中川博之裁判官、中桐圭一裁判官が参加してくださったこと、河上元康元裁判官および安原浩元裁判官が参加してくださり、さらに量刑法の大家である原田國男元裁判官に協力していただけることになったことが大きい。研究会には、井田良教授、城下裕二教授、本庄武准教授、小島透准教授なども遠方から参加してくださり、わが国の量刑法専門家が一堂に会した感があった。

シンポジウムの全体は、第1部「刑罰・量刑の目的および責任」、第2部「量刑決定の構造、量刑事実」、第3部「さらなる量刑事実、刑の量定の基準」、第4部「量刑の訴訟上の問題」からなり（本書は、第2部と第3部の実体法の部分を併せたため、三部構成となっている）、量刑理論と量刑実務の架橋を意識しつつ、量刑法全体を包括的に扱うものとなった。小生がシンポジウムの最後の挨拶で述べたことの概要は次のとおりである。

「われわれは、この2日間で、実に量刑に関する15人の報告と2人のコメントを聞き、議論を交わしてきた。私は、これまで10回ほど日独シンポジウムに参加してきたが、これほど集中的に行われたものはなかった。われわれは、今回、量刑の問題をきわめて包括的に取り上げた。量刑の基礎とりわけ責任と予防の関係は、いわば永遠のテーマであるが、新たな地平を垣間見ることができたように思う。量刑の構造については、いわゆる量刑相場および量刑スケールの問題を比較法的に検討した。また、さまざまな量刑事実について具体的に検討した。さらに、訴訟上の問題を、まさに量刑理論と量刑実務との対話の下に、取り扱うことができた。ここでわれわれが探求したことは、次の段階への基盤であり、今後も日独で共同研究を続けていくことができれば幸いである。この研究の成果は、遠からず日本語で公表される予定である。ドイツ側および日本側の報告者をはじめ、討論参加者、通訳、手伝っ

てくださった院生諸君に感謝する。なお、このシンポジウムの参加者は、当初の予定を大きく上回り約80名に達し、盛会であった。参加者全員に感謝したい。」

　とくに印象に残ったのは、日本における量刑データベースの活用について、ドイツ側から強い関心が寄せられたこと、ドイツでは南部と北部とで量刑に格差がある（南部の方が比較的重い）と言われているが、国民は必ずしもそれに違和感を抱いていないと指摘されたことなどである。

　「刑事制裁・量刑研究会」は、今後も継続して開催される予定であり(2011年5月15日に第16回研究会が開催された)、このシンポジウムの成果を生かしつつ、今後の量刑のあり方について、さらに比較法的検討および量刑実務の検討を含む研究を進めることにしている。さらに成果が得られることを願っている。

　なお、本書の編集にあたっては、浅田和茂・岡上雅美・松宮孝明・髙山佳奈子の4名が、編集委員となり、執筆者の承諾の下に、用語および訳語の統一、表現の変更などの作業を行った。

　最後に、本書の出版を引き受けていただいた成文堂阿部耕一社長ならびに土子三男取締役に心から感謝の意を表する。

2011年7月

シンポジウム主催者を代表して
浅　田　和　茂

iv 日本側はしがき

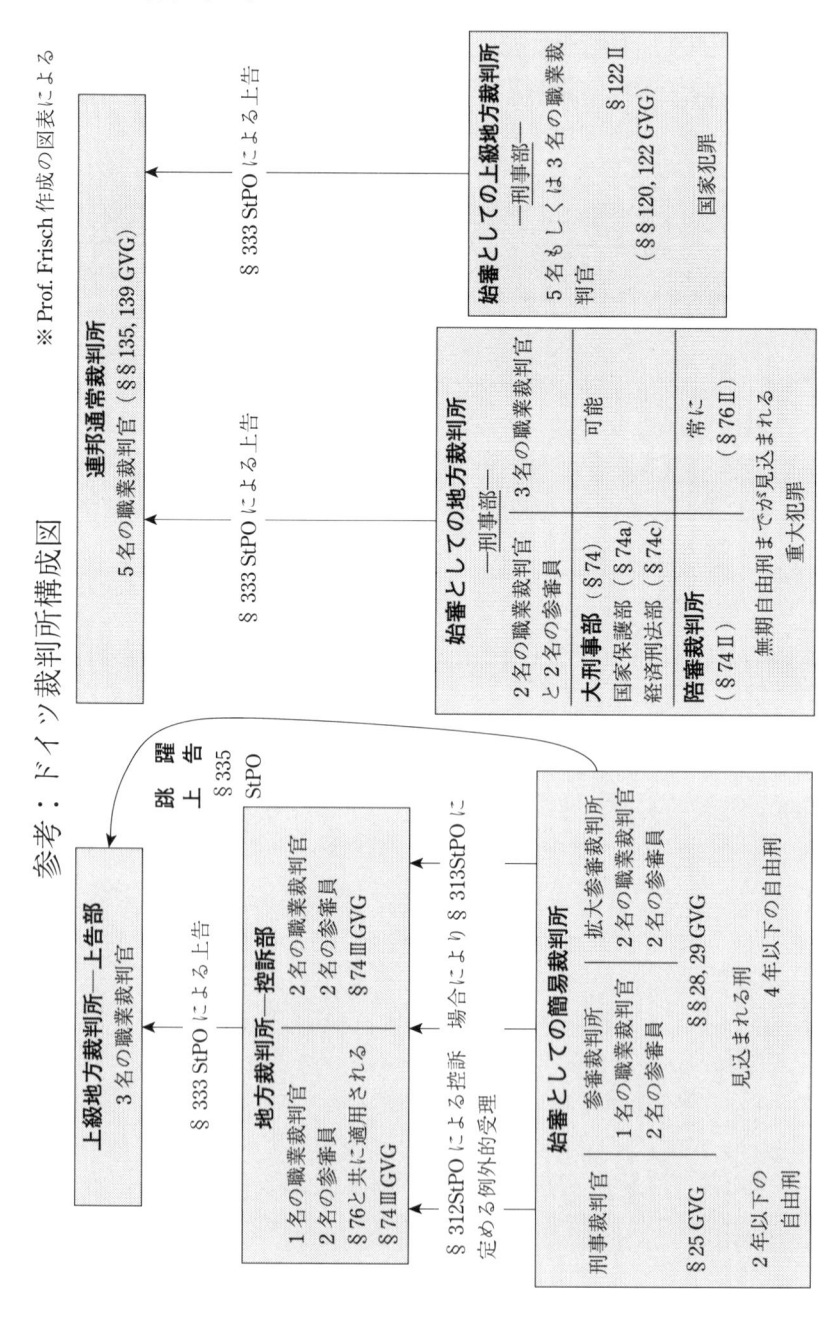

参考：ドイツ裁判所構成図

※ Prof. Frisch 作成の図表による

連邦通常裁判所（§§ 135, 139 GVG）
5名の職業裁判官

↑ § 333 StPO による上告

始審としての上級地方裁判所
―刑事部―
5名もしくは3名の職業裁判官　§ 122 Ⅱ
（§§ 120, 122 GVG）
国家犯罪

↑ § 333 StPO による上告

始審としての地方裁判所
―刑事部―

2名の職業裁判官と2名の参審員	3名の職業裁判官
大刑事部（§ 74）国家保護部（§ 74a）経済刑法部（§ 74c）	可能
陪審裁判所（§ 74 Ⅱ）	常に（§ 76 Ⅱ）無期自由刑までが見込まれる重大犯罪

↑ § 333 StPO による上告

上級地方裁判所―上告部
3名の職業裁判官

跳躍上告 § 335 StPO

↑ § 333 StPO による上告

地方裁判所―控訴部

1名の職業裁判官2名の参審員§ 76と共に適用される§ 74Ⅲ GVG	2名の職業裁判官2名の参審員§ 74Ⅲ GVG

↑ § 312StPO による控訴　場合により § 313StPO に定める例外的な受理

始審としての簡易裁判所

刑事裁判官	参審裁判所1名の職業裁判官2名の参審員	拡大参審裁判所2名の職業裁判官2名の参審員
§ 25 GVG	§§ 28, 29 GVG	
2年以下の自由刑	見込まれる刑	4年以下の自由刑

判決に対する上訴—これらの場合における上訴手続

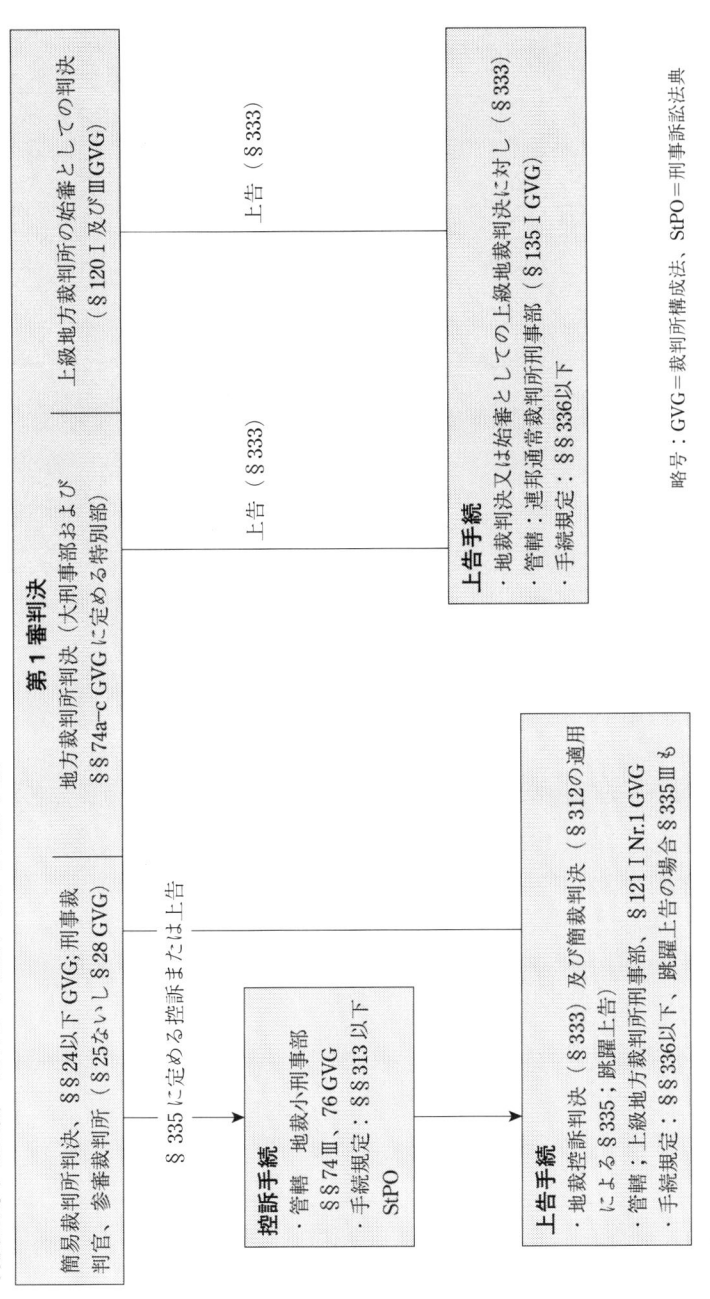

第1審判決

簡易裁判所判決、§§24以下 GVG；刑事裁判官、参審裁判所（§25ないし§28 GVG）	地方裁判所判決（大刑事部および§§74a～c GVGに定める特別部）	上級地方裁判所の始審としての判決（§120 I 及びⅢ GVG）

§335に定める控訴または上告 →

上告（§333） ↗

上告（§333） →

控訴手続
・管轄　地裁小刑事部　§§74Ⅲ, 76 GVG
・手続規定：§§313以下 StPO

↓

上告手続
・地裁控訴判決（§333）及び簡裁判決（§335による；跳躍上告）
・管轄：上級地方裁判所刑事部、§121 I Nr.1 GVG
・手続規定：§§336以下、跳躍上告の場合§335Ⅲも

上告手続
・地裁判決又は始審としての上級地裁判決に対し（§333）
・管轄：連邦通常裁判所刑事部
・手続規定：§§336以下

略号：GVG＝裁判所構成法、StPO＝刑事訴訟法典

ドイツ側代表者によるはしがき

　本書は、2009年9月12日および13日、京都・立命館大学における日独シンポジウム「量刑の基本問題」でなされた報告を再録するものである。
　日本人とドイツ人の法律家が参加する法律学シンポジウムには、長い伝統がある。このようなやり方で、思考モデルやさまざまな経験を交換し、互いに学びあうために、何年も前から、法律学の個別の部分領域だけではなく法の現実的諸問題や法の挑戦について法律学シンポジウムが開催されてきた。刑法の中でも、相互的な成果の獲得を目的とするこのようなシンポジウムが何度も繰り返し行われている。それにもかかわらず、本書がその内容を記す本シンポジウムには、二重の点で新機軸がある。
　——第1に——テーマは、日本とドイツの刑法学者の間の活発な学術交流の枠内ではもっぱら限定的にしか注目されてこなかった問題領域、いずれにせよ、シンポジウム全体で単独の題材とされることのなかった問題領域に関するものである。従来、刑法に関する日本とドイツとの対話はとくに一般的な犯罪論の諸問題および現代の刑事政策的諸問題に集中してきたが、このシンポジウムは、日独対話を重要な側面について拡大し、かくして全く新たで実りの多いテーマ領域にまで及ぶものとした。量刑の問題は、——犯罪論上の解釈問題のいくつかとは異なって——つねに提起され続けるものであるという理由から、実務上中心的な意義があるだけではない。それは、学問的に基礎づけられた犯罪論を比較と量化の領域へさらに推し進めるものであるために、学問的にも興味深い。まさにこの時期に量刑の問題に従事することを思いついたのは、裁判員制度の導入によって——そしてそれと共に量刑への素人裁判官の関与によって——量刑の諸原則とはどのようなものであり、それを（素人裁判官に対して）どのように仲介するかの問題は、日本でもきわめて現代的な意義をもつようになったからである。おそらく、ドイツにおいて数十年来、この点に関して積まれてきた経験に関する報告は、日本にとってとくに興味深いものだろう。
　しかしまた——第2に——、このシンポジウムは、如何なる範囲の者が参

加したかについても、ある意味で新機軸であり、実験的な試みだと思われた。たいていの他の学術会議とは異なって、このシンポジウムでは、大学に勤める研究者のみならず、実務で活動する法律家、とくに上級審の裁判官にも報告をしていただき、コメントをお願いした。実務で活動する法律家がこのように参加してくださったことは、まさに量刑の領域における法実務の豊かな経験を量刑法構築のために生かすというためだけではない。同時に、それと結びつくのは、刑法の他のテーマ領域にとってもまた、学問と実務との対話を一層強めるきっかけにしたいという希望である。

　シンポジウムの目的は、実定法および訴訟において量刑が提起する基本問題や重要な個別問題を、日本の観点とドイツの観点から取り扱い、それを基礎にして、共通点と相違点を把握し、議論することであった。したがって、第１部のテーマでは、量刑の基本的な照準点に関する問題（責任か危険性か；責任清算か予防か）および、量刑にとって有意義な経験的知見の問題が扱われた。第２のテーマ領域として、それに続いたのが、量刑決定の構造についての考察である。さらなる報告は、量刑にとって意味のある諸事情を対象とした。ここでは、とくに当然に意味のある犯行の量刑関連事情と、解釈論上、かなり問題のある、犯行外の事情（前科前歴；犯行後の態度など）とを意識的に区別した。実体法上の量刑の諸問題に関する考察は、具体的な事案の量刑関連事情の意味内容から、どのような基準に基づいて、具体的な刑量についての意味内容へと到達しうるかに関する、日本側およびドイツ側の省察によって締めくくられた。シンポジウムの訴訟法の部は、２つの中核的な問題を究明しようとするものであった。すなわち、事実審において、量刑はどのような諸問題を提起するかという問題であり、そして、事実審裁判官の量刑決定は、上級審審査に服するのか、そして服するとすればどの程度かという問題である。

　本書の諸報告が詳らかにするシンポジウムは、量刑の諸問題に関する日本とドイツの共同の話し合いへの第一歩であると考えられる。シンポジウムは、両国において、何が量刑の基礎であるのか、諸々の問題と困難はどこにあると考えられるのか、どの程度、解明の必要性があり、さらに議論されるべきかを明らかにしようとするものである。量刑の問題もまた、実務で中心

的な意味をもつのみならず、学問的にも興味深く、実り多く議論できるテーマ領域であるという認識をこのシンポジウムによってもたらすことができたならば、それもシンポジウムの成果といえるだろう。

2010年3月京都・フライブルクにて

ヴォルフガング・フリッシュ教授

Prof. Dr. Wolfgang Frisch, Universität Freiburg

訳・岡上　雅美

目　次

日本側代表者によるはしがき
ドイツ側代表者によるはしがき

第 1 部　量刑の基礎

[第 1 テーマ]

量刑に対する責任、危険性および予防の意味

ドイツ側報告……………………………ヴォルフガング・フリッシュ (3)
　　　　　　　　　　　　　　　　　　　　　　　訳・松宮　孝明

日本側報告………………………………………………………松宮　孝明 (31)

[第 2 テーマ]

量刑の経験的基礎

ドイツ側報告………………………………………フランツ・シュトレング (45)
　　　　　　　　　　　　　　　　　　　　　　　訳・髙山　佳奈子

日本側報告………………………………………………………小島　透 (67)

第 2 部　量刑判断の構造
　　　──量刑事実、刑量決定の基準──

[第 3 テーマ]

量刑決定の構造

ドイツ側報告……………………………………ディーター・デリング (93)
　　　　　　　　　　　　　　　　　　　　　　　訳・小池　信太郎

日本側報告………………………………………………………井田　良 (103)

[第4テーマ]
量刑上重要な犯行事情
  ドイツ側報告 ……………………………………タチアナ・ヘアンレ (117)
                訳・葛原　力三

  日本側報告 …………………………………………………葛原　力三 (133)

第3テーマ・第4テーマに対する実務家のコメント …安原　浩 (143)

[第5テーマ]
量刑事実としての前科前歴および犯行後の事情
  ドイツ側報告 ………………………………カール=ルートヴィッヒ・クンツ (147)
                訳・浅田　和茂

  日本側報告 …………………………………………………浅田　和茂 (167)

[第6テーマ]
刑種および刑量についての諸基準
  ドイツ側報告 ……………………………………ハインツ・シェヒ (179)
                訳・岡上　雅美

  日本側報告 …………………………………………………岡上　雅美 (193)

第5テーマ・第6テーマに対する実務家のコメント …中桐　圭一 (205)

第3部　訴訟上の量刑問題

[第7テーマ]
事実審における量刑決定
  ドイツ側報告 ……………………………………ルイーザ・バーテル (211)
                訳・辻本　典央

  日本側報告 …………………………………………………中川　博之 (227)

[第8テーマ]
量刑決定の上告審審査
ドイツ側報告 ……………………………………ヴォルフガング・フリッシュ (243)
　　　　　　　　　　　　　　　　　　　　　　　　　　訳・岡上　雅美
日本側報告 ………………………………………………………原田　國男 (265)

総　括

第1部　量刑の基礎

ドイツ側報告

[第1テーマ]
量刑に対する責任、危険性および予防の意味

ヴォルフガング・フリッシュ
フライブルク大学教授

訳・松宮　孝明
立命館大学教授

I　刑罰の連結点と目的——関連性
II　量刑の連結点および基礎としての責任の原理的優位性について
III　責任刑の量定に関する根本問題と基本方針
IV　責任刑と予防の必要性

　刑罰の種類と程度を行為者の責任に基づいて決めるべきか、それとも行為者の危険性に基づいて決めるべきかという問題は、量刑における基本的で出発点となる問題のひとつである。行為者を処罰する理由が、彼が反価値的な犯行を行ったことにあるのか、それとも将来の犯罪を予防することにあるのかという問題は、それと根本的にかつ明らかに類似したものである。あるいは、刑罰は責任の清算や応報や法の回復ないし安定化に資するものなのか、それとも予防に資するものなのか、そして、それに応じて、刑罰はその限りで正しい要求を適切に評価するように量定されるべきなのかが問題だといってもよい。
　しかし、一見したところでは、このように類似した問題にも、その間には相違がある。これらの問題は、それらを多様なレベルで——もっとも、相互に関連性のあるレベルで、ではあるが——定式化することによって区別することができるのである。

I 刑罰の連結点と目的——関連性

1　「責任」および「危険性」という概念は、思考可能な刑罰の連結点であり同時に刑を計る原理でもある。すなわち、刑罰は、行為者の責任の程度に応じて量定することもできるし、行為者の危険性の程度に量刑を方向づける連結点を見出すことも——ゆえに、刑罰を危険性の程度と長さに基づいて決めることも——できる。どちらの連結点が正しいかは、ドイツにおいて華々しく展開された「学派の争い」の中心問題であった[1]。その中では、古典学派は19世紀に展開された、刑罰を行為の不法とこれに対する行為者の責任の程度に方向付けられたリアクションであるという理解を、強力に擁護した[2]。ここでは、責任とは、多かれ少なかれ、法的に正しく行動するという行為者の能力を理由とする行為の非難可能性として理解されていた[3]。いわゆる近代学派ないし社会学派は、増加し続ける再犯件数を背景に、このような刑罰観を刑事政策的に失当であると批判した。その代わりに、近代学派は、行為者の危険性の態様と長さを、とりわけ再犯の場合に、正しい刑罰に関する考察の中心点に置いたのである[4]。

2　このような刑罰の正しい連結点——あるいは、おそらく刑罰の実在根拠——についての問いと、刑罰の目的に関する問いは、区別されるべきである。後者の問いに関しては、すでにギリシャおよびローマ時代の哲学者が、

---

1 「学派の争い」については、*Eb. Schmidt*, Einführung in die Geschichte der deutschen Strafrechtspflege, 3. Aufl. 1965, §§ 321 f.; *von Hippel*, ZStW 30 (1910), 871, 905 ff. を参照。

2 古典学派の立場に関しては、とりわけ、*Binding*, Grundriß des gemeinen deutschen Strafrechts I, 5. Aufl. 1897, S. 145 ff.; *Birkmeyer*, GA 1901, 72 ff.; *R. Schmidt*, Die Aufgaben der Strafrechtspflege, 1895, S. 123 ff.

3 これは、いわゆる規範的責任概念の核心である。その指針となったのは、*Frank*, Der Aufbau des Schuldbegriffs, 1907, S. 3 ff., 11; 当時の論争は、ders., Das Strafgesetzbuch für das Deutsche Reich, 18. Aufl. 1931, S. 136 ff. にうまく要約されている。

4 たとえば、*Franz von Liszt*, ZStW 3 (1882), 1 ff.（いわゆるマールブルク綱領）= *Liszt*, Strafrechtliche Vorträge und Aufsätze, 1905, Band 1, S. 126 ff., 152 ff., 157 ff., 163 ff.

激しい論争を繰り広げている[5]。

　ある人——たとえばプラトンやセネカ、後代の多くの啓蒙思想家——にとっては、刑罰の目的は、理性的に考えると、行為者のさらなる犯行を防止することにしかあり得ない。したがって、刑罰は、これにも応じて量定されるべきである。改善が必要でかつ可能である行為者は、彼を改善するために必要と思われる刑罰を受ける。今ある手段では改善できない行為者に対しては、社会は保安刑によって防衛されることになる。

　これに対して、刑罰の中に、犯された行為に対する応答を見出す人もいる。それは、責任の清算または法の回復という目標を追求するものである。そのような目標としては、とりわけ、非難可能な不法の応報、責任の清算および贖罪、犯行によって侵害された法の回復および法秩序の妥当強化が挙げられる[6]。ここでもまた、これらの目標観念から、量刑に対する結論が引き出される。すなわち、正しい応報ないし責任の清算を目的とする者は、刑罰を責任の程度に応じて量定しなければならない。そして、犯行によって法秩序の妥当を疑問にさらすことに対してこの妥当を回復することを目標とする者は、このようにして法秩序が疑問にさらされた程度に応じて刑を量定しなければならない。そのためには、ここでもまた、不法と行為者がこの不法を回避できた可能性の程度が、重要なファクターとなる[7]。

　さらに刑罰に関する第3の構想は、その目的を行為者のみへの作用に見出すのではなく、公衆への作用に見出す。刑罰の法定と賦課は公衆に、つまり、とりわけ潜在的行為者にも影響を与え、犯罪の実行をできる限り抑圧するものであると考えるのである[8]。この（たいていは法定刑に基づく）一般予防的刑罰構想が個別事件における刑の量定にとって何を意味するかに答えるこ

5　この刑罰目的論の詳細な説明は、*Nagler*, Die Strafe, 1918, passim, insbesondere S. 137 ff., 203 ff., 316 ff.; *von Bar*, Geschichte des deutschen Strafrechts und der Strafrechtstheorien, 1882, S. 202-361.

6　これに関する詳細な文献については、*Frisch*, GA 2009, 385 Fn. 2-6.

7　Vgl. dazu näher *Frisch*, in: Canaris u.a. (Hrsg.), 50 Jahre Bundesgerichts-hof, Festgabe aus der Wissenschaft, 2000, Band 4, S. 269 ff., 278 f., 286 ff.

8　この意味で古典的なのは、*Feuerbach*, Lehrbuch des peinlichen Rechts, 11. Aufl. 1832, §§ 12, 13 und insbesondere 16.

とは容易ではない。それは、個別事件における量刑が公衆に対して、そもそも、そしてどの程度、犯罪抑止効果を持つのかが、すでに原則的に疑わしいからばかりではない。量刑実務のどのような方針が、公衆に一定の効果を達成するために必要なのかについての確たる知識が——全体としては効果があると考えられている量刑実務にとっても——存在しないからである。そのため、過去には、ときおりこれがドラスティックで、ついにはもはや受け入れられることのない威嚇刑にまで至ったこともあった。なぜなら、人は、より厳しい刑罰のほうがより大きな威嚇効果を保証すると考えることが、幾度もあったからである。一般予防の信奉者がこのような誘惑に押しつぶされないところでは、彼らは、その構想を、たいてい、（犯罪に）均衡する刑罰を科することによって果たしてきた[9]。それは、法実務においては、予防に基礎づけられた行為刑ないし責任刑の根拠づけに帰着する。そのことは、最終的には、今日数多くの共感を得ていると考えられる、いわゆる積極的一般予防という刑罰構想にも当てはまる[10]。この構想にとっては、責任刑は同時に一般予防的に正しい刑罰でもある。それは、犯行によって動揺させられた公衆の法意識を強化し確固としたものにして以後の犯罪行為から守ることに最も適しているとするのである[11]。犯行に対するリアクションとして責任に相当する刑罰が予期される社会では、それは確かに正しい。もっとも、それは、ヘーゲル的な意味では、社会の状態を反映するものにすぎないが[12]。

---

9 Vgl. dazu die Nachweise bei *Nagler*（Fn. 5), S. 342 ff.（zur Aufklärung), 385 ff.（zu *Feuerbach*).

10 積極的一般予防については、代表として、*Hassemer*, Warum Strafe sein muss, 2009, insbesondere S. 50 ff., 96 ff., 108 ff.; *Jakobs*, Strafrecht AT, 2. Aufl. 1991, 1/9 f.; *Roxin*, Bockelmann-Festschrift, 1979, S. 279 ff., 304 f.; *Schünemann*, GA 1986, 293, 349 ff. siehe auch ergänzend Schünemann/von Hirsch/Jareborg (Hrsg.), Positive Generalprävention, 1998 mit zahlreichen Einzelbeiträgen und die umfassende Darstellung und Analyse von *Kalous*, Positive Generalprävention durch Vergeltung, 2000, passim.

11 Vgl. etwa *Haffke*, MschrKrim 1975, 45, 53 f.; *Müller-Dietz*, Jescheck-Festschrift, 1985, S. 813, 823, 825 f.; *Roxin*, Bockelmann-Festschrift, S. 279, 305; *Schünemann*, GA 1986, 293, 350 f.; *Streng*, Strafrechtliche Sanktionen, 2. Aufl. 1992, Rn. 14 ff., 22 f., 435; *Zipf*, Bruns-Festschrift, 1978, S. 205, 215.

12 Vgl. *Hegel*, Grundlinien der Philosophie des Rechts, 1821, § 218.

3 刑罰目的および量刑の枠内でのその実現にとって重要なものに関する以上の考察から明らかになるのは、刑罰目的と「責任」ないし「危険性」という連結点となる事実との間には関連性があるということである。刑罰目的には、おのおの、一定の連結点となる事実が対応する。一定の刑罰目的を実現しようとするのであれば、これらの事実から出発しなければならない。

もっとも、これらの刑罰目的と「責任」ないし「危険性」という連結点との関係を一瞥するなら、さらに次のことも明らかになる。すなわち、行為者の危険性という連結点が重要となるのは、刑罰目的を、刑を受ける者の以後の犯行防止に、つまり特別予防に認める場合だけである。これに対して、それ以外の刑罰目的に関しては、すべて、責任が連結点の中心点となる。責任が重要となるのは、刑罰目的を不法ないし責任の応報または責任の清算に認める場合に限られない。刑罰を侵害された法の回復ないし法妥当の強化のための手段と解する場合にも、有責な不法という意味での責任に着目することになる。なぜなら、刑罰が応答する法秩序疑問視の程度もまた、不法とその実現に対する責任の重さに左右されるからである。予防的構想にとっても、責任は、量刑の基準として、初めから排除されるのではなく、その反対に、積極的一般予防の支持者が繰り返し述べているように、決定的な連結点を構成することがありうる。つまり、責任が刑罰目的から刑罰の連結点として問題とされる程度は、危険性とは全く異なるのである。

責任がほとんどの刑罰目的構想の視座から、量刑のための決定的ないし適切な連結点と見られているという事実は、刑罰の現実に対して何の影響も与えないわけにはゆかなかったし、現在でも影響を与えないわけにはゆかない。多くの国で見られることだが、刑罰の決定的な連結点としてはほとんど必然的に、責任ないし有責的な不法に優位が認められているのである。それは、量刑の連結点としての責任には、いかに高く評価しても過大評価しすぎることのないもう一つの長所があるがゆえに、なおさらそうである。すなわち、責任は、刑罰目的論上のひとつの背景で一致せずとも、それを連結点とすることで法実務的な量刑の基本線について合意する可能性を開いてくれる。いずれにしても、通常のケースについてはそうである。これによって、責任は、特定の刑罰目的を押しつけることなく、共通の確信に担われた量刑

を可能とするのである。責任と矛盾しない正しい刑罰目的構想を求める問いは、せいぜいのところ、一定の例外的事実にとって重要なだけである（そしてまた、ひょっとすると、その場合でも、コンセンサスを得られうる回答が可能かもしれない）[13]。このように、量刑の連結点にだけ着目し、正しい刑罰目的構想に関する問いには答えないでおくことが如何に魅力的であるかは、このような方法で行われた多様な刑法規定の受容が、なかでもドイツ刑法46条1項1文が示すところである[14]。

もちろん、ほとんどの刑罰目的構想と責任とのこのような両立可能性は、責任に結びつけられた量刑の正しさを自動的に保証するものではない。しかし、それにもかかわらず、量刑を、行為者の危険性にではなく、責任に原理的に結びつけることについては、筋の通った実質的根拠もある。

II 量刑の連結点および基礎としての責任の原理的優位性について

1 まず、量刑の原理的基準として危険性ではなく責任への連結を支持するのは、次のような形式的な考察である。すなわち、量刑の原理的基準は、刑罰を科すべきどのような事件においても、量刑を可能とするものでなければならない。責任という基準はこの条件を満たすが、危険性はそうではない。

責任基準によれば、刑罰は、行為者に責任があるすべてのケースにおいて、刑の量定を可能にする。その際、原理的に責任の量に量刑を結びつけても、一定のケースでは責任があるのに量刑が放棄されるとか、責任に対して

13　これについて詳細は、以下のIV.2および3を見よ。
14　ドイツ刑法46条1項1文は、次のように述べている。すなわち「行為者の責任は量刑の基礎である。」——必ずしもあらゆる点で内容的に類似しているわけではないが——立法技術的に類似しているのは、スウェーデン刑法29章1項1項である。すなわち、刑罰は、その第2項に犯罪の客観的および主観的要素によって解明される「犯罪の処罰価値」に応じて確定される。さらに、デンマーク刑法80条1項、フランス刑法132-24条、スペイン刑法66条、スイス刑法47条1項および2項、トルコ刑法29条も見よ。

補完的に別の量刑基準が付け加わるといった可能性は、残されている。そのようなケースに対しては、それ自体として筋の通った追加的なルールを必要とするだけである（これについては、後述Ⅳ）。責任基準による量刑が不可能となるのは、行為者が責任なく行為した場合だけである。もっとも、この場合には、——たとえ行為者に危険性があっても——実際にはほとんど誰も処罰を欲しない。仮に誰かが処罰を欲したとしても、——ドイツでは憲法で承認された——責任原理がこれを阻む[15]。したがって、行為者の責任は、処罰が考えられるすべてのケースにとって、原理的に、量刑の適切な基礎基準となるのである。

　行為者の危険性では、事情は全く異なる。それは、行為者が責任なしに行為した場合に間違った結論を導く危険を有するばかりでなく、有責な行為の場合でもその一部分においてしか、量刑のための有効な指針を提供しない。——すなわち、現実に危険な（あるいは危険に見える）行為者との関係においてだけなのである。これに対して、行為者の危険性を示す十分な手がかりがない、あるいは、さらに行為者が全く危険に見えない場合には、如何に刑罰を量定すべきかに対して何の回答もできない。しかも、このようなケースは相当に広範囲なのであり、それどころか圧倒的な数のケースがそうであるかもしれない。これは、実質的には、行為者の危険性に着目した量刑は、実務上重要なかなりの事件に関して、それとは異なるさらなる量刑基準を必要とすることを意味する。したがって、行為者の危険性は、量刑に関しては、部分的にのみ意味のある基準としてしか、したがって、一般的に有効な統一基準の必要性を認めるべき場合に補充的な基準としてしか考慮されない。しかも、その限度であっても、量刑に対する指導基準としてのその使用可能性を過大評価するべきではない。というのも、特別予防に必要なものの側面では、刑罰の重さと長さに関する経験的に保証された言明は、極めて控えめな

15　責任原理の憲法による保障（「責任なければ刑罰なし」）については、vgl. z. B. BVerfGE 6, 389, 439 ; 50, 205, 214 f.; 80, 244, 255. *Appel*, Verfassung und Strafe, 1998, S. 109 ff., 517 ff.; *Lagodny*, Strafrecht vor den Schranken der Grundrechte, 1996, S. 367 ff. における、さらに詳細な判例および文献に関する資料および叙述を参照。

範囲でしか、なしえないからである[16]。ここでもまた、責任に方向づけられた量刑とは明らかに大きく異なるものがある。すなわち、責任に基づく量刑は、ケースの比較および――たとえば伝統に支えられた――刑量の評価的な位置づけという方法により、実務上すべてのケースにおいて適切な刑（または刑の程度）に関する問いに対して抜きん出て優れた回答を可能にするのである。

2　もっとも、――第1には――行為者の危険性ではなく、責任といった尺度を量刑基準とすることを勧める事情は、そのような形式的な考慮ばかりではない。実質的に考慮しても、この方向が正しいことは、極めて明瞭である。第1に行為者の責任に応じて刑を量定することは、刑罰に関する、時代を超越し国民に共通する理解とも調和する。それは、正義の期待と正義の諸原理に――よりよく――かなうし、共同体の中で生きている人間像にもかなう。また、それは、予防的に企図されたものではないにもかかわらず、予防的な側面においても長所を有する。

a)　刑罰は、それが人間によって省察的に投入されて以来、反価値的な行動および出来事に対する反作用として理解されてきた。ナーグラーは、刑罰に関するその記念碑的な歴史および比較法研究において、そのように記しているのであり[17]、そして、フランツ・フォン・リストのような確信的な特別予防支持者でさえ、刑罰が数世紀を超えてそのように解されてきたことを決して争わなかった[18]。反価値的な（禁止された）出来事に対する応答として、刑罰は、この出来事と、この出来事ゆえに行為者とが否定されるものであることを表現しているのである。さらに、刑量は、反価値的なものに起因して起こったことを共同体がどの程度に否定しているかを示しているのである[19]。

16　Vgl. dazu statt vieler *Schöch*, Schaffstein-Festschrift, 1975, S. 255, 257, 262 ff., 266.

17　Vgl. *Nagler*, Die Strafe (Fn. 5), passim, insbesondere S. 508 ff.

18　Vgl. nur *Franz von Liszt*, Strafrechtliche Vorträge (Fn. 4), S. 126, 133 ff., 145 ff., 151 ff.

19　否定としての刑罰のこのような歴史的な意味については、とりわけ、*von Bar*, Geschichte (Fn. 5), S. 360 f. m.w.N; daneben auch *Nagler* (Fn. 3), passim, insbesondere S. 508 ff. mit Betonung weitergehender Momente auf S. 565.

刑の種類と程度を行為者の責任の程度にあわせることは、刑罰のこのような基本的理解にスムーズに合致する。すなわち、責任刑法においては、行為者によって実現された不法の程度が、第1に重要な構成要素とみなされる。これによって、（たとえ責任を考慮することによって相対化されるとしても）行為者によって実現された態度と出来事が、他人および公衆の法益に対するその侵害性から見て、どれぐらい否定されるかが明らかになる。もっとも、このような法益関係的考察では、責任刑にはならない。責任刑は、行為者が彼によって実現された不法に対して何事かをなすことができたか否か、どの程度なしえたかにも、関心をもつ。つまり、彼がどの程度、（実践理性の洞察によるならば）法に従って行動し、彼の違法な行動をやめる能力があったかに——適法な行動に対して状況的および人格的な困難ないし障害があったか否か、およびどの程度あったか等々に、である。そのような困難の存在または不存在もまた、責任刑に影響し、かつ、それによって刑罰の中にある（人格的）否定の程度を具体化するのである。

責任刑は、適法に行動するという能力の程度といった側面をも考慮することによって、基礎的な正義原理を考慮する。このことは、理性法の時代には、明確に認識されており[20]、その間に、人間的態度の判定および否定に際して尊重されるべきものの確固たる構成要素に属するものとなった。このような正義原理が正当な取扱いの表象として古くから法共同体でも生きてきたので、責任刑は、これによって同時に既存の正義の観念と——社会心理学的に——一致するのである。

以上のことはすべて、危険性とその程度に刑罰を結びつける場合には、語ることができない。危険性とその程度は、すでにその方法において、出来事が行為者の人格的な誤りとして正当に否定され、そしてこの否定が（刑罰の程度を介して）さらに段階づけられる基準とはならない。このことは、重大な危険性を示しているが責任がないために行為について正当に否定され非難さ

---

20 Vgl. etwa *Pufendorf*, De officio hominis et civis, 1673, Liber I Kap. 1 zu den Prinzipien gerechter Zurechnung; siehe dazu ergänzend *Hardwig*, Die Zurechnung, 1957, S. 35 ff.; *Hruschka*, ZStW 96 (1984), 661, 679 ff. sowie *Frisch*, GA 2007, 250, 256 f.

れることができない行為者を考えれば、極めて明らかである。「危険性」および「危険性の程度」は、出来事を行為者の誤りとして価値的に否定することとは全く異なるたぐいの国家活動なのである。それは、行為ないし給付の評価とではなく、一定の状態の現実的な保証と関係する国家の危険予防という鍵概念である。――すなわち、刑罰を危険性（の程度）に応じて決める者は、彼が刑罰を否定および非難と解する伝統的基本理解を維持する場合には、それによって事物に反する基準を用いるものであるか、それとも、「刑罰」という言葉を誤って用いて、単なる危険予防を刑罰と称しているかのいずれかである。このような危険予防は、不法な犯行（のみ）に刑罰を結びつけるのではない伝統的な刑罰の理解とは、ほとんど関係がない。そのような事物に反するあるいは誤った振る舞いによって、さらに、正義の原理が侵害され、正統性が横領される危険があることについて、この場で、少しだけ補足的に言及しよう。

b) もっとも、量刑を、まずもって危険性に結び付けるのではなく、原則として責任に結び付けるということは、さらに別の根拠からも優れているように思われる。そのような見方は、たいていの共同体において支配的な人間像と、はるかによりよく一致するのであり、そしてそのことは、数多くの憲法および国際条約の中に表れているのである。それは、犯罪者を直ちにかつ原理的に、（刑罰によって）緩和すべき「彼の中に根ざした」危険性の有無と程度という側面で見るものではない。むしろ、それは犯罪者を、――犯罪者でない者と同じく――原則的に理性的な決断の能力を有する人格と見るものである[21]。

このように理性的な決断の能力を有する人格として承認することによって、犯罪者は、なるほど、一方では、自分の犯した罪に対して自己の有責な非行の程度に応じて責任を負わなければならない。しかし、これは、この人

---

21 この立場については、すでに古典的なものとして、vgl. BGHSt 2, 194, 200;（ドイツ）憲法の人間観については、vgl. z.B. BVerfGE 45, 187, 227（個人の自由と責任〔Verantwortlichkeit〕）sowie m.w.N. *Lagodny*, Strafrecht (Fn. 15), S. 387 ff.; *Appel*, Verfassung (Fn. 15), S. 110 ff.; *Wolff*, JZ 2006, 925 ff. sowie *Böckenförde*, Vom Wandel der Menschenbilder im Recht, 2001, S. 24 ff.

格が犯罪を遂行した場合に、それ以外では社会での生活におけるのと同じように処遇されることを、——さらにまた、たとえば犯罪者がその責任（答責）ないし任務を引き受ける場合、または、彼が、功績のある行為を彼にその仕業として帰属することを期待する場合には、彼が望むように処遇されることすら意味するだけである。換言すれば、犯した不法に対する責任に応じて犯罪者を処罰することは、社会生活において絶対的にありふれたものを、そして他人を理性ある人格として承認することに依拠するものを、犯された犯罪に応じた行為者の取扱いに転用しているのである。責任に応じた処罰は、そうすることによって、犯罪者の理解において、法共同体の中で支配的な、そして、原理的には（答責的な）犯罪者によっても主張され、かつ多くの国において憲法上定着している人間像に叶うのである[22]。

　他方では、このように犯罪者をも正しい行動をする能力のある理性的な人格として承認することは、原理的に、犯罪遂行後に危険性の側面の下で分析され測定されることから犯罪者を保護するものである。国家が犯罪者にその犯行について責任を負わせ、それによって行為者の適法に行動する能力を出発点とする場合、国家は犯罪者に、同時に将来について正しい決断をする能力を否認することはできない。むしろ、国家は、この能力を将来についても出発点としているのであって、原理的に、犯罪者に対して有利に、このような能力および刑罰による彼の非行の明確化と否定によって彼のこの種の誤った行動が阻止されることを推定しなければならない。国家がこのような考察方法を一定の要件の下でひょっとして放棄してよいか否か、および、そのためには何が存在しなければならないかといった問題は別問題であって、ここでは、これ以上詳細に答えることはできない。いずれにしても確かなのは、そのためには、人の犯罪行為があったというだけでは足りないということである。それにもかかわらず、責任刑は、刑法の重要な、かつ多くの犯罪者にとっては唯一の適用モデルである。要するに、責任刑はたしかに（犯罪者に）責任を負わせるが、しかし、まさにそのことによって、我々の人間像と完全に一致するのであり、同時にそのことが、予防の要求から（犯罪者を）保護

22　たとえばドイツについては脚注21を参照。スペインについてはスペイン憲法10条1項を参照。

するのである。

　行為者の危険性に応じて刑を量定しようとする思想は、これとまったく異なる。出来事に対する答責性は、この見方にとっては、テーマとはならない。――したがって、理性的で答責的な存在としての人間も必要とされない。なるほど、このような人間像を危険性とその程度に関する問いに対する回答の中に入れることはできよう。しかし、そのような量刑の擁護者の側では、たいてい、そのようなことはなされない。――それは、経験的に証明されていない人間像に訴えることが、この量刑モデルのほとんどの擁護者の自然科学的・経験的な要求にとって疑わしいからである[23]。このような思考方法の結果は、犯罪者の取扱いを、もはや理性に基礎づけられた他行為能力の一般的想定に応じて行なうのではなく、経験的知見に従うということである。すなわち、犯罪者は、それぞれの時代の自然科学的および経験的知見に応じて、彼が危険であるか否か、どれぐらいまで危険か、そして彼の危険性に対処するために何が（刑罰について）必要かを探求され判定されるのである[24]。理性的に行動する能力のある人格という人間像は、このような考察においては、犯罪者にもふさわしいものとして現れない。――厳密な自然科学的視座は、そのような人間像をもしかすると確証するかもしれないが、むしろ変造する可能性もあるからである。

　c)　もっとも、行為者の責任の程度に応じた量刑は、行為者の危険性に応じて量定された刑罰よりも、段階づけられた刑罰という伝統的な基本理解によりよく適合し、正義観と共同体の中に生きている人間像をよりよく考慮す

---

[23] 自然科学へのこうした従属が最も顕著なのは、フランツ・フォン・リスト、社会学派および社会防衛論においてである。Siehe dazu z.B. *von Liszt*, Strafrechtliche Vorträge (Fn. 4), S. 290, 294 ff., 296 ff., 312 ff. und *Ancel*, La Défense Sociale Nouvelle, 2. Aufl. 1966（ドイツ語は Mezler 訳）.

[24] このような見方の理念型としては、犯罪を大脳辺縁系のプログラミング・ミスの産物であるとする多くの神経生理学の見方がある。犯罪へと至る状況が繰り返されたときに行為者が再び誤った決断をするために、このプログラミング・ミスが犯罪者を極めて危険なものにしている、というのである。ここで必要とされる刑罰は、大脳辺縁系に対する是非とも必要な変更なのだ！ Vgl. etwa *Wolf Singer*, Ein neues Menschenbild? Gespräch über Hirnforschung, 2003, S. 34; dazu statt vieler *Hillenkamp*, JZ 2005, 313 ff.; *Wolff*, JZ 2006, 925 ff.

るばかりではない。それは、総じて、予防的側面の下でも、行為者の危険性に方向づけられた刑罰よりも優れているように思われる。——それも、責任刑は、それ自体としてははっきりと予防向けに企図されたものではないにもかかわらず。その一部は、実質的には、とりわけ積極的一般予防の側面の下で、責任刑に良好な効果があることを証明する見解の中から聞こえてくるし、さらに、一部では、責任刑はその限りで最も適切な刑罰とみなされている。——およそ予防向けに企図されていない刑罰の良好な予防的効果の根拠は、どこにあるのだろうか。

行為者の責任の程度に応じた量刑は、それが正義の原理および我々の共同体生活を規定する人間像に一致しているがゆえに、拒絶反応を起さないだけでなく、受容されもするのである。とりわけ、それは法益と自由を維持するために最も重要なものをも確証し強化する。すなわち、一定の法益および状態の価値性、一定の行動ルール遵守の正当性と重要性ならびに正しい行為をするという個人の答責性[25]——個人は、彼が責任を負うべき不法について答責されるという結論を導く答責性——に関する生きた洞察と表象である。その際、このような確証と強化および答責性の明確化は、実質的には、モノトーンの同一形式で行われるのではない。むしろ、それは差異的に行われる。——そして、そのようにして差異的に理解され、学習され、内面化される。すなわち、有責な不法の重さによってその程度に影響を受ける段階づけられた刑罰は、侵害されまたは危殆化された法益の価値と行為者によって破られた行為規範の共同体に対する意味を明らかにする。行為者の適法に行動する能力の程度に応じた刑罰の段階づけは、——正義に方向づけられた——適法に行動する自由の障害を考慮することを表現するだけではない。それは、また、行為者の既存の適法行為能力をすべて使い切るべきこと、および、それをしない者は責任を負わされることを明らかにする。個人の答責性が、このように絶えず強調され測定されることによって、刑罰は、公衆に対して、繰

---

[25] こうした意識を維持することの実効性のある財の保護に対する重要性については、vgl. etwa *Kaiser*, Kriminologie, 3. Aufl. 1996, § 31 Rn. 35-39 ; *Streng*, Strafrechtliche Sanktionen, 2. Aufl. 2002, S. 30 ff.（関連する経験的研究を参照するものとして、*Dölling, Schumann, Schöch und H. J. Albrecht*）

り返し、人は不法な犯行に対して責任を負わなければならないことを意識化させる。これはすべて、答責性のそのような絶えざる強調が、理性人に対して、同時に、確証された規範を遵守せよというアピールとして理解されるという、そしてまた、このようなアピールは、クリティカルな状況において、その効果を失わないであろうという根拠のないわけではない期待の中で行われている。その際、実質的に問題となっているのは、公衆に対して、価値、規範および答責性を明確化することばかりではない。明確化、強化および方針の指示は、当然のことながら、とりわけ行為者自身にも向けられているのであって、その行為者を、それは（刑罰という害悪または刑罰の枠内で可能な働きかけと結びついて）実際にも、少なからぬ事例において、以後の犯罪を阻止しているのである。

　価値、行為規範および答責性の強化を伴う、責任に方向づけられた量刑のこのような予防効果に比して、行為者の危険性に方向づけられた量刑は大きく見劣りする。——それはまさに予防思想を前提にしているにもかかわらず。それは、行為者の危険性の種類と程度への方向づけによって追求される特別予防が、多くのケースにおいて達成困難であるからばかりではない。刑罰を特別予防の必要性に完全に集中させることによって、一般予防上意味のある重要な言明がなされなくなってしまう。刑罰が完全に個別的な行為者の危険性および刑の個別的な効果の必要性に方向づけられるために、それには、侵害された法益の価値および侵害された行為規範の重要性の方向での発言力がないのである[26]。また、出来事に対する答責性ももはや刑罰のテーマとならず、むしろ、大事なのは唯一、危険性の除去だけなので、適法な決意と行為に向けた各人の答責性の明確化もないのである。それによって、刑罰は、もはや、何人も同時にその重要性が自明な一定の価値およびルールを尊重しなければならず、そのために彼の全力を投入しなければならないというメッセージを媒介しなくなる。刑罰は、一般予防的に意味のある重要な言明のない単なる個別的な処遇および保安の措置となってしまう。このような個

---

[26] これを最も明らかにするのは、不定期の保安刑である（これについては、既出の *Franz von Liszt*, Strafrechtliche Vorträge [Fn. 4], S. 126, 171 f.）。そこには、不法と責任の重要性に関する言明を見てとることは、実際にはできない。

別的予防の必要性への完全な還元とともに、国家は、個別的予防の構想を介しては、法益と自由の十分な保護をおよそ提供することができないことが見過ごされてしまう[27]。価値と法益、根拠づけられた行為規範およびこれらの価値の尊重とルール遵守に対する人格的答責性への洞察の存在のみが、唯一、一般的かつ継続的に、個々人の自由と法益および公衆の法益を保障することができる。したがって、国家は、まずもってかつ第一に、犯罪がなされた後に、法益の一般的かつ継続的な尊重にとって放棄できないこの精神的基体を明らかにし強化することに配慮していなければならない。これもまた、適切かつ信頼できる方法で、これらの価値と人間像に基づく責任刑を通じて行われる。個別的予防は、一定の場合に、これにつけ加わるかもしれない。しかし、それは国家刑罰の中核をなしうるものではない。

3 以上のすべてのことから、行為者の（有責な不法という意味での）責任の程度に応じた量刑は、より多くの理由から、危険性の程度に応じた量刑よりも優れたものでありうる。ゆえに、刑がドイツばかりでなく多くの国において犯行の重さとこの犯行に対する行為者の責任に応じて量定されていることは、驚くに値しない。その際、時に、このような尺度による量刑は、単なる伝統または理論的な熟慮の結果であるばかりでなく、他の基準に方向づけられた量刑に伴う否定的な経験を考慮したものでもある。一般威嚇という基準や、危険性または改善の必要性という基準がそうであったといえるだろう。

当然のことながら、量刑法にとって、そのような責任刑への根本決定に関しても、なお問題が残っている。責任刑は、それ自体として、いくつかの点で具体化を必要とするばかりではない。責任刑への根本決定の後に、――たとえば危険性や一般予防の追加的必要性といった――責任以外の基準は意味を失うのか、それとも、一定の限度内で、ひょっとしたらまだ考慮される余地があるのかという問題も残されている[28]。同様に、責任基準によって量定された刑罰はつねに現実に言い渡されなければならないのか、それとも、

27　邪道なのは、とりわけ、「危険な人物」全員の自由を剥奪することによって望んだ安全を達成することができる、という信仰である。そのような無害化構想の帰結については、*Kunz*, Schlüchter-Gedächtnisschrift, 2002, S. 727, 738 ff.

28　その詳細については、後述IV 2 および 3。

(一定の要件の下で) 下回ってもよいのかという問題もある[29]。

　最後に挙げた問題は、それに即座に取り掛かるのではなく、あらかじめ責任刑それ自体に関してもっと明確化しておけば、よりよくかつ説得的に回答できるであろう。もっとも、その際、本報告の枠内では、提起された諸問題の回答にとってとくに必要な、2、3の原則的な明確化をするにすぎない。その詳細は、別の報告の対象である。

III　責任刑の量定に関する根本問題と基本方針

1　量刑責任の明確な理解が、責任刑の量定にとって根本的に重要であることは、当然である。

　量刑責任は、犯罪論のカテゴリーとしての責任とは異なるものである[30]。後者は、――ドイツでは――たいてい、もうひとつのカテゴリー、すなわち不法に関連づけられるものであり、この不法の非難可能性として理解される。その際、非難可能性の中核は、行為者が、法的に正しく行動する能力を持っていたのに不法を犯したことに認められる[31]。量刑責任という概念は、このような犯罪論の責任概念とは、重要な点で区別される。すなわち、ここでは、責任は、不法に付け加わり、一定程度それに応じて理解されるカテゴリーではない。量刑の意味での責任は、不法を含んでいる[32]。なぜなら、当然のことであるが、適切な責任刑は、二人の行為者について、彼が実現した不法をしないでおくことのできた能力が同程度である場合、行為者がどのよ

29　後述IV 4 を参照。

30　これについて詳しくは (*Achenbach*, Historische und dogmatische Grundlagen der strafrechtssystematischen Schuldlehre, 1974, S. 5 ff., 11 ff.; *Roxin*, Strafrecht AT, 4. Aufl. 2006, § 19 Rn. 18 ff.のダイヴァージョンテーゼに対する態度決定の意味においても) *Frisch*, Müller-Dietz-Festschrift, S. 237, 240 f.; *ders*., ZStW 99 (1987), 385 f.を参照。

31　基本となっているのは BGHSt 2, 194, 200; weit. Nachw. bei *Frisch*, Müller-Dietz-Festschrift, S. 237, 240 f.

32　さしあたり vgl. *Bruns*, Straffzumessungsrecht, Gesamtdarstellung, 2. Aufl. 1974, S. 392 ff.; *Frisch*, Müller-Dietz-Festschrift, S. 237, 238 f.; *Hörnle*, JZ 1999, 1080, 1082 f. je. m.w.N.

うな不法を犯したかに決定的に左右されるからである。すなわち、故殺の行為者は、窃盗の行為者より――たとえ、不法を犯さない能力が両者で同じであった場合でも――重く処罰されるのである。同じことは、軽い傷害に対する重い傷害、短期の逮捕・監禁に対する長期の逮捕・監禁等々にも当てはまる。

　もっとも、(客観的および主観的要因によって決定された) 不法の程度は、――たとえそれが重大であっても――量刑責任の程度を構成するもののひとつにすぎない。行為者がどの程度、彼の犯した犯行によって否定され非難されるかは、行為者が適法に行動する (そして犯行をしない) 能力があったか、そしてそれはどの程度であったかにも決定的に左右される。我々がそのように問う場合には、当然のことながら、その限度で存在する原理的な能力に依拠しているのであって、それはつまり、経験的には証明されていない想定に依拠しているのである。それでも、証明されていないというだけでは、そのような想定を前提にしてはいけないということにはならない。なぜなら、経験的に認識されていないこと (さらに認識不可能なこと) について、我々の実践的な行動の枠内でどのような想定を前提とするかは、認識論的には、実践理性の問題である。そして、実践理性の目から見れば、反価値的な行為の処罰という法実践行動が、それ以外の我々の思考および行動を決定づけているのと同じ根本的想定に依拠してよいことを、多くの事柄が支持している[33]。理性的なものを洞察し、それに従って自己の意思と行動を決定するという人間の能力は、このような能力が個人的または状況的要因によって、認識の欠如その他の事情によって制限されたり打ち消されたりする可能性があるという洞察とともに、この根本的想定に属する。ゆえに、刑罰が (叱責の) 非難の程度において正当とみられるべきであるなら、このような洞察は、刑罰でも考慮されなければならない。具体的に言えば、正しく決意し行動する能力が個人的または状況的事情によって制限された人に対する否定および刑罰は、――不法の程度が同じであるなら――それに匹敵するような能力の制限がない人に対する刑罰よりも軽くなければならない。さらに、これに相当する能力が

33　Siehe dazu näher *Frisch*, Defizite empirischen Wissens und ihre Bewältigung im Strafrecht, Maiwald-Festschrift, 2010, II. 2.

制限されればされるほど、刑罰もまたいっそう軽くならなければならない[34]。

2　当然のことながら、量刑に関するこのような諸原則から具体的事件におけるその決定に至るまでには、道はまだ遠い。そもそも、どのような事情が、責任刑の決定にとって意味があり、かつ、加重的または減軽的に作用するのかが明らかでなければならいというばかりではない。刑罰加重的または減軽的だと認められる一連の諸事情から、いかにして具体的な刑罰に達することができるのかという問いも、答えられなければならない。私は、本報告の対象であるこの問いに対する答えを、ここであらかじめ示すことはできないしその意思もない[35]。私は、責任刑が原則的な結論であるにもかかわらず予防目的を考慮できる可能性と限界に関する問題に答えるために必要な、2、3の原則的な考察に限定してお話ししなければならないのである。したがって、以下では、ごく概略的にお話しする。

a)　責任刑という正義は、第1に、責任が同程度であれば行為者は同じ刑を受けることと責任の程度が異なる場合はこれを必ず考慮することを要求する[36]。より高い責任はより重い刑に至り、より軽い責任はより軽い刑に至るのでなければならない。法実務においては、これは、正しい責任刑の決定に際しては、具体的な事例を他の事例と、とりわけ他の実際に生じた事例ないし考え得る事例と比較評価することなしではすまされないことを意味する[37]。つまり、裁判官は、その事件の刑罰加重的ないし減軽的事情を認識し

34　実際には完全責任と限定責任とがあるだけである。責任を加重する量刑事情の疑わしさについては、*Frisch*, ZStW 99 (1987), 381 ff.; *ders.*, Müller-Dietz-Festschrift, S. 237, 242 m.w.N.; *Hörnle*, Tatpropozionale Strafzumessung, 1999, S. 152 ff., 382; *dies.*, JZ 1999, 1080, 1086, 1087.

35　〔量刑事情から刑量への〕結びつけの問題（いわゆる「衡量」）についての私見の立場の意味については、*Frisch*, GA 1989, 338, 345 ff., 374 f.; *ders.*, in: Wolter (Hrsg.), 140 Jahre Goltdammer's Archiv für Strafrecht, 1993, S. 1 ff., 23 ff.

36　量刑にとっての平等命題の意義については、z.B. *Frisch*, Revisionsrechtliche Probleme der Strafzumessng, 1971, S. 142 ff.; *Hörnle*, Tatproportionale Strafzumessung (Fn. 34), S. 69 ff. m.w.N.; *Streng*, Strafzumessung und relative Gerechtigkeit, 1984, S. 15; siehe freilich auch――判例については―― *Bruns*, Strafzumessungsrecht (Fn. 32), S. 503 ff.

た後、その犯行と行為者の責任の相対的な重さに関して、——他の実際の事件、考え得る事件、とりわけその裁判官自身によって裁かれた事件との比較の中で、犯行の重さと責任の程度を判断しなければならない[38]。その際、このような重さの評価および相対的な重さのスケールへの位置づけは、おおざっぱに行うこともできるし精密に行うこともできる[39]。おおざっぱな評価では、そのスケールは、判決の中で、「軽い」、「比較的軽い」、「軽度から中程度の間」、「中程度」等々といったもので終わる。しかし、そのスケールは、もっと細分化されたスケールの中で判定されるべき事件に相当に正確な場所を与えるものにすることもできる。

b) もちろん、裁判官は、このような相対的な重さの評価だけでは、まだ、具体的な刑量を得ていない。相対的な重さの評価から具体的な刑罰に至ることができるために、裁判官は位置づけ（のための）ルールを必要とする。そのような位置づけルールが定式化されたなら、たとえば、一定の相対的な重さ（あるいは一定の刑罰加重的ないし減軽的メルクマール）をもった事例に対して、一定の刑罰が（責任刑として）対応すると言えるかもしれない。もっとも、そのような定式化された位置づけルールは、全く存在しない。法律上の刑罰枠もまた、そのような位置づけルールを提供するにははるかに遠い。刑罰枠のうちのどの刑量がどの重さの度合いに対応するかは、刑罰枠から直ちに読み取ることができない。ある犯罪のうちの軽いものから重いものまでの考えられ得る事例を、刑罰枠全体に均等に割り振ることもできるであろう。

---

37 量刑にとっての事案の比較の意義については、*Frisch*, Revisionsrechtliche Probleme (Fn. 36), S. 164 ff., 194 f.; *Hörnle*, Tatproporttionale Strafzumessung (Fn. 34), S. 361 ff.; 経験的意義については、*Streng*, Strafzumessung (Fn. 36), S. 23 ff.

38 こうした手順を構成する多様な可能性については、vgl. *Bruns*, Strafzumessungsrecht (Fn. 32), S. 46 ff.; *Frisch*, GA 1989, 338, 371 ff.; ders., in: *Wolter* (Fn. 35), S. 1, 24 ff., 32 ff.; *Hörnle*, Tatproportionale Strafzumessung (Fn. 34), S. 361 ff.; siehe auch *Montenbruck*, Abwäbung und Umwertung, 1989, S. 18 ff., 22 ff.

39 いわゆる相対的な重さのスケールが用いられた事案については、OLG Stuttgart MDR 1961, 343; BGHSt 27, 2 ff.; *Bruns*, Strafzumessungsrecht (Fn. 32), S. 81 f.; *Dreher*, Über die gerechte Strafe, 1947, S. 61 ff.; *Frisch*, Revisionsrechtliche Probleme (Fn. 36), S. 161 ff.; *Streng*, Strafrechtliche Sanktionen (Fn. 25), Rn. 492 ff.

しかし、別の方法を採ることもできる。たとえば、たいていの事例は、刑罰枠のうちの軽い領域ないし下半分に集中し、重い領域は極端な事例にしか用いられないということもありうる[40]。つまり、ここでは、まさに様々な可能性があるのである。換言すれば、具体的な刑量のための位置づけルールの展開がまず、発展させられるべきである。それは、具体的事例に対する刑量を含む位置づけルールにも当てはまる。

この位置づけルールを発展させる際には、法律と経験を、実践理性の洞察に従って結びつけなければならない。たとえば、実務上存在する、ある犯罪の平均事例が通常比較的軽い類のものであるという経験は、このような事例を刑罰枠の中程の刑で処罰する可能性を理性的に排除する。——むしろ、明らかにそれより軽い刑のほうが妥当であることを推測させるものである[41]。そのようなごく限定的にしか指針を示さない理性的洞察を越えたところでも、これまで述べてきた予備的な評価は意味を持ちうるものである。ある特定の傷害ないしある特定の窃盗について判断しなければならない裁判官は、決して、ひとつの傷害事例ないしひとつの窃盗事例を判断するものではない。むしろ、通常、刑量の位置づけを伴った相当数の当該判例がすでに存在する[42]。これらの判例は、裁判官に、担当事件の判断にとって一定の基準を与えてくれるだけではない。それに加えて、これらの判例がまさしく失当でないなら、それは、担当事件の判断の可能性とそれに対する刑量の位置づけの幅を限定してくれるのである。担当事件の判断は、所与の評価と適合しなければならない。つまり、裁判官は、彼によって見い出される量刑実務と（それとともに、その伝統と）調和しうるように刑を量定するように努めることとなるのである。

3 このような骨の折れる道程と、正しい刑を発見する際に裁判官の助けとなる諸基準の指針機能に限りがあることとを思い浮かべるなら、次のこと

---

40 この限度で成立する多様な可能性と未解決の問題については、すでに *Frisch*, ZStW 99 (1987), 751, 789 ff.

41 Ebenso BGHSt 27, 2 ff.

42 自分自身の扱ってきた実務と並んで他の裁判所の実務なども。その限りで現存し、そして量刑の適合性を困難にする情報不足については、*Streng*, Relative Gerechtigkeit (Fn. 36), S. 49 ff,. 240 f.

は了解できることである。すなわち、一定の事例に対する正しい責任刑を探求することで、特定の刑量に直接かつ一義的に到達するのは、ごく希な事例だけであるということである。複数の人間が判断すれば、彼らが一致した結論に達するのはごく希でしかない。しかし、同一の人間ですら、異なる刑量の間を揺れ動くことはしばしばある。たしかに、判断すべき事例を他の事例と比較して、すでに科された（そして、批判できるところのない）これらの刑からみて軽すぎるとか重すぎるとかして、ある特定の刑量を排除することができる。しかし、明らかに重すぎる刑や軽すぎる刑をこのように排除した後に残るものは、通常、特定の1つの刑罰だけではなく、支持できる刑罰の幅である[43]。そこでは、様々な刑量の1つの幅たとえば3月から6月の自由刑の幅が問題であるばかりではない。刑種もまた、責任の側面で必ずしも一義的に決まるものではない。——責任の側面で、罰金刑も自由刑も支持できるという事例があるのである。

　支持しうる責任刑の、通常存在するそのような幅を洞察するなら、この幅の中で、どのようなルールに従って究極的な刑量を決定すべきかという問題が生じるばかりではない。そのような洞察は、とりわけ、責任刑の幅が予防の必要性を組み込むためのオプションに道を開くという理由からもまた、意義があるのである。私は、それによって、先に提起した問題、すなわち、責任刑について正しく根本決定をしたことで、予防目的の必要性を考慮する余地がまだ残るのか、残るとすればどの程度かという問題に達することになる。

43　これを基礎に、いわゆる幅の理論を組み立てた判例には、出発点について賛同しうる。Siehe dazu z.B. BGHSt 7, 28, 31; 7, 89; 16, 353; eingehend dazu *Bruns*, Strafzumessungsrecht（Fn. 32），S. 263 ff. 幅の理論に対する批判については、*Hörnle*, Tatproportionale Strafzumessung（Fn. 34），S. 23 ff.——この場合に、一つの事案について、客観的には同等に正しい法律上の刑が本当に複数存在するのかどうか、については、ここでは保留しておく（これについては、*Frisch*, Revisionsrechtliche Probleme [Fn. 36], S. 114 ff., 129 ff.）。本稿では、認識論的論証のみを扱う。

IV 責任刑と予防の必要性

1 この問題に答える際に、まず、1つのことをはっきりさせておくべきである。すなわち、責任刑は、予防の必要性をも充たすものだということである。責任刑は、通常、積極的一般予防の必要性を——それも、最もよく——充たすものであるということは、すでに述べた[44]。しかし、犯罪行為者自身との関係においても、責任刑は、法共同体の期待を明らかにし、非難による否定をし、そして再犯に対する警告をするものとして、行為者の将来の犯罪を阻止するために、多くの事例において——それも、ほとんどの事例において——十分なものである。それは、犯罪行為者をも理性的な意思決定の能力ある者と考える人間像を基礎にして、特別な予防の必要性を示す明らかな手がかりがない限り、それが出発点とされるべきである。それが、いわゆる統合説の正しい核心なのであって、それによるなら、責任刑は、責任を清算し、法の妥当性を回復するばかりでなく、公衆の法意識を強化し、行為者への不可欠な影響を含むものでもある[45]。

これらの事例において提起される問題は、これまでもこれからも支持されるべき責任刑の下で、ここで、どのようなルールに従って、科されるべき刑罰を発見すべきかという、すでに述べた問題である。責任の幅を予防の必要性で具体化するという、連邦通常裁判所の幅の理論の中に聞き取れる[46]考え方は、その限りでは、何の解決ももたらさない。なぜなら、まさに特別な予防の必要性が、必ずしもあるとは限らないからである[47]。ゆえに、解決は、規範的な考察によって発見されなければならない。その際、より重い刑罰の

---

44 前掲・注11を参照。
45 統合説に関する概観は、*Jescheck/Weigend*, Strafrecht, Allgemeiner Teil, 5. Aufl. 1966, S. 67 ff. にある。同書70頁および *Bruns*, Strafzumessungsrecht (Fn. 32), S. 160 ff. には、関連判例も参照されている。
46 前掲・注43の指摘を参照。
47 予防の必要性が存在するからといって、刑罰枠内の特定の刑量に具体化されることになりはしないという点については、vgl. etwa *Schöch*, Schaffstein-Festschrift, S. 255, 256 f., 262 f. und *Frisch*, ZStW 99 (1987), 343, 350.

必要性がないことを指摘して、なお責任に相当する最も軽い刑を擁護することは当然である[48]。しかし、このような論証は、必然ではない。これと全く異なる解決方法も存在するのである。たとえば、ほとんどの人々に最も良く受け入れられるという理由で、中程度の刑罰を擁護することもできるのである。これは、とりわけ、積極的一般予防を背景にして、意味あるもののように思われるかもしれない[49]。

2 明らかに予防の必要性があるような事件も残る。とりわけ、再犯および誤った生活態度が、社会化のための働きかけの必要性を示している場合、あるいは、さらなる犯行が、そもそも長期の保安によってしか防止できない場合が、それに当たる。しかし、一般予防の特別な必要性のある事例も考えられる。——たとえば、これまでの制裁実務を基礎にして一定の犯罪が顕著に増加しており、それによってより明確なまたはより厳しい相場による予防の必要性がある場合である。

そのような状況でも、必ずしも責任刑と予防の必要性との間に緊張関係が生ずるわけではない。このような事例の一部では、責任刑と予防の必要性とは和解させることができる。そのための基礎は、すでに述べた責任相当刑の幅である[50]。すなわち、この幅が予防の必要性を満足させることが可能な刑罰を含んでいる場合、責任刑の枠内で予防の必要性を現実化することが可能となる。このような方法で、比較的重い責任刑が科されることになる場合でも、それは妥当する。というのも、この方法でさらなる犯行を防止するチャンスがある場合には、責任量の枠内でより重い刑罰に訴えることが適切かつ支持可能な根拠を持つからである。かくして、たとえば、責任の観点の下で罰金刑も自由刑も考えられる場合に、より良好な影響を与えるという目的で自由刑を科す場合や[51]、責任に応じた自由刑が1年から2年までである場合

---

48 この意味では、z.B. *Giehring*, in: Pfeiffer/Oswald (Hrsg.), Strafzumessung, 1989, S. 77, 111 ff.; *Streng*, Strafrechtliche Sanktionen (Fn. 25), Rn. 484 f. m.w.N.
49 その問題性については、siehe auch *Frisch*, ZStW 99 (1987), 343, 362 f., 372 f.
50 その際、当然のことであるが、多くのことがその幅の広さに左右される。このあまり説明されないポイントについては、*Hörnle*, Tatproportionale Strafzumessung (Fn. 34), S. 27 ff.
51 どのような場合がこれに当たりうるかという問題については、*Schöch*, Schaffstein

に、より長い刑が——仮釈放の可能性を留保して——効果を発揮している社会化措置が刑期の満了のために中断されざるを得ないという危険をよりよく防ぐという理由で、長いほうの刑が選択される場合が、それに当たる[52]。まったく同じような方法で、一定の行為規範が、これまでの生ぬるい制裁実務のために、十分真摯に受け止められてこなかったという場合に、なお責任に応じた刑の枠内で、法益の価値と規範の重要性に相応して相場を加重することを考えることができる。

3 もっとも、このやり方には限界がある。予防の必要性を満足させるために、もはや責任に見合わないほど重い刑罰が必要な場合には（そして、その限りで）、責任刑と予防の必要性はもはや和解させることはできない。それは、根深い誤った生活態度が存在するがゆえに、（たとえば不正受給のような）比較的軽微な犯罪の抑止のために、長期の社会化作用を必要とする場合に限らない。将来の犯罪の抑止のために長期の刑罰を科すことも、責任の程度を超えては不可能である。その際、たとえば、明らかに責任の程度を超える刑罰は、もはや責任刑ではないが、このような要求を担っていれば——保安刑として——受容できるというものではない。責任の程度を超える刑罰は、もはや責任刑ではないというばかりではないのである。それは不正義であり、かつ、それゆえにドイツでは憲法上も許されない刑罰である。これは、刑罰が犯された罪を理由とする否定と非難であり、刑罰の程度が同時に否定と非難の程度を表現するものである限りで、いずれにせよ妥当する。なぜなら、このような前提の下では、責任を超える刑罰は行為者が受けるにふさわしくない非難を表現するものだからである[53]。それは正義の公理であり、そしてこれは憲法上の法治国家原理の一つの構成要素であるから、——ドイツにおいては——立法者といえども、これを無視することはできない[54]（ゆえに、ド

-Festschrift, S. 255, 272.
52 「犯罪学的に意味のある枠の周辺ゾーン」の中（だけ）での責任の幅の意味については、*Schöch*, Schaffstein-Festschrift, S. 255, 264.
53 Vgl. schon *Frisch*, ZStW 99 (1987), 343, 356 f.
54 責任を超える刑罰の禁止という憲法上の保障については、連邦憲法裁判所の判例に関する詳細な情報を掲載している Appel, Verfassung (Fn. 15), S. 111 f.および *Robbers*, Gerechtigkeit als Rechtsprinzip, 1980, S. 43 ff.を参照。

イツ刑法46条1項1文の基礎公式もまた、責任を超える刑罰の賦課を授権するものとして理解することはできない[55]）。

　もっとも、それによって、そのような事例において予防の必要性を充足することが、およそ許されないと述べているわけではない。刑罰の外で、純粋に予防的な処分の枠内で、純粋に予防的な自由への介入を許容するための要件が充たされるなら、それは許されるかもしれない[56]。このような可能性があるにもかかわらず、刑罰の責任限界を断固として要求することは、全くもって意味のあることである。それは不正義な程度の非難を阻止するばかりではなく、同時に、純粋に予防的な処分の（高い）ハードルが、刑の端的な長期化によって潜脱されないように保障するものでもある。

4　残されたのは、これと反対の事例である。すなわち、責任刑は下回ることも（ひょっとしたら、全く科さないことも）許されるかという問題である。この問題は、古くから論争されてきた[57]。とりわけ、判例は、——それ自身が一貫しているわけではないにもかかわらず——責任刑を下回る量刑の禁止を、繰り返し判示してきた[58]。そのような禁止は、さほど説得力あるものとは思われない。どのみち、法秩序は、古くから、手続打ち切りという制度を認めている。これは、一定の範囲内で、それ自体としては効力のある責任刑の賦課を（手続を打ち切ることによって）まったく放棄する可能性すら与えるものである。それなら、どうして、責任刑を下回ることによって責任刑の一部の賦課を放棄することができないというのだろうか。たしかに、手続の打ち切りは、一定の要件の下でだけ許されるものである。しかし、責任刑を下回

55　正当にも、基礎公式が施行されてから後もである。BGH 1 StR 437/ 70；BGH 2 StR 632/ 90 vom 6.3.1991, in BGHR StGB § 46 Abs. 1 Spezialprävention 2.この問題については、*Bruns*, Strafzumessungsrecht（Fn. 32), S. 286 ff., 315. Siehe auch *Hörnle*, Tatproportionale Strafzumessung（Fn. 34), S. 326 ff.

56　純粋に予防的な処分の問題性については、*Frisch*, ZStW 102 (1990), 343, 364 ff.

57　*Bruns*, Strafzumessungsrecht（Fn. 32), S. 316 f., 322 f.に詳細な記述がある。Siehe auch *Hörnle*, Tatproportionale Strafzumessung（Fn. 34), S. 335 ff., 339 ff.

58　たとえばBGHSt 24, 132, 134; BGH NJW 1977, 1247; 1978, 174, 175を参照。しかし、たとえば犯行誘発事案に関するBGH NStZ 1986, 162は異なる。裁判上の合意がある場合に、判例が責任をはるかに下回る刑への扉を開けた、という点については、*Streng*, Strafrechtliche Sanktionen（Fn. 25), Rn. 472 f.

る量刑という問題に転用するなら、このことは、これもまた一定の要件の下でだけ考慮されるということと、責任を下回ることを支持する理由がなければならないということを意味するだけである。だが、そのような理由は、今や、いくらかの事例において明らかに存在する。すなわち、行為者が犯行後に、考慮するに値すると思われる重大な損害回復の給付を行うことがありうる。また、行為者が犯行の結果について自らも重大な苦痛にさいなまれるということもあるかもしれない。刑罰が、病気のためにその行為者にとって、他の人間に対するのと比べてはるかに過酷なものになる可能性もあるし、脱社会化の危険を根拠づける場合もありうる。さらに、長期にわたる負担の大きい手続期間から見て、もはや、本来の行為責任にふさわしい刑罰を行為者に科さないことが推奨されるかもしれない。

これらの諸理由をもう少し正確に考察するなら、すぐさま、ひとつの共通性が確認できる。すなわち、これらは確かに犯行に対する行為者の責任の程度とは関係ない(そして、それゆえに責任刑の中では考慮できない)事情および理由であるということである。それにもかかわらず、我々は、それらを考慮することを正当でありもっともであると感じる。——このことは、これらの事情の重大性が相当なものであるときは、責任刑を下回る量刑を適切と思わせることができるものである。我々が量刑の際にこのような形でのやり方をしようとする場合には、我々は、責任刑を超えて量刑をさらに深く考察することになる。我々は、責任刑をより大きな根拠づけ連関の中に置いて——たとえば、それを、法の回復のための、または法秩序の妥当性もしくは公衆の法意識の維持のための手段と解する。さらに、我々は、たとえばすでに任意に重大な損害回復の給付を行った行為者または犯行によって自ら重大な苦痛にさいなまれた行為者を、法秩序の妥当力回復のため、あるいは公衆の法意識の維持のために、常に、少なくとも責任刑の下限によって処罰することは必要でないということから出発する。要するに、ここで、責任刑の背景として、単純に責任という刑罰の連結点[59]に注目するだけでは見えなかった刑罰構想が浮上するのである。

---

59 これについては、前述Ⅰ3を参照。

その際、責任刑の決定と賦課は自己目的ではなく[60]、ただ、責任刑の賦課が通常の事例では法秩序の回復のために、その妥当性の強化のために、あるいは法意識の維持のために必要な手段であるが故に行われるにすぎないということを受け入れるなら、これらの事情を考慮することは避けて通ることができないものとなる[61]。それは、今や、責任刑の必要性にまで関わるものである。最も軽い責任刑をもってすら行為者に負担を科す必要性がない場合には、そのような処罰は正当化され得ない。もっとも、このような明らかな関係にもかかわらず、多くの者が責任刑を下回る量刑に同意することが困難である場合には、そのための了解可能な理由もあるものである。実際、宣告刑は、その犯行を理由として行為者に課されるべき負担の表明であるにとどまらない。刑罰は、行われた犯行が人的な非行としてどの程度に否定され非難されるべきものであるかをも表現するのである[62]。しかし、このような言明は、行為者の責任の程度から見て低すぎる刑罰が定められる場合には、裏切られることになる。

　このようなジレンマは、近年の判例における一定の展開が示すように、全くもって解決可能である。――たとえ解釈論としては一定の困難を伴うとしても。その解決は、行為者がその犯行の故に受けるべき非難の表現としての責任に相当な刑罰の要請と、彼がこのような宣告刑から担わなければならないものとを区別することの中にある。判例は、この間に、長すぎる手続の負担を考慮する際にこのような道を行くこととなった。すなわち、判例は、ここで、責任刑の要請を堅持しつつ、手続の負担をその中に算入したのである[63]。私見によれば、しばしば執行における解決と特徴づけられる、このような方法を、量刑に関して重要だが行為責任の外にある他の諸事情の場合にも用いることは、説得力のあることである（たとえ、法律自体が、これらの諸事情のいくつかの場合に異なった決定をしていることを看過すべきではないとしても[64]）。

60　通説ばかりでなく、連邦通常裁判所 BGHSt 24, 40, 42 も、そのように強調する。
61　Näher dazu schon *Frisch*, in: 50 Jahre BGH（Fn. 7), S. 269, 292 ff., 298 ff.; *ders*., Jareborg-Festschrift, 2002, S. 207 ff., 220 ff.; siehe auch *Streng*, Strafrechtliche Sanktionen（Fn. 25), Rn. 474 ff.
62　刑罰の基本理解に関する前述のII 2 a）を参照。
63　Vgl. BGHSt（GS) 52, 124 ff. ＝ NJW 2008, 860 ＝ JZ 2008, 416 m. Anm. *Gaede*.

それによって、責任刑を下回る量刑に関する問題をめぐる議論もまた、広範囲に片付けられることになろう[65]。もっとも、このような方法が（まだ）採られない限りでは、若干の限られた事例で責任刑を下回る量刑をすることによって、確定された刑罰の持つ発言力の損失を甘受することのほうが、行為者に刑罰目的の実現にとって不必要な刑罰を科すことよりも、まだ我慢できることのように思われる[66]。

---

64 たとえば、ドイツ刑法60条では、行為者に重大な結果が生じた場合に、一定の要件の下で、刑を免除する可能性すらあるし、46a条では、行為者と被害者との間の和解の場合に刑罰枠の減軽が規定されている。

65 責任相当刑を決定することによる行為者の脱社会化の危険がある事例もまた（dazu auch schon *Frisch*, ZStW 99 [1987], 343, 368 f.)、このような方法で、適切に解決することができよう。

66 判例は、一部では、ここで関心を寄せた事例のいくらか（行為者の病気、余命の短さ等々）を、刑罰感銘性という位相を介して、すでに（体系に反して）責任相当刑の決定へと取り込み、かようにして問題を処理することによって、別のあらたな道を歩んでいる。vgl. etwa BGH StV 1987, 346; 1991, 514 und dazu eingehender *Hörnle*, Tatproportionale Strafzumessung (Fn. 34) S. 28 f., 341 ff.

日本側報告

[第1テーマ]
量刑に対する責任、危険性および予防の意味＊

松宮　孝明
立命館大学教授

 I 「量刑」の意味
 II 「責任」の意味
 III 「危険性」の意味
 IV 「予防」の意味
 V 予防論からみた量刑の基本原則

I　「量刑」の意味

1　本報告は、「広い意味での量刑」に対する行為者の——いわゆる「行為責任」という意味での——責任、行為者の危険性および犯罪の予防という観点の持つ意味を、一般的に検討しようとするものである[1]。

＊　本報告は、拙稿、松宮孝明「量刑に対する責任、危険性および予防の意味」立命館法学323号（2009年）1頁を基にしたものである。
[1]　ここにいう「広い意味での量刑」（以下、単に量刑と呼ぶ。）とは、「刑の量定」と同じ意味であり、以下の4つの意味を持つ。第1は、最狭義の「量刑」であり、懲役・禁錮・拘留などの自由刑または罰金・科料などの財産刑について、刑期または金額を定めることである（刑量の決定）。第2は、これに加えて、刑種の選択を行うことである（刑種の選択）。第3は、これらに加えて、執行猶予か実刑か、猶予の場合に保護観察を付すか否かを決定することである。第4は、さらに、これらに加えて、過剰防衛・過剰避難などを理由とする裁量的刑の免除（刑法36条2項、37条1項但書）、外国判決を理由とする刑の執行の減軽または免除（刑法5条）、未決勾留日数の算入、罰金および科料の換刑処分、公職選挙法による公民権の不停止・停止期間短縮（公選法252条）、売春防止法における補導処分（売防法17条）の可否を決定することである（原田國男『量刑判断の実際〔第3版〕』（2008年）1頁、松尾浩也「刑の量定」宮澤浩一ほか編『刑事政策講座第1巻』（1971年）337頁参照）。これらのうち、

2 ところで、この課題の前提問題として、刑法ないし刑罰・処罰の意味ないし目的が明らかにされなければならない。というのも、刑罰の意味・目的が明らかでない限りでは、その刑罰を決定する「量刑」が何のために、何を目標として行われるべきか自体が、決まらないからである。しかし、この刑法ないし刑罰の意味・目的、言い換えれば刑罰の正当化根拠をめぐっては、これまで、激しい議論が重ねられたが、その決着はついていない。たしかに、一方では、「刑事罰は、過去の違反行為の反社会性・反道徳性に着目し、違反行為に対する応報の観点から、違反行為者に対して道義的非難を加えることを本旨とし、これに伴い違反行為の抑止（一般予防）効果も期待するものである[2]。」として、刑罰の意味・目的を「応報」と一般予防の一種である「抑止」とに求める二元主義的な説明が、かなり一般化していた。しかし、他方で、このような「応報」と「一般予防的抑止」のほかに、「再犯の危険性」や「社会復帰」などの「特別予防」の観点を強調し、「応報」を基調とする「責任」の範囲内で、「一般予防」ばかりでなく「特別予防」をも含む「予防」を考慮する見解も多数見受けられる[3]。これは、日本の刑法学界では通説と呼ばれる「相対的応報刑」の考え方である。

しかし、「相対的応報刑」の考え方にある「相対的」の意味は、実は明らかでないし、ゆえに、その内容に関してコンセンサスが形成されているとも思われない。それどころか、この考え方では、刑罰を根拠づけ正当化する「応報」的「責任」と、刑法ないし刑罰の現実的効果を意味する「予防」とは相互に矛盾しあう関係にある。というのも、「責任」は、行為者の意思が何ものにも決定されず自由であるという非決定論を基礎とする限りでは、刑

　現実の裁判で最も頻繁に問題となるのは、第2の刑種の選択、第1の刑量の決定、および第3の猶予の有無であろう。これらの「量刑」に対して、行為責任、行為者の危険性、犯罪予防の必要性が、一般にどのような意味を持つかを探るのが、本稿の課題である。
2　公正取引委員会「独占禁止法改正（案）の考え方」http://www.jftc.go.jp/kaisei/kaisei.html を参照。この考え方は、アメリカ連邦最高裁判所を頂点とする合衆国の判例の多数説とよく似ている。そこでは、懲罰（punishment）ないし応報（retribution）と抑止（deterrence）が、刑罰に特徴的なものとされている。
3　原田・前掲（注1）2頁を参照。改正刑法草案48条1項も、同様の趣旨であるとされている。法務省刑事局編『法制審議会改正刑法草案の解説』（1975年）93頁参照。

罰がその効果を及ぼしえないことを理由として刑罰を正当化するものであるのに対し、「予防」は、まさに、刑罰が行為者ないし一般市民の将来の行動を決定する要素となるという決定論を基礎にして刑罰を正当化するものだからである。ここでは、刑罰は、それが犯罪行動に影響を与えないがゆえに正当化され（かつ、正当化されず）、同時に、犯罪行動に影響を与えるがゆえに正当化される（かつ、正当化されない）[4]。そこで、一般には、責任主義の観点から、刑罰は行為者の責任の程度を超えてはならないとされ、「予防」の観点は「責任の幅」の範囲内で、あるいは「責任」を上限とする範囲内で考慮されるにすぎないとされる。しかし、それでも、そもそも犯罪ないしその責任と均衡する刑罰とは何かが明らかでない。とりわけ、量刑が時代とともに変動してよいとされるところでは、この問題提起は重要である[5]。

そこで、本稿では、従来の公式的な「相対的応報刑論」の枠組みに囚われずに、刑法ないし刑罰制度の基本から、刑法ないし刑罰の意味・目的を検討してみようと思う。

3 同じく人の死であっても、それが「犯罪」によって引き起こされた場合とそうでない場合とでは、人々がそこから受け止める——コミュニケーシ

---

[4] このジレンマを端的に指摘するものとして、ギュンター・ヤコブス（松宮孝明訳）「責任原理」立命館法学230号（1993年）800頁がある。そこでは、「責任原理を尊重しなければ刑罰は正当とならない。しかし、……責任原理は有意味なものであって空疎な概念でないというのであれば、刑罰は目的達成にとって役に立たず、かつそれ故に、正当でないものとなる恐れがある。」と述べられている。

[5] 原田・前掲（注1）332頁は、「被害感情重視の傾向の下では、人身被害を生じる犯罪類型（殊に、悪質交通事故による致死傷事件等）については、まさに量刑相場が変動しているのが現状であって、このような新たな量刑相場への過渡的段階においては、従来の量刑相場は働かない」と述べる。もっとも、このような指摘に対しては、今から半世紀前の1958年の段階ですでに、「最近の交通事犯に対する一部世論の要求するように、行為者自身の責任は軽微でも、一般予防のために刑を重くして執行猶予もつけるなということになれば、責任の指示するところより刑罰は重くなる」（佐伯千仭「刑の量定の基準」日本刑法学会編『刑法講座第1巻』（1958年）124頁）という指摘があった。被害者感情を重視して交通事犯の刑を重くせよという一部世論は、昔からあったのである。むしろ、問題は、これに対して裁判所が量刑相場を変動させる方向で対処していることにあるといえよう。もちろん、それは、裁判所だけで自由に決定されているのではなく、それを促す背景要因が、以前に比べて強くなっていると考えるべきであろう。

ョン的な——意味は異なる。たとえば、1995年の阪神淡路大震災による数千人の死亡と、2001年の「9．11テロ」による数千人の死亡とを考えてみれば、これは明らかである。すなわち、前者は「災害」であり「殺害禁止」規範を動揺させないが、後者は「殺害禁止」規範を動揺させるものである。ゆえに、後者は「犯罪」であり、刑法ないし刑罰による対処が求められる。ゆえに、刑法ないし刑罰は、「人の死亡」という事実レベルでの結果それ自体を問題にするものではなく、「殺害禁止」規範の侵害という結果を問題にするものである。同様に、スーパーマーケットで商品を勝手に持ち出す幼児の「万引」は、「窃盗」ではない。人々は、それが幼児によって行われていることを知っているがゆえに、それは「盗むなかれ」という規範の侵害ではないからである。

　もっとも、幼児による商品の持ち出しでは、幼児の両親ないし親権者は、その幼児を叱って将来の同種の行動を予防しようとするであろう。もちろん、この叱責は「刑罰」ではない。ゆえに、ここから明らかになるのは、「人の行動」そのものを矯正する手段は刑罰に限られないということである。むしろ、刑罰は「規範侵害」を前提とする。そして、責任無能力者の行動は「規範侵害」とはみなされず、刑罰とは別の矯正手段が用いられる。言い換えれば、規範侵害に対処するのが刑法であり刑罰なのである。したがって、「矯正の必要」を理由に「責任」を超えることを許さない刑罰は、「人の行動」を矯正することを——少なくとも、直接の——目的とするものではなく、規範侵害に対処することを目的とするものである。そして、その必要量は、社会・時代によって異なりうる。「量刑」とは、このような規範侵害に対する刑法・刑罰による対処の必要量を基礎とするものである。

　4　次に、本稿のキーワードである、行為に対する「責任」と、行為者の「危険性」の関係についても、あらかじめ簡単に検討しておこう。問題は、「責任」と「危険性」ないし「予防の必要性」を分けて考えることは妥当かというところにある。そして、その回答は、「責任」、「危険性」、「予防」という各概念の定義に左右される。

II 「責任」の意味

1 それでは、最初に、「責任」の意味について検討してみよう。今日の通説である「規範的責任論」によれば、刑法の犯罪論において「責任」とは、個別の「犯罪行為」に対する非難可能性を意味し（「個別行為責任」）、「人格形成」そのものを非難の対象とはしない[6]。

他方、「犯罪行為」とは、社会にとって有害な結果（「殺されそうだった」という未遂状態を含む）が特定の「人格」に客観的に帰属可能なことを意味する。そして、ここにいう「社会にとって有害な結果」とは、社会を構成する規範の妥当を揺るがすという客観的意味を有する事態を指す。たとえば、大震災により多数の死傷者が出たことは、社会の生物的存立基盤を脅かす事態であるが、社会の規範的存立基盤を脅かす事態ではない。反対に、「9．11テロ」によって数千人の死者が出たことは、社会の規範的存立基盤を揺るがしかねない事態である[7]。その意味で、「犯罪行為」とは、特定の人格に、このような規範違反状態が客観的に帰属可能であることを意味するのである。

そして、ここにいう「人格」とは、まずもって、責任能力ある主体（＝行

---

[6] もちろん、団藤博士の「人格責任論」に代表される見解では、量刑の基礎をなす「責任」は、行為時における行為責任と、行為までの人格形成責任を総合したものになる。団藤重光『刑法綱要総論〔第3版〕』（1990年）260頁以下参照。それは、主として、常習犯・再犯の刑の上限を引き上げるための理論的根拠として唱えられたものである。しかし、とりわけ人格形成責任という考え方に対しては、「個々の犯罪者について、その現に有する性格の危険性のうちのどれとどれが——あるいはどこまでが——彼自身の責任に帰すべきものであり、どれとどれが——どこまでが——そうでないかを決定して、ただ彼の責任に帰せられる性格部分についてのみ刑事責任を問う…というのであれば——まずそのような区別ができるかどうかが問題である」とする指摘があった。佐伯・前掲（注5）131頁。同旨、平野龍一『刑法の基礎』（1966年）36頁以下。もっとも、後述するように、「人格形成責任」の否定は、「人格責任」一般の否定を意味するものではない。

[7] もっとも、このテロによる数千人の死者の発生が「社会の敵」に帰属されるべきものである場合には、「敵」でない「市民」によって規範が動揺させられたわけではないので、純粋な刑法による対応は不要であるかもしれない。その代わりに、ここでは、「敵」に対する一種の戦争法としての「敵味方刑法」が発動されることになるかもしれない。

為者）を意味する[8]。ゆえに、スーパーマーケットから商品を勝手に持ち出す幼児は、ここにいう「人格」ではない。

　さらに、「客観的に帰属可能」とは、行為者が、法の期待する——規範に忠実な——人格であれば「社会にとって有害な結果」を起こさなかった場合をいう。それは、法規範に対する忠誠度についての、法の側の期待可能性の標準問題である。そして、その標準が現実の市民を無視して高すぎる程度に設定されると刑事責任が空疎なものになるので、この標準は、現実の市民の行動・態度を基礎にして規範的に引き出されるべきものとなる。

　2　ここにいう「責任」の程度は、「行為者に帰属可能な社会にとって有害な結果」と「行為者人格がもつ、法によって期待される人格からの乖離」の積で表されるものである。したがって、同じ結果を起こしても、それが故意による場合と過失による場合とでは、「責任の程度」は明らかに異なる。故意のある場合は、一般に、「行為者人格がもつ、法によって期待される人格からの乖離」の程度は、過失の場合よりもはるかに大きいと考えられるからである。もちろん、過失の場合も、それは単なる有害結果発生の不知ではなく、その不知が「行為者人格がもつ、法によって期待される人格からの乖離」に決定されたものでなければならない。言い換えれば、「法によって期待される人格」でも結果を予見できない（あるいは回避できない）場合には、過失ではない。つまり、過失犯もまた、「愚か」だから罰せられるのではなく、「悪い」から罰せられるものでなければならないのである[9]。

8　文脈によっては、規範に対する行為者の性格を意味することもある。「人格が悪い」という場合には、その意味で用いられる。

9　平野龍一『刑法総論Ⅰ』（1972年）204頁以下は、これを裏返して、「過失はしばしば責任でないものも含み得ることに注意しなければならない。精神を十分に緊張させて危険性の有無を判断した結果、『誤って』危険がないと判断した場合、その誤りは知的な誤りにすぎない。これを処罰するとすれば、そのような行為者が『悪い』から処罰するのではなく、『愚か』だから処罰することになる。また、技術が未熟であるために、避けそこなって人を死傷させたときも、『下手』だから処罰するのであって『悪い』から処罰するのではないことになる。……したがって過失犯の処罰にあたっては多かれ少なかれ責任でないことも処罰しているといわざるをえない。」と述べる。つまり、「愚か」や「下手」は、責任ではないのである。もちろん、「無知であること」や「下手」であることを自覚しつつ、自分には手に負えない危険な行為を行うことは、他者への危険を顧みない点で「悪い」と評価されることがありうる。これは、

3 なお、この点で、犯罪行為後（＝帰属可能な結果発生後）の事情[10]が量刑に影響すべきか否か、影響すべきだとすればどのように影響すべきかをめぐり、若干の論争がある。すなわち、一部には、犯罪行為後の事情は犯罪行為そのものの責任を左右しないのだから、量刑判断に影響すべきではない、あるいは、少なくとも被告人に不利益な方向では影響すべきではないとする主張がなされているのである。

しかし、この問題は、一般的には、次のように考えるべきであろう。すなわち、たとえば、中止未遂や誘拐罪における解放減軽のような「挙動に表れた悔悟」の場合、その動機が良ければ（「広義の悔悟」）、上記の「行為者人格がもつ、法によって期待される人格からの乖離」の度合いが縮まったという客観的意味をもつことがある（もっとも、これらの制度は、本来は、さらなる被害発生を防止するための誘因を作るという刑事政策によるものである）。それは、刑罰による規範侵害処理の必要性を減じると考えるのである。その背後には、行為者の人格は、その同一性は維持しつつも、その範囲内で可変的であるとする人格観がある。そして、刑法ないし刑罰も、「応報」のための「応報」を追求する絶対的なものではなく、規範侵害処理の手段にすぎないのであるから、規範侵害処理の必要が減れば、当然、量刑もまた軽くなると考えるのである。反対に、規範侵害処理の必要は、あくまで、犯された罪によって生じたものであるから、新たな罪が犯されない限り、行為後の態度一般によっては、刑を加重するものではないといえよう。

III 「危険性」の意味

1 他方、刑法において「行為者の危険性」というとき、そこにいう「危険性」は、以上の検討を踏まえるなら、単に生物としての「人」の物理的な意味での危険性ではない。仮に、刑法にとって物理的な意味での「危険性」

　一般に、「引き受け過失」と呼ばれる。
10　行為責任を根拠づける事実は、実務では、「犯情に関する事実」に、犯行に至る事情や犯行後の事情は「一般情状に関する事実」に、ほぼ対応するのではないかと思われる。

が重要なら、殺傷行為を繰り返す人間ばかりでなく、通行人に嚙みつく悪癖をもった猛犬もまた、危険ということになろう。しかし、この場合、刑罰を発動すべきだと考える人はいない。刑法で問題とすべきなのは、そのような物理的な意味での「危険性」ではなくて、「規範侵害」の危険性・傾向性である。したがって、責任無能力者の行動は規範侵害ではないので、規範侵害の可能性としての「危険性」はもっていない。つまり、幼児の「万引き」は、刑法にとっては、サルの「万引き」と同じなのである。

　それでは、「規範侵害の危険性」とは何であろうか。それは、これまでの検討によれば、人格（＝責任能力者）が彼に客観的に帰属可能な「社会にとって有害な結果」（＝規範妥当の動揺）を表出する可能性を意味する。過失を例に取れば、行為者が、自分の行う作業によって他者を死傷させる危険がありながら、他者の身体に対して法が期待する程度の敬意をもっていなかったので、彼に期待可能な配慮を行わず、そのため、その作業の際に他者が死傷する可能性があることである。言い換えれば、「他者を害するなかれ」という規範の尊重に関わる内心態度が法の期待する程度に達していないことが、過失における「危険性」なのである。

　2　それでは、現行法が、常習犯では部分的に（刑法186条１項、盗犯防止法２条以下、暴処法１条の３、２条等）、再犯では一般的に認めている（刑法56条以下）刑の上限の引き上げは、どのように説明されるべきであろうか。これについては、次のように考えることができよう。すなわち、常習犯や再犯にあっては、単に犯罪の手口が周到になって被害が増えることが多いというばかりでなく、むしろ、規範違反の繰り返しよる行為者の「規範意識の低下」が、行為の原動力が行為者の所為(せい)にされる割合を増やすと考えるべきである。というのも、規範違反を繰り返す行為者は、往々にして、繰り返しによって以前よりも一層、軽い誘惑で犯罪行動に走るのであるが、そのようにして犯罪行動に走ったことは、外部の誘惑や強制による圧力が減っているのであるから、減った割合に応じて、行為者の人格に帰属されるからである[11]。言い換えれば、行為者は、その行動によって、わずかの誘惑で犯罪行動に走

11　このような考え方は、すでに、平野・前掲（注６）40頁に示されている。すなわち、「行為が人格相当であれば、それだけ責任が重い」のである。

るような人格になっていることを示しており、そのことは、「行為者人格がもつ、法によって期待される人格からの乖離」の度合いが大きくなったことを意味するのである。もちろん、それでも、規範動揺を鎮めるのに必要な害悪付加が刑の限界であることを忘れてはならない。ゆえに、この場合にも、あくまで行為に現れた行為者人格に応じた「責任」が、刑の上限を画することになる。

このように、常習犯・再犯を理由とする刑の加重には――「人格」に相当する――「責任」という上限があるのであるから、犯罪繰り返しに対してより重い刑でこれを抑止しようと考えることには、一定の限界がある。そこで、大事なことは、むしろ、初犯の刑を軽くするということである。初犯の場合には、起訴猶予、執行猶予等を活用し、徐々に重い刑が待っているという段階構造を作ることで、常習犯や再犯に対処することが必要かつ現実的であるし、実務もすでに、そのように対応している。

3 他方、自らを処罰しようとする実定法のほうが、自然法に反する不法であると考えるような「確信犯人」の罪責はどうなるのであろうか。ここでは、あくまで、実定法からみた刑事責任と量刑を問題にすべきであることと、ある制定法が憲法に違反して無効である場合には、すでに実定法上、その制定法は無効であることとを前提にする[12]。このような前提に立つ場合には、実定法における刑事責任は、「確信犯人」においても認められる[13]。

もっとも、この場合、「確信犯人」は、実定法秩序とは規範を共有しない規範を持つ異なる社会に育った者ないし異邦人とみなされる場合もあろう。このような「確信犯人」を、規範を共有する「市民」として扱う場合は、市民刑法の一般原理によって刑事責任の有無や量刑が決まるが、そうでない場合には、「異邦人に対する刑事責任」として、別原理で説明する必要があるかもしれない[14]。たとえば、確信犯人の世界観がこの社会の行動基準ではあ

---

[12] したがって、実定法においても「制定法の形をした（実定法的）不法」はありうるが、実定法内部では「実定法の形をした（超実定法的）不法」はありえない。

[13] もちろん、社会矛盾の激化を実定法秩序と矛盾する方法で解決しようとする政治犯に対する敬意は、今日でもその意義を失っていないものと思われる。

[14] そのような「異邦人」に対する刑事責任を論じたものとして、*Jakobs,* Die Schuld der Fremden, ZStW 118 (2006), Heft 4. S. 831.

りえないこと——つまり、「間違っている」こと——を示すために、厳しい刑罰が科せられることはありうる。他方、その人物がすでに当該世界観に疑問を抱きつつある場合には、行為者自身の責任を軽くすることがありうる[15]。ここでは、単に行為者個人を標準として、当該行為の違法性の認識や適法行為の期待が困難であったという形で責任や量刑が判断されるのではない。

IV 「予防」の意味

1 キーワードの最後に、「予防」の意味を検討しよう。ここでは、まず、「予防」という言葉で、何を予防することが意図されているかが問題である。というのも、一般には、「一般予防」であれ「特別予防」であれ、予防というのは以後の犯罪行動を阻止すること、もっと端的に言えば、以後の「法益侵害結果」を防止することを意味するものとして用いられることが多いからである。しかしながら、これを端的に、「以後の法益侵害結果の防止」という意味で捉えるなら、それは、伝染病の「予防」と同じものとなり、結果の原因となる主体は責任能力を要求されず、刑罰も非難の意味を要求されないこととなる。これは、先に確認した、刑法および刑罰は規範違反に対処するためのものであるという前提に反する事態である。したがって、むしろ、ここにいう「予防」は、「犯罪」によって生じた規範動揺を放置することの防止という意味に解すべきである。これは、一部では、積極的一般予防という言葉で表現される「予防」である。

仮に、そのように解さずに「予防」を「以後の犯罪行動の予防」と解するなら、その最も効果的な方法は、行為者の「隔離」ないし「無害化」である。これは、病院への収容と殺菌・消毒を想起すればわかるように、まさに伝染病の「予防」で用いられる方法であって、行為者の責任は必要ない。

また、行為者ないし国民一般に、そのような行動は禁止されており、その禁止を守らない場合は刑罰が待っていると教育することも、「以後の犯罪行

---

15 ヤコブスによれば、1962年に、旧ソヴィエト当局の命令で暗殺を遂行した人物であるシュタシンスキーに対して、旧西ドイツの連邦裁判所が従犯減軽をしたのは（BGHSt 18, 87）、このような理由によるとのことである。Vgl. *Jakobs*, a.a.O., S.831f.

動の予防」にとって有益な方法のひとつである。しかし、「教育」とは、一般に、その対象者が「悪い」から行われるものではなく、「無知」ないし「愚か」だから行われるものである。したがって、このような「行為者矯正」ないし「国民教育」という思想もまた、「責任」すなわち「非難可能性」を前提とする刑罰とは異質なものである。

このように、「隔離」ないし「無害化」や「矯正」ないし「教育」という、以後の行動を阻止する手段は、いずれも刑罰の本質を説明できるものではない。これは、裏返して言えば、「以後の犯罪行動の予防」という行動統制的な意味での「予防」は、刑罰が目指すべき予防ではないということである。

2 犯罪行為後の事情のほか、量刑の際に考慮すべきか否かにつき、学説上争いのあるものに、違法捜査の取り扱いがある。たとえば、捜査機関の秘密捜査員による違法なおとり捜査によって違法な薬物の取引を唆された被告人が、あまり乗り気でなかった薬物取引の決意を固めてこれを実行したことについて刑事責任を問われた場合や、特定の政治的主張を宣伝する人物を狙って捜査員が警告もせずに尾行し、その人物が検挙するために十分な数の宣伝物を掲示するのを待って、屋外広告物条例違反等の微罪で逮捕したような場合には、それは公訴権濫用をもたらすほどの違法性のある捜査方法ではないとしても、これを量刑上被告人にとって有利な事情として考慮してよいかどうかが争われるのである。

実務では、このような事情を量刑上有利なものとして考慮したものがあるが[16]、学説では、それは却って安易に違法捜査に基づく有罪判決を認めることになるとして、これを否定するものもある[17]。また、このような教唆や尾

---

16 違法な強制採尿に関して、浦和地判平成1年12月21日判タ723号257頁および浦和地判平成3年9月26日判タ797号272頁、特定の政治的宣伝を狙い撃った差別的な検挙につき、例外的に罰金刑に執行猶予を認めたものとして、木津簡判平成3年2月5日公刊物未登載（この判決の詳細については、松宮孝明『公訴権濫用』と『処罰不相当』」立命館法学223＝224号（1993年）511頁以下参照）。学説における積極説として、岡上雅美「責任刑の意義と量刑事実をめぐる問題（2・完）」早稲田法学69巻1号（1993年）11頁以下、67頁、71頁以下、松岡正章「違法捜査と量刑」同『量刑法の生成と展開』（2000年）329頁以下、宇藤崇「捜査手続の違法に対する事後的処理について」刑法雑誌38巻2号（1999年）16頁以下など。苦痛としての刑罰の先取りという説明での積極説として、原田・前掲（注1）166頁。

行が私人によって行われた場合と比較すれば、以上の事情だけで量刑を被告人に有利に判断する理由はないようにも思われる。

　しかし、刑法ないし刑罰の目的を規範侵害によって生じた規範動揺の沈静に求めるのであれば、ここにいう「規範侵害」は、被告人側のそれには限られない。この種の違法捜査が行われた場合には、「規範侵害」は、被告人側にばかりでなく、捜査ないし訴追側にも認められるのである。これを全く無視して、まるで捜査側には何も違法行為はなかったかのごとくに有罪判決を言い渡すのは、判決の公平さを損ない、それ自体が社会の規範動揺を招き、裁判所が宣告する刑法ないし刑罰の感銘力を低下させ、その目的である規範の安定を害する。ゆえに、刑事裁判所は、捜査手続に関しても「規範」の安定・確証を考えなければならないのであり、違法捜査に基づく刑事訴追に関しては、それによって生じた手続における「行為規範」の動揺を鎮めるために、その違法性の程度に応じた刑罰権の減少・消滅がありうるものと思われる[18]。つまり、違法捜査もまた、捜査手続における「行為規範」違反であり、しかも、現実には、捜査機関による軽微な違法行為はそれ自体として処罰されることがほとんどないのであるから、そのような「規範違反」によって生じた動揺を鎮めるために、そのような違法行為をすればそれが目指す犯罪者の処罰という目的を十分に達成できないという「報い」を受けるという意味で[19]、それが量刑で刑を引き下げる方向で考慮され、または「公訴権濫

17　消極説として、指宿信＝城下裕二「採尿をめぐる捜査手続の違法を量刑事情に加えることの当否」判例タイムズ819号（1993年）50頁以下（城下裕二『量刑理論の現代的課題』（2007年）89頁以下所収）、同「求刑・量刑をめぐる理論的課題」季刊刑事弁護1号（1995年）96頁以下、同・前掲115頁以下、本田守弘「刑事判例研究」警察学論集49巻10号（1996年）217頁、藤井敏明「量刑の根拠」新実例刑訴法Ⅲ（1998年）203頁以下、211頁以下など。

18　前述のように、原田・前掲（注1）166頁は、違法捜査によって被告人が受けた苦痛を「苦痛としての刑罰の先取り」とみなすことで、それを減軽的な量刑事情とする。しかし、違法な捜査でも、違法なおとり捜査や差別的な狙い撃ち捜査については、違法な強制採尿などの場合と異なり、被告人は「苦痛」を受けるわけではない。しかし、このような場合にも違法捜査を減軽的に考慮する実務を説明するためには、違法捜査そのものによる規範侵害と、その鎮静を考えるべきであろう。

19　「報い」という応報を意味する言葉を用いたのは、それが「違法捜査抑止」という行動統制的な意味ではないということを明示するためである。

用」または「正義および公平の観点から刑罰がふさわしくない場合」として公訴棄却をもたらすことがありうるのである[20]。

3　さらに、犯罪行為後の事情のひとつである「被告人が受けた社会的制裁」もまた、刑を減軽する方向で考慮されるべき事情のひとつである。もっとも、これを、学説の一部にあるように「刑罰の先取りとしての苦痛」と考えることには疑問がある[21]。というのも、近代以降の法の下では、国家刑罰以外の私的な「リンチ」は禁止されているはずであり、これを「刑罰の先取り」と考えることは、その前提と矛盾するからである。ゆえに、「社会的制裁」による苦痛もまた、本来は刑罰によって加えられるべき苦痛が「リンチ」によって加えられたことにつき、これを防止できなかった国家が、その事実を無視して量刑をすることは公平に反するという形で規範動揺を招くものと考えるべきである。

V　予防論からみた量刑の基本原則

以上の考察をまとめると、以下のようになる。
(1)　刑罰は、犯罪行為によって動揺させられた規範を安定させるものである。
(2)　したがって、規範安定の必要が刑量を決定する（「罪刑均衡」）。

20　この「正義および公平の観点から刑罰がふさわしくない場合」とは、単なる「公訴権濫用」を超える「処罰不相当」として、起訴猶予相当事案の起訴の場合をも含んだ、裁判所の持つ「司法権」（power of justice：憲法76条1項）から導かれる「有罪判決を回避すべき非典型的刑罰消滅事由のある場合」である。端的に「無罪」とすべきでない理由は、「無罪」というのは刑罰権発生の前提である「犯罪事実」がないという判断であるのに対し、「刑罰消滅事由」の場合には、刑の廃止や大赦、公訴時効の完成などを理由とするように、「犯罪事実」ではなくて、そこから派生する「刑罰権」そのものが消滅することを理由とするものだからである。詳しくは、渡部保夫「判解」法曹時報34巻1号223頁、松宮・前掲（注16）511頁参照。なお、いわゆる「チッソ水俣病川本事件」に関する最決昭和55年12月17日刑集34巻7号672頁が「公訴権濫用」によらずに公訴棄却の結論を是認したことは、本件における有罪の言い渡しが「正義および公平の観点から刑罰がふさわしくない場合」であったと解することで説明可能である。

21　原田・前掲（注1）166頁参照。

(3) 刑の必要量は、社会および時代によって異なる。

(4) 刑量は「責任の程度」、すなわち「行為者に帰属可能な有害な結果」と行為時における「行為者人格がもつ期待される人格からの乖離」の積を基礎とする。

(5) 行為後の態度により「行為者人格がもつ期待される人格からの乖離」は変動する。この乖離が犯行後の事情によって縮小するなら、それに応じて刑の必要量は減少する。反対に、行為に現れなかった「行為者人格がもつ期待される人格からの乖離」は、犯罪行為による規範動揺に影響しないので、行為後の事情によって刑の必要量が増大することはない。

(6) 行為者の「危険性」は「行為者人格がもつ期待される人格からの乖離」そのものである。

(7) 刑罰による規範的予防（規範の安定・確証）の効果は、刑事手続の「公正さ」によっても大きく左右される。裁判所が訴追側の反則（違法捜査など）を不問に付して量刑を行うと、それ自体が社会の規範動揺を招き、その結果、刑罰の感銘力（規範的予防力）が低下する。それは、刑罰権自体の縮小・消滅を導くものである。

(8) 量刑における各論は、以上の総論を前提にして検討されるべきである。個別事件における量刑においては、このような総論をさらに具体化しなければならない。

ドイツ側報告

[第2テーマ]
量刑の経験的基礎

フランツ・シュトレング
エアランゲン大学教授

訳・髙山　佳奈子
京都大学教授

I　序
II　評価研究の所見
III　量刑の不平等に関する所見
IV　訴訟構造が量刑にもたらす影響
V　一般人の刑罰観の変化

I　序

　本報告は、狭く限定された1個の論点を扱うのではなく、特定の学問的方法、すなわち経験的評価に重点を置くので、以下の叙述でカバーされるのは、広範かつ不均一な領域である。そのため、さまざまな個別論点については、それぞれ得られた結論を略述しうるにとどまる。方法論的問題も極めて重要であり、得られた所見の射程を解釈するためにそれ自体として非常に意義のあるものではあるが、ここでは残念ながら十分に論じることができない。

II　評価研究の所見

1　特別予防的評価研究の所見
　特別予防の効果に関しては、自由剝奪を伴う制裁と伴わない制裁とを区別

するのが一般的である。そして、裁判所が行う量刑においてとりわけ重要な問題の1つがまさに、この2つの制裁形式が類似の事例でどのような効果の相違をもたらすかにかかわる問題である。今回は「量刑」がテーマなので、以下では、執行形態や自由制限の方法の相違による効果の比較についての「行刑」レベルでの所見は扱わないこととする[1]。

　a)　自由剥奪を伴う制裁と伴わない制裁との比較

　制裁形式による再犯防止効果の相違に関する比較研究によれば、通常、実刑後の方が非実刑後の場合よりも再犯率の高いことがわかっている。一見する限り、このことは、行刑にとって極めて不利な証拠のように思われる。もちろん、有罪となった者は各制裁形式へとランダムに振り分けられているわけではなく、犯行の重さによって、そしてまた裁判所の認定した再犯の危険性によって分けられている。現に、これに関するある調査は、他の諸条件をコンピュータで均質化した行為者グループを対象とし、実刑と非実刑の再犯率が明らかに接近することを実証できた。

　治療処分の研究の枠内ならば、振り分けによる影響を比較的うまく取り除くことができる。そして、対象者へのセラピーの有効性に関し、方法論的に厳格なメタ分析が行われ、次のことが説明できた。すなわち、再犯防止の点で、対象者の処遇は、身柄拘束を伴わずに行われたほうが、身柄を拘束する場合よりも、明らかに良い効果を示すということである。

　b)　自由剥奪を伴わない制裁間の比較

　今述べた制裁の種類の選択による影響は、実刑以外のさまざまな制裁形式について見た場合にも、効果の比較にとって重大な方法論的問題となっている。それでもなお、制裁の重さによる効果の相違に関する調査研究からは、特に少年刑法において、通常次のようにいえるとされる。それは、(有罪判決による)フォーマルな制裁は、(ダイバージョンによる)インフォーマルな対応

1　IIの叙述の論証として、*Streng*, Die Wirksamkeit strafrechtlicher Sanktionen – Zur Wirksamkeit der Austauschbarkeitshypothese, in: Lösel/Bender/Jehle (Hrsg.), Kriminologie und wissensbasierte Kriminalpolitik. Entwicklungs- und Evaluationsforschung, 2007, S. 65 ff., 68 ff.; さらに *Streng*, Strafrechtliche Sanktionen, 2. Aufl. 2002, Rn. 273 ff.

に比して、全く良い効果をもたらさず、むしろ再犯率を上げてしまうということである。しかもこのことはまさに、同様の行為者による同様の犯行に対する有罪判決の場合にもあてはまるとされる。

ただし、よくある方法論的批判として、再犯の研究では、検察官と裁判官による制裁決定の際のネガティヴな所見が確証されるだけだといわれる。しかし、これは少年刑事司法の領域に関しては完全に論駁されている。このことは、制裁の地域間格差に注目して評価したところ判明したものである。それによると、決定的に厳しい制裁を科すことを避けて寛大な方針を採用しても、累犯性を高めることにはならないという。手続打切りが行われると、その後の結果が明らかに良好であるのは、もともと素質の良い者を選択したからにすぎないのではなく、かなりの部分、制裁のあり方自体によるためだと解釈することが、少なくとも、若年者が大量に行う犯罪類型に関しては正当だと思われる。

c）小括

ドイツにおける既存の諸調査を注意深く方法論的に厳格に解釈するならば、厳しい制裁に特別の再犯防止効果があるという証明はできないことが確認できる。すでに外国の調査研究からは、特別予防上、より緩やかな他の手段への「制裁の代替可能性」が広く認められるとの主張がよく行われているが、これはドイツの制裁制度にもあてはまることが確証できる。つまり、一般的に見れば、どの所見もが「同等効果のテーゼ」に賛同している。すなわち、特別予防の点でいうと、厳しい制裁は、それほど徹底的でない他のありうる制裁と比べて、大きな効果を期待できないということである。

このガイドラインは、特別の保安ないし治療必要性のある場合については留保の必要もあるものの、通常の場合についてのここまでのまとめとしては、特別予防に関し次の傾向があるといえよう。科刑にあたっては基本的に、徹底的な制裁のほうがよいとする論拠はない。また、刑罰の賦課をなるべく控えることに反対する論拠も認められない。

2 一般予防研究に基づく所見

a) アンケート調査による研究

これまでドイツでは、刑法の一般予防効果に関する経験的調査がほとんど行われてこなかった。それは、この領域の研究が特に難しいことによる。アンケート調査によるシューマンらの研究や、シェヒおよびデリングの研究が公表されてからは、次の知見を前提にすることができる[2]。

— 特定の犯罪に対してどの程度の刑が科せられると思われているかには意味がない。

— 摘発に遭う危険の認識は、比較的軽微な犯罪の場合についてのみ、なお重要性を有する。

— 人々が規範遵守行動をとるかどうかにとって、より本質的に重要な説明要素となるのは、刑法規範の倫理的拘束性の認識、ないし、刑法規範の受容であることが示されている。この連関は、刑罰を科すことによる規範の実効性の担保がなお重要であることを示唆する。

これを見る限り、規範の拘束性が内面化されていることが重要なのは明白であり、積極的一般予防には十分依拠しうる手がかりが示されている。これに対し、消極的一般予防（威嚇目的）の論拠となるデータはあまりない。これらの結果は、他国で行われた調査の結果とも符合するし、「価値観と犯罪」というテーマに関してヘルマンが提示している経験的研究にも合致する[3]。

予防のための処方にとって、これらの結果は次のことを意味する。前面に出るのは、威嚇や刑の厳格さではなく、犯行を誤解の余地なく否認するという意味でのコミュニケーション的な任務だということである。むろん、この

---

2 Vgl. *Dölling*, Strafeinschätzungen und Delinquenz bei Jugendlichen und Heranwachsenden, in: Kerner/Kury/Sessar (Hrsg.), Deutsche Forschungen zur Kriminalitätsentstehung und Kriminalitätskontrolle, 1983, S. 51, 69 ff.; *Schöch*, Empirische Grundlagen der Generalprävention, in: Festschrift für Hans-Heinrich Jescheck, 1985, S. 1081, 1099 ff.; *Schumann/Berlitz/Guth/Kaulitzki*, Jugendkriminalität und die Grenzen der Generalprävention, 1987, z.B. S. 152, 158 f.

3 Vgl. *Hermann*, Werte und Kriminalität. Konzeption einer allgemeinen Kriminalitätstheorie, 2004. さらに *Hermann/Dölling*, Kriminalprävention und Wertorientierungen in komplexen Gesellschaften, 2001.

否認の作用が信憑性を持つためには、犯罪の重さが一定程度以上の場合に、それに相応する害悪賦課の予告を伴っていることが必要である。

　ただし、経験的な調査結果の解釈にあたっては、次の点に留意する必要がある。刑法が相応な刑罰威嚇を伴って存立するものであることは、アンケートの回答者全員が一様に自明の前提としていたはずである。そうだとすれば、前述のようなデータが得られたからといって、そこから、威嚇を指向した法定刑や科刑を一切やめてしまってよいと結論づけることはできないだろう。それゆえ、こういった種類の研究によって明らかにされるべき知見は、威嚇の決定子を追加することによってどの程度の「限界効用」がもたらされるかであることになる[4]。

b)　犯罪統計による研究

　アンケート調査の利用に代わる研究手段として、犯罪統計に記録された犯罪発生率の変化ないし相違と、刑罰制度の変化ないし相違とのつながりを見るという方法が考えられる。そのようにして、法定刑の相違により、社会全体、すなわち集合的なレベルでいかなる影響が生じるかが明らかにされるはずだとされる。ここで特に言及に値するのは、アメリカ合衆国で実施された、死刑存置州と廃止州とにおける殺人発生率の比較調査である。ここでは、評価対象となる社会的要因やそれらの相互作用を考慮する必要性が極めて複雑になってしまったため、今日に至るまで、方法論的に説得力のある結論は出されていないが、少なくとも、死刑に抑止力があるとするテーゼは裏付けられていない。アメリカ合衆国で1990年代に導入された、累犯者に対する厳罰化立法（「三振」モデルによる「常習犯人法」）も、抑止戦略を擁護する立場にとっては同様に不利な結果をもたらした。

　犯罪ないし刑法の経済学的分析に関する経験的研究の中には、個別に別の方向性を示すような所見もいくつか存在してはいるものの、刑罰威嚇の拡張には極めて限定的な効果しか期待できない。その限りにおいて注目すべきなのは、先端の経済学的・犯罪統計学的手法による予防研究の結果も、アンケ

---

[4] 詳しくは *Streng*, Strafrechtliche Sanktionen, 2. Aufl. 2002, Rn. 56. さらに *Kleck/Sever/Li/Gertz*, The Missing Link in General Deterrence Research, Criminology 43 (2005), 623, 653 f.（「baseline deterrence」について）

ート調査による研究の結果も、拘禁刑がより長期化するという見込みからは威嚇効果が生じないとする点で合致していることである。犯罪事実が立証されて有罪判決に至る蓋然性のみが重要であることがわかっている[5]。このことは、一般予防研究の最新のメタ分析が明らかにしている[6]。制裁が現実にどのように科されているかについての一般人の認識に関するアメリカの研究は、厳罰化の戦略によっても一般予防効果は生じないとの理解を推奨する結果となっている。現実に科される制裁（の相違）と、それについての一般人の認識との間には、弱い連関しか示されていないのである[7]。

c）　小括

刑法の一般予防上の意義を経験的に証明できるかどうかに関し、まとめとして次のように確言できる。予防のためには、実際の処罰によって規範を強化することが重要だとする示唆はなお明白に認められる。刑罰による威嚇という考え方は、人々が良心に基づいて法規を守っているとはあまりいえないような限定された軽微な犯罪の領域でのみ、それもかなり弱い形態で、経験的に確認されたにすぎない。

現実的に見れば、積極的一般予防の観点で刑法とそれによる制裁に対して期待しうるのは、市民がもともと受容できるような価値および規範に依拠することのみである——それでもなお何もないよりはましである——。これと並んで、網羅的に機能する社会的コントロールが存在する場合や、密度の高いコントロールが逐一強調されている場合には、威嚇効果も認められる。そのような威嚇効果は、あまりタブー視されていない犯罪の領域や、規範にあまり拘束性を感じていないグループで特に期待できる。

均質的な社会的環境に根付いて暮らしている者の場合には、刑法が規範を確証する機能は補完的なものにすぎない。その際、価値や規範についての標準的な社会的コンセンサスが確実で広範なほど、規範確証機能のために厳格

5　Vgl. *Entorf/Spengler*, Die generalpräventive Wirkung erwarteter Strafe, MschrKrim 88 (2005), 313, 332 ff.

6　Vgl. *Dölling/Entorf/Hermann/Rupp*, Is Deterrence Effective? Results of a Meta-Analysis of Punishment, EurJPolicyRes 15 (2009), 201 ff.

7　Vgl. *Kleck/Sever/Li/Gertz*, The Missing Link in General Deterrence Research, Criminology 43 (2005), 623, 642 ff.

な介入を行う必要性は減少するのである。

III　量刑の不平等に関する所見

1　問題の概観

　量刑に関し、法適用の領域から外れる面を持つ特別の事情のあることは、かねてから知られてきた。それは、決定権者の個性に由来する評価に影響されて合理性の基準が相対化し、これによって量刑法が明らかに左右されていることである。

　しかるべき筋によると、遅くとも19世紀末には、量刑の実状を問題とする不満の声があったといわれている。1890年にアドルフ・ヴァッハは「恣意、機嫌、偶然」に言及し、「合議体の偶然の組み合わせ、裁判官の主観的な価値観や気分、その気質と体調」のせいで量刑が決まっている面が大きいと批判した[8]。フランツ・フォン・リストもこれに賛成し、極めて具象的にも、量刑は「雲〔闇の中〕をつかむような話」だと述べた[9]。それ以来、批判は後を絶たない[10]。

　この問題は長い間、表立っては「雲をつかむ話」として知られてきたが、その背後にある量刑のばらつきの原因は、経験的研究の対象とされる必要があり、また、分析可能な部分も有している。

2　地方および地域の間の格差

　ドイツでは、20世紀初頭以来、地方および地域間の量刑の格差に関する統計調査が実施されている[11]。それにより、かなり大きな地域差のあることがわかっている。もちろん、この研究は、行われた犯罪の類型を基準として比較を行ったものであって、有罪判決の対象となった犯罪の重さが平均してど

---

[8]　*Wach*, Die Reform der Freiheitsstrafe. Ein Beitrag zur Kritik der bedingten und der unbestimmten Verurteilung, 1890, S. 41.

[9]　*v. Liszt*, Strafrechtliche Aufsätze und Vorträge, 1. Band, 1905, S. 393.

[10]　詳しくは *Streng*, Strafrechtliche Sanktionen, 2. Aufl. 2002, Rn. 387 ff.

[11]　論証として *Streng*, Strafzumessung und relative Gerechtigkeit, 1984, S. 6 ff.; *Streng*, Strafrechtliche Sanktionen, 2. Aufl. 2002, Rn. 388 ff.

の程度かに関しては、対照される地方や市町村による相違が考慮されていないという欠点を有していた。しかし、それでもなお、科刑状況には顕著な違いがある。これがとりわけ極端な形で証明されたのは、1960年代における酒酔い運転の処理においてであった。外国の研究によっても同様に、量刑には地方や地域による格差のあることが証明されている。

ただ、確認される科刑の地域差がどの程度の規模のものであるかは、単に平均値を比較するだけでは適切に評価できない。このことは、ハンス＝イョルク・アルブレヒトが侵入窃盗、強盗、強姦について行った記録調査により明らかにされている。量刑に影響する犯行および行為者についての諸因子を調整して分析してみると、刑の程度については明らかに近接性が見られる。しかし、地域による量刑格差——特に強姦では顕著——も無視しえない程度に達していた。また、これも注目に値するのは、特定の種類の犯罪に厳罰が科されている場合であっても、それが、同じ管区内で他の犯罪類型も同様に平均より重く処罰されているという徴表にはなっていないことである[12]。

地域による量刑の格差という意味でこのように「奇妙な司法地図[13]」が生じる理由は、まだほとんど探究されていない。かつては、これが伝統の影響だとする説明の試みもよくみられたが、第2次世界大戦を経て多様な形での階層の変化が生じ、大規模な住民の移動が起こり、とりわけ今日ではマスメディアの影響もあることから、現在ではそうした説明がほとんど説得力を失っている。——ただし、ともかく争いえないのは、上級地方裁判所の量刑判断に差があっても、それが上告審で見直される余地はほとんどないため、地域間格差がそのままになっているということである。また、各検察庁の長によりコントロールされうる求刑方針の相違も、裁判所による量刑実務の相違を促進している可能性がある。略式命令においては、問題があると判断されない限り裁判所が検察官の請求にほぼ従っているので（刑事訴訟法408条3項第1文）、これが特に目を引く。この領域では、イニシアティヴをとって何が

12　Vgl. *H.-J. Albrecht*, Strafzumessung bei schwerer Kriminalität, 1994, S. 348 ff., 353.

13　*Tröndle*, Das Problem der Strafzumessungsempfehlungen, in: Blutalkohol 8 (1971), 73 ff., 74.

「普通」の処理かを決めているのは、明らかに検察官である。

3　裁判官による相違

地域間格差よりも大きな学問的関心を集めてきたのは——国際的に見れば——、量刑のばらつきが裁判官個人の相違から生じているということであった。特にアングロサクソン系の諸国では、比較的古くからこれに関する研究が進められてきた[14]。

裁判体の相違による科刑の不平等は、——合議体の場合であれ単独審理によるものであれ——ドイツについては、誤って出された二重判決に関するペータースの研究を手がかりに、極めて印象深く描き出すことができる。ペータースの研究によると、第1の判決と第2の判決とでは量刑がほとんど一致しないというのである。この調査の中では、1対6の格差すら認められた。たとえば、第1の判決の宣告刑が1月の自由刑であったときに、その内容を知らずに出された第2判決では6月の自由刑が言い渡されたというのである[15]。

このような相違の背景にある裁判官の個性の相違を探究するため、ドイツでは、架空のケースを素材とする「模擬量刑」の方式で、裁判官（および検察官）を対象に、口頭または書面でのアンケート調査が実施された。その結果は、アメリカ、カナダ、イギリスについての訴訟記録の分析およびアンケートから得られた結果とおおむね一致していた。ここで明らかになったのは、裁判官の個性や、刑法の任務および追求されるべき刑罰目的に関する彼らの基本的確信が量刑を左右する意義を有しているということである。したがって、犯罪発生状況が深刻だと考えている者、再社会化に重きを置いていない者、威嚇や保安、応報を強調する者、人が犯罪を行うようになる責任は

---

[14] 論証として *Streng*, Strafzumessung und relative Gerechtigkeit, 1984, S. 11 ff., 107 ff.; *Albrecht*, (o. Fn. 12), S. 156 ff.; *Hofer/Blackwell/Ruback*, The Effect of the Federal Sentencing Guidelines on the Inter-Judge Sentencing Disparity, in: The Journal of Criminal Law & Criminology 90 (1999), 239 ff., 250 ff.

[15] Vgl. *Peters*, Fehlerquellen im Strafprozeß. Eine Untersuchung der Wiederaufnahmeverfahren in der Bundesrepublik Deutschland, 1. Band, 1970, S. 7, 425; その他の調査につき、*Streng*, Strafzumessung und relative Gerechtigkeit, 1984, S. 9 ff.

社会よりも行為者にあると考える者は、より重い刑を求める傾向にある。裁判所の構成の相違、特に裁判所の種類も、影響を与える要素であることが判明している。

　刑法の領域で、法律実務家の量刑評価がすでに出発点においていかにばらついているかは、架空の設例による研究が最もよく示すところとなる。この方法であれば、すべての回答者が同じケースを対象とすることになり、合議体にいる裁判官にも個人的態度を聞くことができるためである。私自身が実施したある調査は、ニーダーザクセン州の刑事裁判官および検察官の合計522名を対象とし、1979-1980年に書面によるアンケートの形式で行った[16]。ここでの設例は、前科のない男性が女性との別れ話のこじれから限定責任能力の状態で激情殺を行ったというものである。科刑の単純平均値は74.8月〔6年と2.8月〕、メジアン〔最多値〕は72月〔6年〕であった。そのうち、裁判官の平均は71月、検察官の平均は81月であった。**図1**（資料参照）では、多く選択された月数のみを示してあるが、それでも回答に大きなばらつきのあることが明らかであろう。

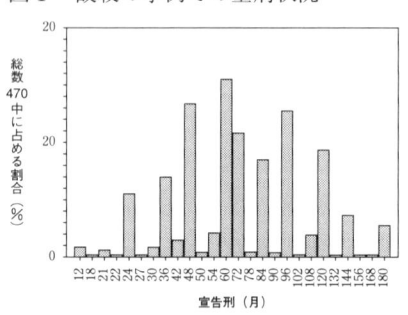

図1　故殺の事例での量刑状況

なお、区裁判所の裁判官のほうが地方裁判所の裁判官よりも量刑が平均して軽かったことも言及に値する。検察は望ましい科刑を得るため、裁判所構成法24条1項3号が認める状況では、区裁判所と地方裁判所とへの公訴提起

16　方法論につき vgl. *Streng*, Strafzumessung und relative Gerechtigkeit, 1984, S. 64 ff., 75 ff.

の振り分けにより、両裁判所の裁判官の量刑傾向の相違を利用することができるわけである。

4 偏見および差別

裁判官の個性に関する研究に極めて類似するのは、裁判官の偏見の構造や差別の傾向による科刑の不平等を解明する試みである[17]。アメリカでは、エスニック・マイノリティに属する被告人、特にアジア・アフリカ系の被告人に対してより厳しい扱いがなされていることの研究が進められている。

ドイツでは、下層階級に属する者が量刑上差別されているのではないかが問題とされた。しかし、総量分析においても、個別的分析においても、裁判官の特定の個人的要素と、被告人の階層との間には、明確な相互連関が認められなかった。

最近では、外国人差別が問題とされているが、これに関するかつての経験的調査は、量刑上そのような不利益な扱いがなされているとの明確な証拠を出していなかった。しかし、私が北部バイエルンの人身犯罪について記録分析の形で行った研究では、そのような効果が認められた。特に性犯罪の場合には、──干渉因子を排除して分析してもなお──差別の影響を明らかに見て取ることができる[18]。

5 評価の一貫性の欠如

量刑の不平等やそれによる処罰の不当性の原因が地域的な伝統の違いや裁判官の個性の違いにあるとする評価が相対化されなければならないことは、ここでも我々がペータースのおかげで得た説得的な所見から明らかである。彼は、誤って下された二重判決を研究対象にしたのであるが、中には、同一の裁判官が不注意にも2回判決を下した例があった──そしてその科刑は異なっていた。判決の対象者はまず、窃盗により罰金70マルクの略式命令（2週間の自由刑を代替）を受けた。ところがその6週間後に、同じ事件に

---

17 論証として Streng, Strafrechtliche Sanktionen, 2. Aufl. 2002, Rn. 398.
18 論証を含め詳しくは Streng, Verfahrensabsprachen und Strafzumessung, FS Schwind, 2006, S. 447 ff., 454 ff., さらに S. 461.

ついて今度は2か月の実刑判決が言い渡されたのである[19]。このようなケースでは、初めは略式手続だったが2回目は通常の公判手続だったというように、判決の枠組みとなる条件の相違によっても量刑に違いが生じるという説明ができそうである。検察による求刑の相違が影響することも考えられる。

しかし、このような評価の非一貫性が、外部から誘導された業務遂行の誤りのせいで起こるものでは決してないことは、アメリカのマクファターが架空の設例を用いて実施した量刑分析で明らかにしているところである。この調査は、同一の裁判官（ルイジアナ州とテキサス州の6名の地方裁判所判事）に2か月の間隔をおいて同一のケースを再度「判決」させるというものであった。すると、初回と2回目とではかなりの格差が出たということである[20]。

IV　訴訟構造が量刑にもたらす影響

1　裁判実務についての所見

20年ほど前から、検察官と弁護人の科刑意見が裁判官の量刑決定にどの程度影響を及ぼすかが研究されるようになっている[21]。少なくとも、他の手続関係者が刑量に影響をもたらす可能性は、個々の裁判官の影響されやすさによるといえそうである。ここでも、裁判官個人の経験や不安定性の程度が問題となりうる。

これに関連する調査結果によると、裁判官の量刑決定に影響を及ぼすのは、通常は検察官のみであることが判明している。刑事裁判官を対象としたアンケート調査では、70%を超える裁判官が、量刑にあたって検察官の求刑実務をかなり考慮するとの結果が出た。これに対し、弁護人の科刑意見は事

19　Vgl. *Peters*（o. Fn. 15), S. 7, さらに S. 369.

20　Vgl. *McFatter*, Sentencing Disparity: Perforce or Perchance?, in: Journal of Applied Social Psychology 16 (1986), 150 ff., 161; *ders.*, Ungleichheiten in der Strafzumessung und Zweck der Strafe, in: Pfeiffer/Oswald (Hrsg.), Strafzumessung. Empirische Forschung und Strafrechtsdogmatik im Dialog, 1989, S. 183 ff., 190 ff., 192 f.

21　論証として *Streng*, Strafrechtliche Sanktionen, 2. Aufl. 2002, Rn. 399 ff.

実上考慮されていないに等しいことがわかった[22]。

これらのデータは、訴訟記録の調査による研究結果にも合致する[23]。記録調査では、検察官の求刑と判決とが大部分の事件で近接したものになっているが、ただし、そのことから直ちに、ほとんどの裁判所が検察官に「従順」だといえるわけではない。むしろ、裁判所と検察官とは共同して「地元の司法文化」の範囲で「普通の結論」を見出そうとしており、そのため検察官も求刑においていわば裁判所の判決の先取りを行う傾向にあると考えられる。そもそも両者は同一の規範プログラムに拘束されているわけであるから、これを前提とすれば、検察官の求刑が量刑を方向づける格別の力を持つとしても不思議はない。特に略式手続ではさらに、訴訟経済上も、検察官の申立がいくばくかでも受け入れられるようなものでありさえすれば、裁判官はこれに従う合理性が大きいと考えられる。

弁護人が刑量決定で果たす役割が極めて限定されたものであることは、弁護側から具体的な刑量の提案が全く出されない場合の多いことからも見て取れる。

2 「アンカリング」に関する実験の所見

近年では、検察官と弁護人の科刑意見の重みが異なることについてだけではなく、評価的判断におけるいわゆる「係留効果（アンカリング）」についても、心理学的な研究の所見が示されている。それによると、科刑評価の決定は、他人が行った第１の提案に大きく左右されるという現象がごく一般的に見られるとされる。評価におけるこの「碇（いかり）」は、それに続く判断者が、最初の提案から距離を置こうとする場合であっても、後続の判断を引きつけ

---

22 Vgl. *H.-J. Albrecht*, Gleichmäßigkeit und Ungleichmäßigkeit in der Strafzumessung, in: Kerner/Kury/Sessar (Hrsg.), Deutsche Forschungen zur Kriminalitätsentstehung und Kriminalitätskontrolle, 1983, S. 1297 ff., 1322 f.

23 Vgl. *Langer*, Staatsanwälte und Richter. Justizielles Entscheidungsverhalten zwischen Sachzwang und lokaler Justizkultur, 1994, S. 365 f.; また、*Schünemann*, Daten und Hypothesen zum Rollenspiel zwischen Richter und Staatsanwalt bei der Strafzumessung, in: Kaiser/Kury/Albrecht (Hrsg.), Kriminologische Forschung in den 80er Jahren, 1988, S. 265 ff., 271, 277.

る。たとえば刑事裁判の評議について、他の関与者の下ろした「評価の碇」
――特に検察官による個別の求刑――が後の判決にどの程度影響するかが研
究対象とされた。

　エングリッヒとムスヴァイラーがヴュルツブルク大学で実施した研究は、
司法修習生と熟練した刑事裁判官との参加を得て行われたものである。これ
らの被験者には、量刑の題材として、強姦事件（被告人は被害者に家に送ると提
案し、その家に向かう途中で犯行に及んだ）が記録と共に配付された。そして、検
察官役は12月の自由刑か34月〔2年8月〕の自由刑かの2とおりのいずれか
を求刑した。その結果、熟練裁判官の量刑評価でも、求刑の重いグループの
ほうが軽いグループに比べて8～10月程度も重くなった。これはかなり明白
な違いだといえる[24]。影響がどの程度大きなものになるかは、とりわけ、被
験者の判断の不安定さの度合いと、碇の設置者〔検察官役〕が提示した数値
の基本的な説得性とに依存しており、碇設置者の能力には関係がなかった[25]。

　弁護人による科刑意見に関するアンカリング研究では、適切な弁護方針か
ら争点が形成され主張された場合であっても、検察官の求刑によって前述の
ような影響の生じることが明らかになった。被験者らは実験後に、なるべく
検察官の影響を受けないよう努めた旨を述べていたのであるが、それでもこ
のようになったのである。結果として、検察官の求刑は、弁護人の科刑意見
の持つ影響力を凌駕する効果を裁判官の量刑に対して有することが示され
た。ここから、エングリッヒらは、弁護人が「最終」弁論権を持っている
（刑事訴訟法258条1項・2項）ということが、実は逆説的に、弁護側の影響力を
弱める順番になっていると結論づけている[26]。

24　Vgl. *Englich/Mussweiler*, Sentencing Under Uncertainty : Anchoring Effects in the Courtroom, in: Journal of Applied Social Psychology 31 (2001), 1535 ff., 1538 ff., 1545 f.; vgl. auch *Mussweiler/Englich*, Comparing is Believing: A Selective Accessibility Model of Judgemental Anchoring, in: Stroebe/Hewstone（Hrsg.）, European Review of Social Psychology, Band 10, 1999, S. 135 ff.

25　Vgl. etwa *Mussweiler/Strack*, Numeric Judgements under Uncertainty: The Role of Knowledge in Anchoring, in: Journal of Experimental Social Psychology 36 (2000), 495 ff.; *Englich/Mussweiler*, in: Journal of Applied Social Psychology 31 (2001), 1535 ff., 1543 f.

26　Vgl. *Englich/Mussweiler/Strack*, The Last Word in Court - A Hidden Disadvan-

V 一般人の刑罰観の変化

1 問題の概観

犯行にも行為者にも関係のない特殊な量刑因子として、判決時点で支配的となっている一般人の価値判断や処罰要求がある。裁判官は自身の刑罰観や予防上の計算を通じて、一般人の処罰感情を量刑決定の中に入り込ませることになる。これは一見するとあまり問題のないことのようにも思われる。裁判官も社会の一員である以上、社会の正義感情を一定程度考慮しなければならないのは当たり前だからである。

しかし、社会の刑罰観を考慮することも、そのレベルが大きく変わってしまうと異様で困ったものになる。一般人の処罰的態度が著しく増大したりあるいは縮小したりした場合がそうである。専門的に見れば、一般予防・特別予防の観点からして従来の量刑よりも重い刑を科す理由がないにもかかわらず、一般人の態度が厳格化したからといってそれをそのまま判決に媒介すれば、裁判官の判断の正当性には疑問が生じてこよう。

2 アンケート調査の結果

一般人の刑罰観の変化に関するデータとして、私が1989年以来ある程度定期的に行っているアンケート調査の結果がある。これは法学部1学期生を対象として、コンスタンツ大学（1989年）およびエアランゲン大学（1993-2007年）で実施したもので、これまでに合計2,572名の学生が参加している。

この調査にも、別れ話のこじれから限定責任能力の状態で行われた激情殺の事案について、適切な刑罰はどのくらいかを問う内容を含めた。15年を超える自由刑を要求する回答は「終身刑」に分類している。実際の行刑では終身刑受刑者の平均的な在所期間は20年なので、計算上、「終身刑」は20年（240月）とした[27]。その結果、1995年以降、厳罰を要求する傾向が明らかに

---

tage for the Defense, in: Law and Human Behavior 29 (2005), 705 ff., 714 ff.; *Englich*, Blind or Biased?, in: Law & Policy 28 (2006), 497 ff., 507 f.

27 Vgl. BVerfGE 45, 187 ff., 243; *Kerner*, Tötungsdelikte und lebenslange Freiheits-

図2 激情殺の量刑

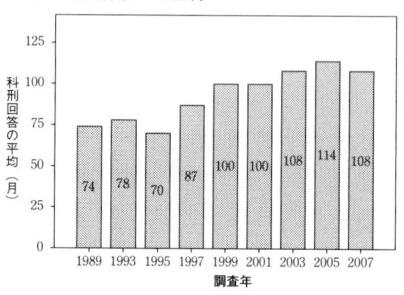

科刑回答の平均（月）
1989: 74
1993: 78
1995: 70
1997: 87
1999: 100
2001: 100
2003: 108
2005: 114
2007: 108
調査年

強まったことが示された。調査の最初の3回では、回答の平均値は75月であったのに、最後の3回の調査では平均が110月の自由刑となっている（図2）。

一般人の重罰化要求が強まっていることは、終身刑および刑罰目的の考慮に関する態度にも示されている。今日、終身刑が正当かどうかは、かつてに比べると問題にされることがはるかに少なくなっている。むしろその反対に、故意の生命侵害に対してこの制裁では軽すぎると考える者が増加しているのである[28]。また、寛刑化につながりやすい再社会化目的の重視は、もはや支持されず、過去のものとなってしまっている。特別予防目的に関しては、若年者の間で、社会の治安のために犯人を隔離すべきだという考え方が支配的になってきた。一般予防目的に関しては、特に応報への支持が高まっているのが注目される[29]。

3　裁判実務における厳罰化の動向

前述の調査は、若年で良い学校教育を受けてきた者を対象としているものの、その結果は一般市民の処罰感情をうかがわせるものだとも考えられる。少なくとも、法学部といってもまだ1学期生であるから、専門家や法律家で

---

　　strafe, ZStW 98 (1986), 874 ff., 908 ff.; *Laubenthal*, Lebenslange Freiheitsstrafe, 1987, S. 264 ff.
28　これに関しては、vgl. *Streng*, Kriminalpolitische Extreme – die Sicht junger Menschen, in: FS Kreuzer, 2. Aufl. 2009, S. 852 ff., 856.
29　Vgl. *Streng*, Strafmentalität und gesellschaftliche Entwicklung, in: Behr/Cremer-Schäfer/Scheerer (Hrsg.), Kriminalitäts-Geschichten, 2006, S. 211, 214 f.

はない。したがって、法律の素人の考え方の変化が、刑法の適用においても現実に影響を及ぼしているのかが問題となる。この観点からは、裁判官と検察官とを対象に継続的なアンケート調査を実施し、時系列的変化を追うことが考えられる。あるいは、連邦統計庁の刑事司法統計のデータを分析してもよいだろう。

　判決に関する統計データについては、むろん、それ以前に選別の経過があること、つまり、有罪判決を受ける者の割合が、すべての犯人（暗数も含め）のうち、また検挙された犯人のうちで、どの程度なのかに留意しなければならない。しかしこのダイバージョンの大きさは時期によって変化しうる。そうだとすると、時系列的比較のためには、重大犯罪のみを対象にするのがよいだろう。重大犯罪ではダイバージョンの効果がそれ以外の場合よりもはるかに小さいからである。

　生命侵害犯においては、明らかな重罰化傾向が見られる。故殺罪の自由刑では、10年までの割合と15年までの割合が著しく上昇している（図3）。これには、1998年に「故殺罪の比較的軽い場合」の法定刑の上限が5年から10年に引き上げられたことが影響していると解釈できる。謀殺既遂罪で終身刑が宣告される割合は、90年代末には50％台であったものが、70％へと上昇している（図4）。このことの理解に関連して、限定責任能力が認められる割合、特に酩酊下の犯行でのその割合が減少していることも指摘しうる（図4a）。さらに、1992年に連邦憲法裁判所が、刑法57a条1項2号にいう「責任が特に

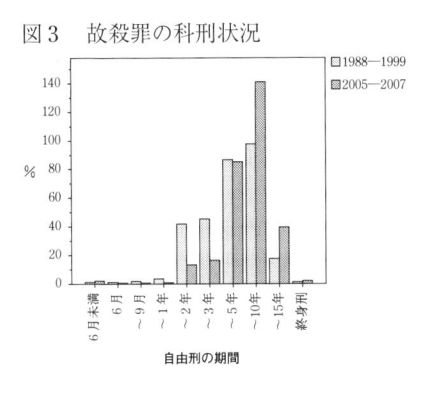

図3　故殺罪の科刑状況

図4　謀殺既遂罪における終身刑

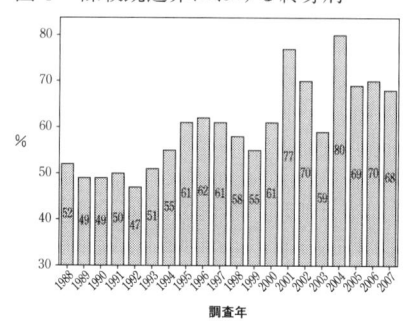

図4a　謀殺既遂罪における終身刑および限定責任能力

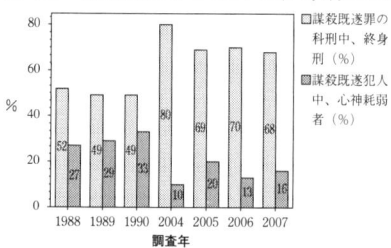

重い場合」の解釈につき、終身刑言渡し時の「一審判決による解決」を創設した[30]こと〔「責任が特に重いことが執行の継続を要求するものではないこと」が仮釈放の条件とされているが、その「責任が特に重い」という判断は一審判決が行うものとされた〕も考慮しなければならない。なぜなら、これにより、判例法上、新たな最高刑が生み出され、いまや第2位の刑罰となった「単純終身刑」がインフレーションを起こす可能性があるためである。
——また、自由刑の重罰化は、性犯罪においても示されている（図5）。ただし、手続打切り処分や、ここでは考慮されていない罰金刑などのダイバージョンの過程もあるので、自由刑のみに着目した時系列的分析は方法論的には留保を付されなければならない。結論として、量刑実務の全体像は1990年以降明らかに変化していることが示された。少なくとも人身に対する重大犯罪

30　Vgl. BVerfGE 86, 288, 317 ff.

図5　性犯罪の科刑状況

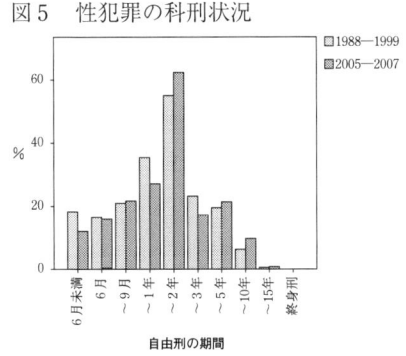

```
           1988—1999
           2005—2007
   60
   40
%
   20
    0
     6月未満 6月 9月 1年 2年 3年 5年 10年 15年 終身刑
     ～  ～  ～  ～  ～  ～  ～
         自由刑の期間
```

の範囲では、科刑の重罰化の傾向が進んでいる。個々の量刑判断が基礎にしている評価のあり方は、人間の第1次的および第2次的社会化〔パーソンズ〕のみならず、現在の社会心理学的状況にも根ざしているが、これが近年大きく変化した。従来の刑事司法実務に特に問題があるとは言われてこなかっただけに、このことはいっそう注目される。

4　量刑にとっての世論の意義

最後に、重罰化を求める一般的な社会的潮流が裁判官にどの程度考慮されてよい、あるいは考慮される必要があるかを論じておかなければならない。現在もなお、専門家の間には、規範確証という意味での一般予防効果を上げるためには、まずもって、人々に正当なものとして受容されるような処罰の行われていることが必要だとする広範なコンセンサスがある。

厳罰がどの程度の社会的意義を持ちうるかの問題は、前述の法学部1学期生を対象とする経験的調査でも扱うことができた。設問は、限定責任能力下で行われた激情殺について、適切と考えられる刑期を月単位で回答してもらうというものである。1999年および2001年の調査に回答した458名にはさらに――刑期を回答した後で――、この激情殺の犯人について、正義の観点から、最低および最高どの程度の刑までが容認できるかという問いにも回答してもらった。換言すれば、当該殺人について、どこからどこまでの刑がなお正義にかなっているといえるかを問うたものである[31]。図6は、20名以上が支持した刑期のうちの主な数値と、それに対応する刑の幅との関係を示した

図6　望ましい刑期と刑の幅

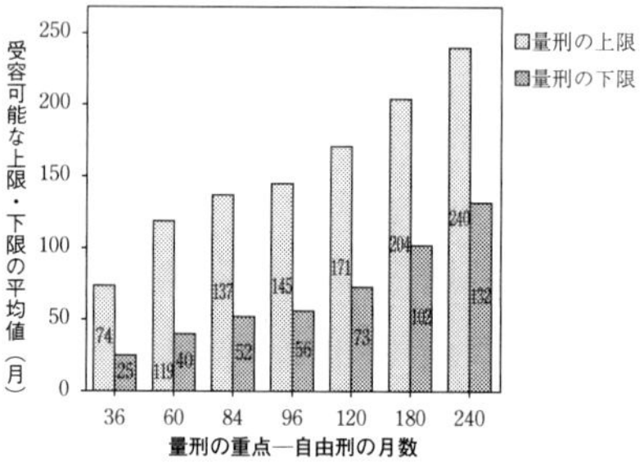

ものである[32]。なお、ここでも、終身刑および15年を超える自由刑は240月〔20年〕としてカウントしてある。

まず、支持の多かった刑期は3年から終身刑にまで広がっており、年齢や教育レベルからして均質的であるはずのグループ内でも評価に格差の出ていることが極めて明白である[33]。この調査での激情殺に対する望ましい刑期の平均値はほぼ100月〔8年4月〕であったが、これに対応する受容可能性の幅ないし「責任の幅」の平均は61月から143月、つまり5年から12年の自由刑であった[34]。

細かく見ると、受け入れ可能な刑の幅――「責任の幅」――についての個人差は、その回答者が最適と考えた刑の重さに連動し、「重いほど広い」という関係が見られた。極めて重い処罰を支持した回答者においてはまさに、受け入れ可能幅が特に広がっており、最適だとした刑が値崩れを起こしているともいえるほどである。

正義の観念がこのように不明確な、あるいは幅の広いものだということはつまり、一般に言われているような重罰の要求を裁判所が明らかに満たさな

31　1999年のアンケート調査およびその背景につき、詳しくは Streng, Praktikabilität und Legitimität der „Spielraumtheorie", in: Festschrift für Heinz Müller-Dietz, 2001, S. 875 ff., 877 ff.

32　20名の支持は回答者の4.4％にあたる。最も多かった回答は60月および120月で、それぞれ77名の支持があった（回答者の16.8％）。

33　変数「量刑」の標準偏差は54.8であった。

34　いずれも回答の単純平均値である。

かったとしても、それで規範の妥当が揺らぐわけではないということである。これも——重罰を求める潮流が存在することは明らかではあるが——なお、すなわち、刑罰の効果に関して先に（Ⅱで）述べた所見に鑑みればなお、目測を持った司法の裁量の範囲内といえるのである。一定の範囲では、厳格な制裁がより緩和された制裁へと代替されうる。したがって、責任の清算に関しても、一種の「代替可能性テーゼ」が妥当すると考えてよいのである。

日本側報告

［第2テーマ］
量刑の経験的基礎

小　島　　透
愛知大学教授

I　はじめに
II　日本における科刑の現状
III　法定刑の変更と量刑への影響
IV　おわりに

I　はじめに

　本報告では、日本における量刑の状況について、統計データを用いて検証することとする。具体的には、第一に、とくに法定刑との関係において現在の日本の量刑が下限と上限との間でどのような科刑状況を示しているのか、量刑の現状を分析することとする。そして、第二に、法定刑の変更（改正）において、科刑状況がどのような変化を見せるのか、すなわち法定刑の変更が量刑にどのような影響を及ぼすのか、過去のいくつかの法改正を取り上げて分析を行うこととする。

　本報告においては、統計データとして、基本的に最高裁判所事務総局による『司法統計年報　2　刑事編』を用い、補足的に法務省大臣官房司法法制部司法法制課による『検察統計年報』を使用する。これらの統計データは、たとえば判決文そのものを対象資料とする場合に比べて、情報としての精度は低いと考えられるが、わが国全体を網羅し、かつ、公刊され入手が容易であることから、わが国の量刑の状況を「簡便に」把握するためには有益な資料である。また、統計データは、その利用やデータの解釈の過程において主観

的要素が入り込む余地がありうるものの、社会的現象を明らかにする手段としての客観性は比較的高いものが期待できる。本報告では、このような統計データを用いることにより、日本における量刑の状況について、その概要を明らかにしたいと思う。

II 日本における科刑の現状

1 自由刑の科刑状況

まず、日本における自由刑および死刑について、2007年における刑法犯・特別法犯全体の科刑状況を 図1-1 に示す[1]。日本における自由刑としては、拘留（1日以上30日未満）、有期の懲役・禁錮（1月以上20年以下。加重の場合には30年まで上げることができ、また、減軽の場合には1月未満に下げることができる）、無期の懲役・禁錮が存在するが、図1-1からは、日本の自由刑においては、「6月以上」から「2年以上」（3年未満）までの階級に事例の多くが存在す

図1-1 自由刑・死刑　科刑状況

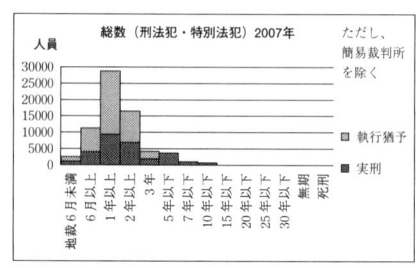

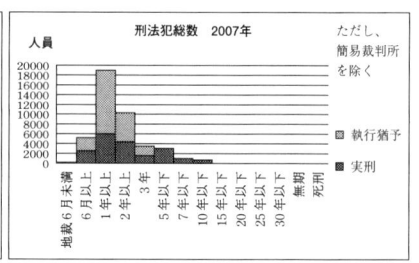

ることがわかる。もっとも、このような状況となる原因として、そもそも、6月から3年程度を中心とした法定刑が規定される比較的軽微な犯罪が多いため、ということも考えられる。そこで、それぞれの罪ごとにその科刑状況

1　図1-1および図1-2は、『平成19年　司法統計年報2刑事編』のうち、「通常第一審事件の終局総人員―罪名別終局区分別―全地方裁判所」（第33表）および「通常第一審事件の有罪（懲役・禁錮）人員―罪名別刑期区分別―全地方裁判所」（第34表）に掲載されたデータによる。

量刑の経験的基礎　69

図1-2　各罪　自由刑・死刑　科刑状況

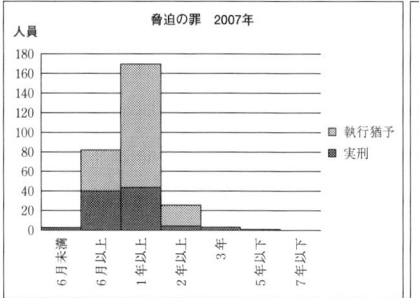

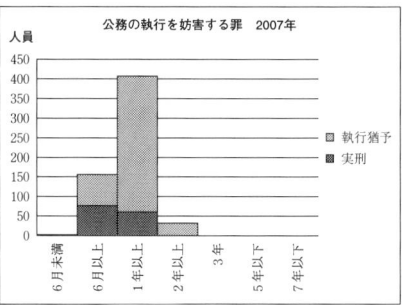

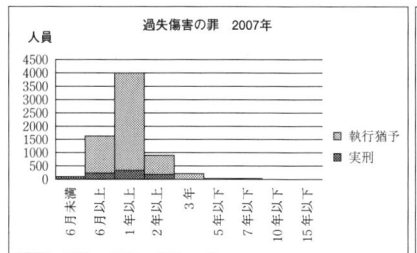

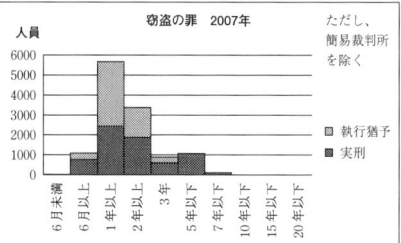

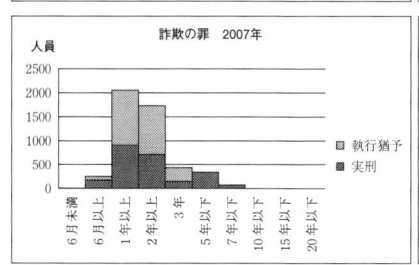

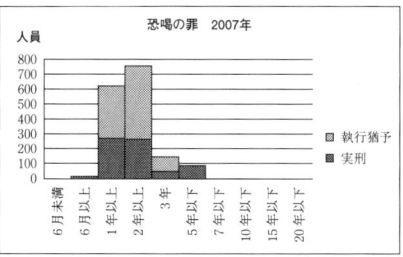

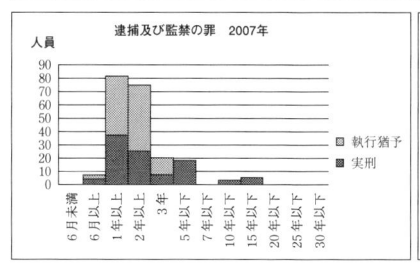

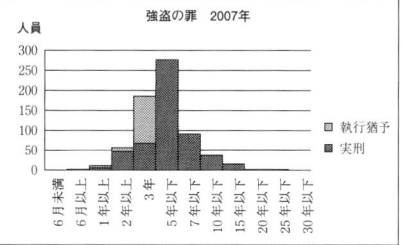

(図1-2 続き)

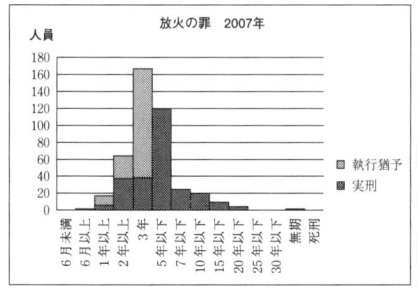

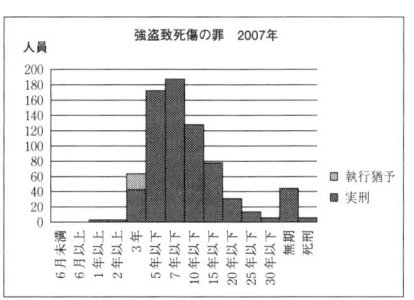

を分析することにする。

　刑法典に規定される罪のうち代表的なものを取り上げて、その科刑状況を図1-2に示す。まず、脅迫の罪について検討する。司法統計年報において、脅迫の罪には、脅迫（刑法222条、法定刑は2年以下の懲役又は30万円以下の罰金）と強要（刑法223条、法定刑は3年以下の懲役）が合わせて計上されている。そこで、司法統計年報からはこれらの罪の割合を判断することはできないため、検察統計年報の起訴人員から2つの罪のおおよその割合を推測することにすると、検察統計年報によれば、2007年における公判請求の人員割合は、脅迫76.8％、強要23.2％、また2006年では、脅迫75.8％、強要24.2％であり、脅迫の罪の多くは脅迫が占めていることがわかる[2]。そして、脅迫の罪のグラフを見ると、脅迫における自由刑の法定刑上限2年（下限1月）に対して、事例の多くは「1年以上」（2年未満）の階級に集中していることが分かり、脅迫の罪については、法定刑の中央よりも上限側で科刑されていると判断することができる。

　公務の執行を妨害する罪についても、それには公務執行妨害（刑法95条1項、法定刑は3年以下の懲役若しくは禁錮又は50万円以下の罰金）、職務強要（刑法95条2項、法定刑は公務執行妨害と同じ）、封印破棄（刑法96条、法定刑は2年以下の懲

　2　各罪の起訴人員は、『検察統計年報』のうち、平成19年版および平成18年版における「8　罪名別　被疑事件の既済及び未済の人員」および「9　最高検、高検及び地検管内　自動車による過失致死傷被疑事件の受理、既済及び未済の人員」に掲載されたデータによる。

役又は20万円以下の罰金）、強制執行妨害（刑法96条の2、法定刑は2年以下の懲役又は50万円以下の罰金）、競売入札妨害（刑法96条の3第1項、法定刑は2年以下の懲役又は250万円以下の罰金）、談合（刑法96条の3第2項、法定刑は競売入札妨害と同じ）が計上されているが、それぞれにおける公判請求の人員割合は、2007年において順に88.6％、1.2％、0.0％、0.0％、6.1％、4.1％、また、2006年において82.7％、1.5％、0.0％、0.2％、8.9％、6.7％となり、公務の執行を妨害する罪の多くは公務執行妨害が占めていることがわかる。そして、公務の執行を妨害する罪のグラフを見ると、公務執行妨害における自由刑の法定刑上限3年（下限1月）に対して、法定刑の中央が位置する「1年以上」の階級に事例が集中していることがわかる。

　同様に、司法統計年報のそれぞれの罪に含まれる個々の罪のおおよその割合を推測しながら、科刑状況を検討すると、過失傷害の罪[3]においては、業務上過失致死傷罪（刑法211条1項前段）の自由刑の法定刑上限5年（下限1月）に対して、事例の多くは「1年以上」の階級に存在し、「3年」から上の階級に存在する事例は非常に少なく、事例分布は法定刑の中央よりも下限側に偏って形成されていることがわかる。また、窃盗の罪[4]、詐欺の罪[5]、恐喝の

---

[3]　過失傷害の罪には、業務上過失傷害（刑法211条1項前段、法定刑は5年以下の懲役若しくは禁錮又は100万円以下の罰金）および業務上過失致死（業務上過失傷害と同じ）の他に、過失傷害（刑法209条、法定刑は30万円以下の罰金又は科料）、過失致死（刑法210条、法定刑は50万円以下の罰金）、重過失傷害（刑法211条1項後段、法定刑は業務上過失傷害と同じ）、重過失致死（重過失傷害と同じ）、自動車運転過失傷害（刑法211条2項、法定刑は7年以下の懲役若しくは禁錮又は100万円以下の罰金）、自動車運転過失致死（自動車運転過失傷害と同じ）が計上されているが、それぞれにおける公判請求の人員割合は、2007年において順に51.0％、23.7％、0.1％、0.0％、0.1％、0.0％、18.0％、7.2％、また、2006年において70.0％、29.9％、0.1％、0.0％、0.1％、0.1％、0.0％、0.0％となる。

[4]　窃盗の罪には、窃盗（刑法235条、法定刑は10年以下の懲役又は50万円以下の罰金）の他に、常習特殊窃盗（盗犯等ノ防止及処分ニ関スル法律2条、法定刑は3年以上の有期懲役）、常習累犯窃盗（盗犯等ノ防止及処分ニ関スル法律3条、法定刑は常習特殊窃盗と同じ）、および、不動産侵奪（刑法235条の2、法定刑は10年以下の懲役）が計上されているが、それぞれにおける公判請求の人員割合は、2007年において順に93.2％、0.2％、6.5％、0.0％、また、2006年において93.9％、0.2％、5.9％、0.0％となる。

[5]　詐欺の罪には、詐欺（刑法246条、法定刑は10年以下の懲役）の他に、準詐欺（刑

罪[6]においても、窃盗（刑法235条）、詐欺（刑法246条）および恐喝（刑法249条）における自由刑の法定刑上限10年（下限1月）に対して、それぞれの事例分布は、いずれも法定刑中央よりも下限に偏って形成されている。逮捕及び監禁の罪[7]においても、逮捕・監禁（刑法220条）における自由刑の法定刑下限3月・上限7年に対して、事例分布は中央よりも下限側に偏って形成されている。

さらに、強盗の罪[8]、放火の罪[9]、強盗致死傷の罪[10]においては、それぞれ

法248条、法定刑は詐欺と同じ）および電子計算機使用詐欺（刑法246条の2、法定刑は詐欺と同じ）が計上されているが、それぞれにおける公判請求の人員割合は、2007年において順に99.1％、0.1％、0.8％、また、2006年において98.9％、0.3％、0.8％となる。

6 恐喝の罪には、恐喝（刑法249条、法定刑は10年以下の懲役）のみが計上されている。

7 逮捕及び監禁の罪には、逮捕・監禁（刑法220条、法定刑は3月以上7年以下の懲役）の他に、逮捕監禁致死傷（刑法221条、法定刑は傷害の罪と比較して重い刑による）が計上されているが、それぞれにおける公判請求の人員割合は、2007年において順に66.2％、33.9％、また、2006年において76.7％、23.3％となる。

8 強盗の罪には、強盗（刑法236条、法定刑は5年以上の有期懲役）の他に、常習累犯強盗（盗犯等ノ防止及処分ニ関スル法律3条、法定刑は7年以上の有期懲役）、強盗予備（刑法237条、法定刑は2年以下の懲役）、事後強盗（刑法238条、法定刑は強盗と同じ）、および、昏睡強盗（刑法239条、法定刑は強盗と同じ）が計上されているが、それぞれにおける公判請求の人員割合は、2007年において順に89.6％、0.3％、1.6％、3.5％、5.0％、また、2006年において91.7％、0.4％、1.3％、3.5％、3.1％となる。

9 放火の罪には、現住建造物等放火（刑法108条、法定刑は死刑又は無期若しくは5年以上の懲役）の他に、非現住建造物等放火（刑法109条1項、法定刑は2年以上の有期懲役）、自己所有非現住建造物等放火（刑法109条2項、法定刑は6月以上7年以下の懲役）、建造物等以外放火（刑法110条1項、法定刑は1年以上10年以下の懲役）、自己所有建造物等以外放火（刑法110条2項、法定刑は1年以下の懲役又は10万円以下の罰金）、建造物等延焼（刑法111条1項、法定刑は3月以上10年以下の懲役）、建造物等以外延焼（刑法111条2項、法定刑は3年以下の懲役）、および、放火予備（刑法113条、法定刑は2年以下の懲役）が計上されているが、それぞれにおける公判請求の人員割合は、2007年において順に55.5％、29.4％、0.8％、12.7％、0.4％、0.2％、0.2％、1.0％、また、2006年において57.9％、24.6％、0.9％、14.5％、0.2％、0.0％、0.0％、1.9％となる。

10 強盗致死傷の罪には、強盗致傷（刑法240条前段、法定刑は無期又は6年以上の懲役）の他に、強盗致死（刑法240条後段、法定刑は死刑又は無期懲役）が計上されて

強盗（刑法236条）における自由刑の法定刑下限5年・上限20年、現住建造物等放火（刑法108条）における自由刑の法定刑下限5年・上限20年および無期・死刑、強盗致傷（刑法240条前段）における自由刑の法定刑下限6年・上限20年および無期に対して、いずれも、事例分布が下限にかなり近いところで形成されていると同時に、下限よりも下の範囲で科刑されている事例が少なからず見られるのである[11]。

2　財産刑の科刑状況

自由刑の場合と同様に、日本における財産刑について、まず2007年における刑法犯・特別法犯全体の科刑状況を 図1-3 に示す[12]。図1-3からは、自由刑においては刑法犯と特別法犯を併せた場合と刑法犯のみの場合とでほぼ同様の分布状況を示している（図1-1参照）のに対して、財産刑においては、両者の間に大きな分布状況の相違が見られることがわかる。すなわち、刑法犯のみの場合では、事例分布はほぼ「10万円以上」の階級から「50万円以上」の階級で形成されているのに対して、刑法犯と特別法犯を併せた場合では、「5万円以上」から下の階級にも相当数の事例が分布しており、とくに、

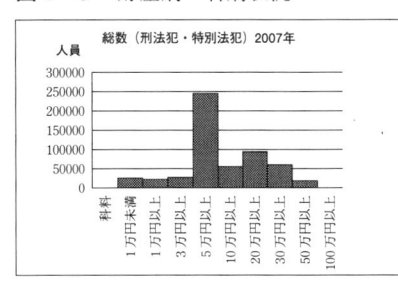

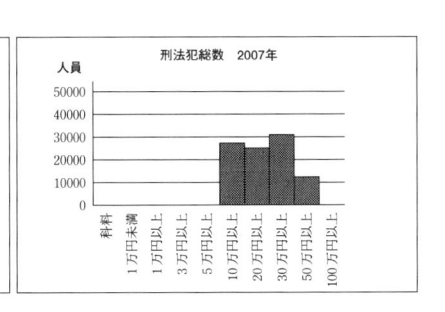

図1-3　財産刑　科刑状況

　　いるが、それぞれにおける公判請求の人員割合は、2007年において順に90.5％、9.5％、また、2006年において93.1％、6.9％となる。
11　なお、1975年（昭和50年）から1998年（平成10年）における自由刑の科刑状況については、小島透「自由刑の実態と量刑判断―統計データから見たわが国における自由刑の科刑状況とその検討」岡山理科大学紀要40号Ｂ（2005年）35頁以下を参照。
12　図1-3は、『平成19年　司法統計年報2 刑事編』のうち、「通常第一審事件の終局

74　第1部　量刑の基礎

図1-4　各罪　財産刑　科刑状況

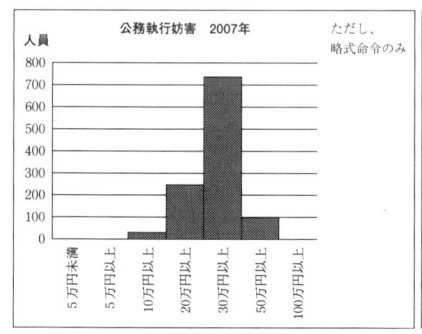

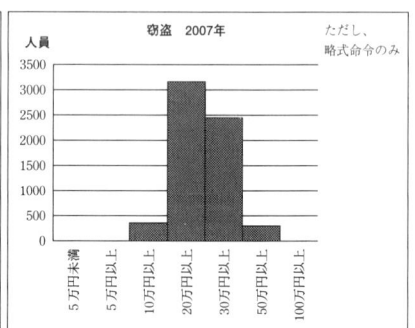

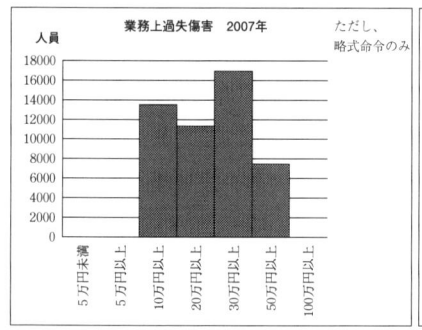

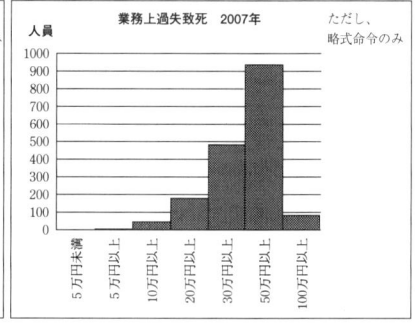

[公務執行妨害 2007年／窃盗 2007年／業務上過失傷害 2007年／業務上過失致死 2007年　いずれも略式命令のみ、横軸：5万円未満・5万円以上・10万円以上・20万円以上・30万円以上・50万円以上・100万円以上]

事例分布の最頻出部は「5万円以上」の階級に存在するのである。これは、刑法犯に比べて、特別法犯においては軽微な事例を処罰対象として取り込んでいる規定が多く見られるためと思われる。

次に、刑法典に規定される罪ごとの科刑状況を分析することとする。ただし、司法統計年報の集計方法の制約から、ここでは、公務執行妨害（刑法95条1項）、窃盗（刑法235条）、業務上過失傷害（刑法211条1項前段）および業務上過失致死（刑法211条1項前段）に限定し、その科刑状況を図1-4に示す[13]。

　　総人員―罪名別終局区分別―全地方裁判所」（第33表）、「通常第一審事件の有罪（罰金）人員―罪名別罰金額区分別―全地方裁判所」（第35表）、「通常第一審事件の終局総人員―罪名別終局区分別―全簡易裁判所」（第36表）、「通常第一審事件の有罪（罰金）人員―罪名別罰金額区分別―全簡易裁判所」（第37表）および「略式事件の罪名別新受、既済、未済人員―全簡易裁判所」（第14表）に掲載されたデータによる。
　13　図1-4は、『平成19年　司法統計年報2刑事編』のうち、「略式事件の罪名別新受、

公務執行妨害および窃盗の財産刑の法定刑はいずれも下限1万円・上限50万円であるところ、公務執行妨害においては、最頻出部は「30万円以上」の階級であり、事例分布は法定刑の上限にかなり近づいたところで形成されていること、また、窃盗においては、最頻出部は「20万円以上」の階級、同時に「30万円以上」の階級にも相当数の事例が存在しており、事例分布はやはり上限方向に偏って形成されていることがわかる。また、業務上過失傷害および業務上過失致死の財産刑の法定刑は下限1万円・上限100万円であるところ、業務上過失傷害においては、最頻出部は「30万円以上」の階級、次に事例が多く存在するのは「10万円以上」の階級であり、事例分布は法定刑中央付近から下限方向に偏って形成されている。一方、業務上過失致死においては、最頻出部は「50万円以上」の階級であり、事例分布は、公務執行妨害と同様に、法定刑の上限にかなり近づいたところで形成されていることがわかる。業務上過失傷害と業務上過失致死とは、(自由刑を含めて) 同一の条文において同一の法定刑が規定されているが、当然ながら両者における量刑のあり方は異なるべきであって、同一の法定刑が規定されていることの問題点が露見しているものと思われる。

3　日本の量刑における一般的傾向

以上の分析からは、日本における量刑の現状としては、とくに自由刑において、法定刑の低い罪については、法定刑中央から上限側を中心に量刑が行われていること、そして、法定刑の高い罪については、下限側を中心に量刑が行われていることがわかる。

ここから一つの仮説として、次のようなことがいえるように思われる。すなわち、量刑においては、当該罪における他の事案との関係が考慮されるが、それと同時に性格的に類似した他の罪との関係も考慮される。このような量刑における判断により、各罪における事例分布は互いに影響し合うのであり、そこからそれぞれの罪における個別の評価尺度が相互に影響し合って、個別の罪を包括するようないわば一般的評価尺度のようなものが形成さ

既済、未済人員―全簡易裁判所」(第14表) に掲載されたデータによる。

れ、それが一つの方向、すなわち、刑の重い領域ではそれを軽減する方向へ、また、刑の軽い領域ではそれを重くする方向へ（見えざる）影響力を及ぼしていると考えられるのである[14]。事例の最頻出部が「1年以上」の階級となる罪（もちろん、法定刑が「1年以上」の階級を含んでいなければならない）が多く見られるのも、このような仮説があながち的外れではないことを示しているようにも思われる。

III　法定刑の変更と量刑への影響

1　法定刑変更の形態

次に、法定刑の変更が日本の量刑にどのような影響を与えているのかを検討する。

まず、その前提として、法定刑の変更について若干考察しておきたい。法定刑の変更は、法定刑変更の理由から、①量刑支障型（立法追随型）と②評価変更型（立法主導型）に大別することができる[15]。まず、①の量刑支障型（立法追随型）は、現実の科刑状況が社会情勢の変化等の要因で法定刑（あるいは処断刑、以下処断刑を含めて考える場合も単に「法定刑」とする）の上限あるいは下限に極端に近づき、現行の法定刑では適切な量刑が不可能となった場合に、立法により現実の科刑状況に合わせて法定刑を変更する場合である。例えば、金銭価値の低下によって従来の法定刑では適切な罰金・科料の額を言い渡すことができないとして罰金・科料の法定刑を引き上げる場合がこの類型であり、1991年の罰金額等の引上げは基本的にこの類型に該当する。この類型は、経済状況の変化等、量刑を取り巻く状況の変化をまず裁判官が量刑実務に取り込み、次にこのような量刑実務の態度を立法が確認・肯定するものであり、立法が司法に追随するものであるといえる。

これに対して、②の評価変更型（立法主導型）は、裁判実務上は従来の法定

14　小島・前掲（注11）49頁以下。
15　法定刑変更の理由から見た法定刑変更の類型について、小島透「法定刑の引上げと量刑―罰金額等の引上げ（平成3年）における統計データから見た科刑状況の変化とその検討」岡山理科大学紀要39号B（2004年）66頁以下。

刑の枠内で適切に量刑を行っているところ、例えば、ある種の犯罪の多発化・悪質化の状況に対応する等の理由からその犯罪に対する厳罰化を行うなど、立法が、法定刑を引き上げることによって、現実の科刑状況を上方（重罰化の方向）に向けて誘導しようとする場合である。この類型では、事例分布は従来の法定刑の範囲内で適切な分布を示しており、①の類型のような意味での法定刑の変更は必要とされていない。しかし、立法によって、刑事政策的な価値判断がなされ、事例分布が上方あるいは下方に移動するように、法定刑の下限・上限を移動させるのである。いわば、立法が司法を主導する類型である。2004年の自由刑上限の引上げが、基本的にはこれに該当する。

また、法定刑の変更は、その変更の形態から、③上限・下限の引上げ・引下げと④選択刑の追加に大別することができる。③の上限・下限の引上げ・引下げは、既に存在する法定刑の上限あるいは下限を上方あるいは下方に移動させる場合であり、従来の法定刑そのものを上限方向あるいは下限方向に引き延ばし・短縮あるいは移動させるものである。一方、④の選択刑の追加は、従来の法定刑に別の刑種を選択刑として新設するものである。この類型については、従来有期の自由刑しかなかったものに新たに無期刑が新設されたような場合には、実質的に③の法定刑上限の引上げとなり③の場合と同様に考えて良いと思われるが、従来の法定刑より下側にあらたな刑種を選択刑として追加する場合、例えば、従来自由刑しか存在しなかったものに新たに罰金刑を追加するような場合に、その法定刑変更の意義をどのように理解するのかが問題となる。すなわち、その場合に、新設された選択刑は、従来の法定刑が処罰対象にしていた事案のうちの下限付近のものを処罰対象とする、すなわち「寛刑化」になるのか、それとも、新設された選択刑は、従来の法定刑が処罰対象外として不起訴にしていた事案を新たに処罰対象として取り込む、すなわち「厳罰化」になるのか、議論の余地が生じるのである。このような類型に該当するものとしては、2006年の公務執行妨害罪等および窃盗罪への罰金刑新設がある。そこで、以下においては、前述の①に該当するものとして1991年の罰金額等の引上げ、②に該当するものとして2004年の自由刑の法定刑引上げ（以上の2つは、同時に③の形態に該当する）、そして、④に該当するものとして2006年の公務執行妨害罪等および窃盗罪への罰金刑新

設を取り上げ、それぞれ法定刑の変更が量刑にどのような影響を与えたのかを検討したいと思う。

2　1991年　罰金額等の引上げ

日本では、1972年に罰金額等の改正が行われたが、それ以降も経済状況の変化は続き、その変化に対して適正な改正措置がとられていなかったため、一部の罪については「頭打ち現象」ないしはこれに準ずる事態が生じるようになり、その結果、適正な科刑の実現が困難な状況になっている等の問題点が指摘された。そのため、1972年以降の経済事情の変動にあわせて、刑法の罪を中心に罰金・科料の額の引上げを図ることを目的として、1991年に罰金額等の引上げ(「罰金の額等の引上げのための刑法等の一部を改正する法律」(平成3年法律第31号)、1991年4月17日公布、同年5月7日施行)が行われた[16]。したがってその意味では、本改正は量刑支障型に属するものである。

そこで、まず器物損壊 (刑法261条) の1975年から1998年における財産刑の科刑状況の変化を図2-1に示す[17]。器物損壊においては、財産刑としては罰金と科料が規定されており、改正前、科料20円以上4千円未満、罰金4千円以上10万円以下であったものが、改正後、科料千円以上1万円未満、罰金1

16　1991年 (平成3年) 罰金額等引上げの経緯・内容等については、池田茂穂「我が国における財産刑運用の実情と問題点について」法務総合研究所研究部紀要32号 (1989年) 1頁以下、角田正紀「罰金の額等の引上げのための刑法等の一部を改正する法律について」ジュリスト982号 (1991年) 73頁以下、同「罰金刑の見直し―罰金の額等の引上げのための刑法等の一部を改正する法律 (平3年4月17日公布　法律第31号)」時の法令1408号 (1991年) 6頁以下、小島吉晴「罰金額の引上げのための刑法等の一部改正」法律のひろば44巻9号 (1991年) 16頁以下などを参照。

17　図2-1および図2-2、図2-3は、『司法統計年報　2　刑事編』(昭和50年〜平成10年) のうち、「通常第一審事件の終局総人員―罪名、男女・法人別終局区分別―全地方裁判所」(36-1表、平成9,10年では34-1表)、「通常第一審事件の有罪 (罰金) 人員―罪名別罰金額区分別―全地方裁判所」(36-4表、平成9,10年では34-4表)、「通常第一審事件の終局総人員―罪名、男女・法人別終局区分別―全簡易裁判所」(36-5表、平成9,10年では34-5表)、「通常第一審事件の有罪 (罰金) 人員―罪名別罰金額区分別―全簡易裁判所」(36-7表、平成9,10年では34-7表) および「略式及び即決事件の終局総人員―罪名別終局区分 (科刑、その他) 別―全簡易裁判所」(37表、平成9,10年では35表) に掲載されたデータによる。

図2-1　器物損壊 財産刑（罰金・科料）科刑状況

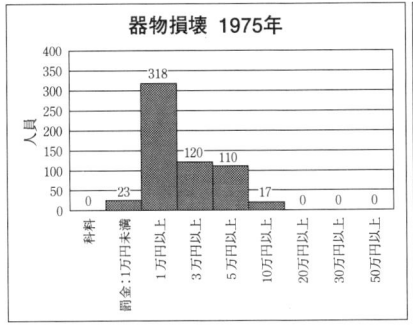

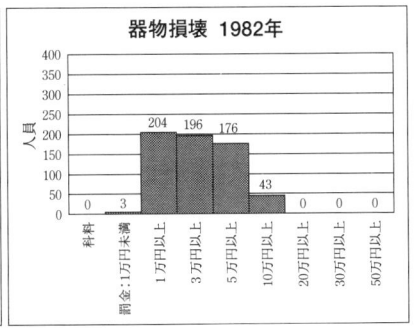

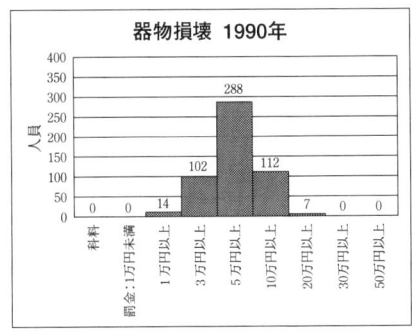

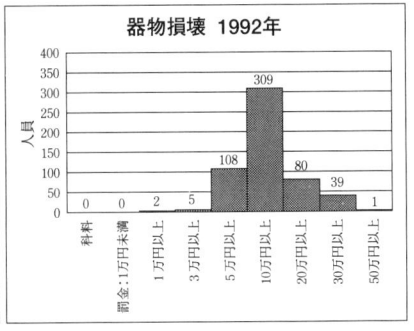

器物損壊 1975年
- 科料: 0
- 罰金:1万円未満: 23
- 1万円以上: 318
- 3万円以上: 120
- 5万円以上: 110
- 10万円以上: 17
- 20万円以上: 0
- 30万円以上: 0
- 50万円以上: 0

器物損壊 1982年
- 科料: 0
- 罰金:1万円未満: 3
- 1万円以上: 204
- 3万円以上: 196
- 5万円以上: 176
- 10万円以上: 43
- 20万円以上: 0
- 30万円以上: 0
- 50万円以上: 0

器物損壊 1990年
- 科料: 0
- 罰金:1万円未満: 0
- 1万円以上: 14
- 3万円以上: 102
- 5万円以上: 288
- 10万円以上: 112
- 20万円以上: 7
- 30万円以上: 0
- 50万円以上: 0

器物損壊 1992年
- 科料: 0
- 罰金:1万円未満: 0
- 1万円以上: 2
- 3万円以上: 5
- 5万円以上: 108
- 10万円以上: 309
- 20万円以上: 80
- 30万円以上: 39
- 50万円以上: 1

万円以上30万円以下に引き上げられている。図2-1から、1975年には、「1万円以上」の階級を最頻出部として事例分布が形成されていたが、年を経るにしたがって事例分布は上限方向に移動していき、本改正直前の1990年においては、最頻出部は「5万円以上」の階級に、また、法定刑上限が位置する「10万円以上」の階級に属する事例も相当な数に及んでいることがわかる。すなわち「頭打ち現象」がみられるのである。そして、改正によって、法定刑上限が「30万円」に引き上げられることによって、1992年以降、新法定刑の中央付近が位置する「10万円以上」の階級を最頻出部として事例分布が形成されるようになる。このように、器物損壊においては、量刑の変化とそれに対する法定刑の変更は、量刑支障型という観点からは「適切な状態」を示しているということができる。また、（時間の制約から詳しい説明は省略するが）過失往来危険（刑法129条1項）、公然わいせつ（刑法174条）、傷害（刑法204条）

図 2-2　住居侵入 財産刑（罰金）科刑状況

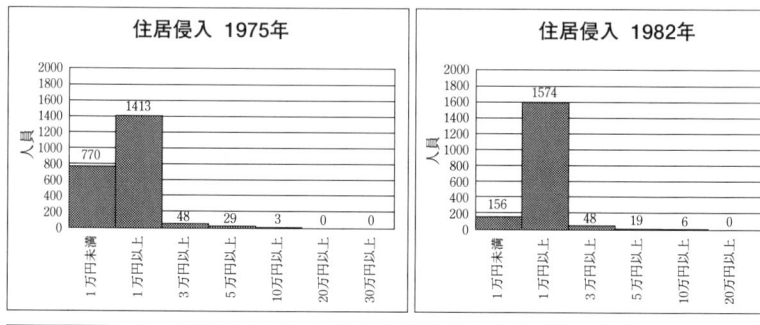

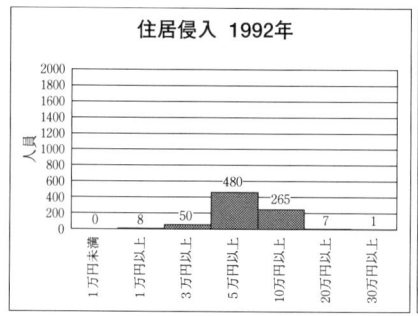

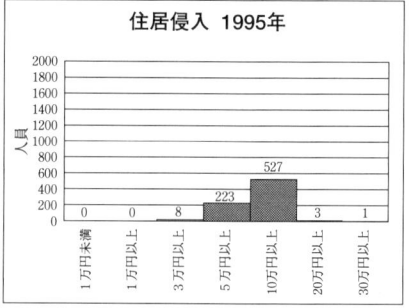

住居侵入 1975年
- 1万円未満: 770
- 1万円以上: 1413
- 3万円以上: 48
- 5万円以上: 29
- 10万円以上: 3
- 20万円以上: 0
- 30万円以上: 0

住居侵入 1982年
- 1万円未満: 156
- 1万円以上: 1574
- 3万円以上: 48
- 5万円以上: 19
- 10万円以上: 6
- 20万円以上: 0
- 30万円以上: 0

住居侵入 1992年
- 1万円未満: 0
- 1万円以上: 8
- 3万円以上: 50
- 5万円以上: 480
- 10万円以上: 265
- 20万円以上: 7
- 30万円以上: 1

住居侵入 1995年
- 1万円未満: 0
- 1万円以上: 0
- 3万円以上: 8
- 5万円以上: 223
- 10万円以上: 527
- 20万円以上: 3
- 30万円以上: 1

および暴行（刑法208条）についても、器物損壊とほぼ同様の科刑状況を示している。そして、器物損壊を含め、これらはいずれも、法定刑上限が、改正前10万円、改正後30万円である。

次に、住居侵入（刑法130条）の1975年から1998年における財産刑の科刑状況の変化を 図2-2 に示す。住居侵入においては、財産刑としては罰金のみが規定されており、法定刑については、改正前4千円以上1万円以下であったものが、改正後1万円以上10万円以下に引き上げられている。図2-2からは、1975年において法定刑上限が位置する「1万円以上」の階級が最頻出部であり、その後「1万円未満」の階級に属する事例は減少し、やがてほとんどの事例は法定刑上限が位置する「1万円以上」の階級に集中するようになることがわかる。すなわち、住居侵入罪においては、早期に「頭打ち現象」があらわれており、法定刑変更の必要性は非常に高かったということができる。そして、改正後においては、いったんは「5万円以上」の階級に最

図2-3 わいせつ文書頒布等 財産刑（罰金・科料）科刑状況

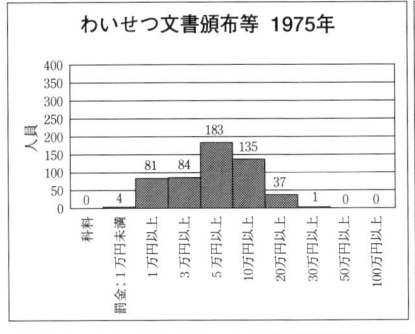

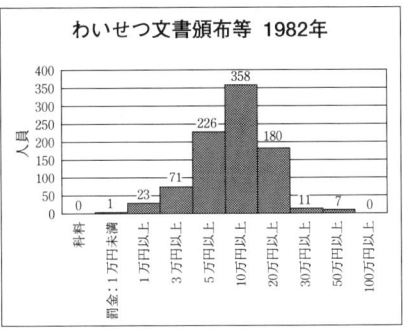

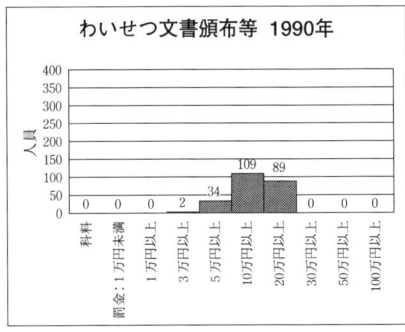

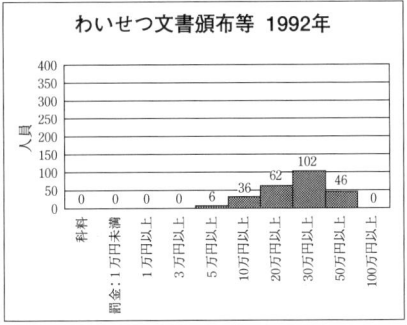

頻出部があらわれるが、やがて新法定刑の上限が位置する「10万円以上」の階級に最頻出部が移動していく。このことから、新法定刑は量刑実務の要求を適切に反映することができなかった、と判断することができるのである。また、遺失物横領（刑法254条）についても、住居侵入罪と同様の科刑状況を示している。そして、遺失物横領における財産刑の法定刑は、改正前で科料20円以上4千円未満、罰金4千円以上2万円以下、改正後で科料千円以上1万円未満、罰金1万円以上10万円以下である。

さらに、わいせつ文書頒布等（刑法175条）の1975年から1998年における財産刑の科刑状況の変化を **図2-3** に示す。わいせつ文書頒布等においては、財産刑として罰金および科料が定められており、改正前、科料20円以上4千円未満、罰金4千円以上100万円以下であったものが、改正後、科料千円以上1万円未満、罰金1万円以上250万円以下に引き上げられている。図2-3

からは、改正前においては、最頻出部が「5万円以上」の階級から「10万円以上」の階級に移動して事例分布が上限方向に動いたことは認められるが、それでも、法定刑の上限である100万円には十分余裕があり、したがって、法定刑改正の必要性すなわち量刑支障は認められないこと、さらには、改正後において、最頻出部が「30万円以上」の階級となり事例分布はさらに上限方向に移動したものの、やはり法定刑上限である250万円に対しては下限に偏った事例分布となっていることがわかる。また、贈賄（刑法198条）についても、わいせつ文書頒布等と同様の科刑状況を示している。そして、贈賄における法定刑は、改正前4千円以上100万円以下、改正後1万円以上250万円以下（いずれも罰金のみ）である。

　以上のように、1991年の罰金額等引上げにおいては、新法定刑の上限が30万円（旧法定刑において10万円）の罪については典型的な量刑支障型といえるものの、それよりも低額の上限が規定されている罪については、法定刑変更の必要性は非常に強く、その一方で、量刑支障を解消するための法定刑変更の程度は不十分であったことが認められる。また、それとは逆に、高額の上限が規定されている罪については、法定刑変更の必要性は認めがたく、むしろ評価変更型の様相を呈しているものと判断することができるのである[18]。

3　2004年　自由刑の法定刑引上げ

　法定刑変更の第二の検討対象として、2004年の自由刑の法定刑引上げ（「刑法等の一部を改正する法律（平成16年法律第156号）、2004年12月8日公布、2005年1月1日施行）を取り上げる。本改正は、当時の犯罪情勢及び国民の規範意識の動向等を踏まえた上で、凶悪・重大犯罪に対して事案の実態及び軽重に則した適正な処罰を可能とするために、有期の懲役・禁錮の上限を15年から20年に、また、これらを加重する場合にその上限を20年から30年に引き上げたほか、個別的に、性犯罪関係、殺人罪、傷害罪および傷害致死罪などについて法定刑の引上げを行ったものである[19]。したがって、この限りでは、本改

18　詳細については、小島・前掲（注15）69頁以下を参照。
19　2004年（平成16年）自由刑の法定刑引上げの経緯・内容等については、松本裕「凶悪・重大犯罪に対処するための刑事法の整備」時の法令1732号（2005年）6頁以下、

図2-4　殺人の罪　自由刑（懲役）・死刑　科刑状況

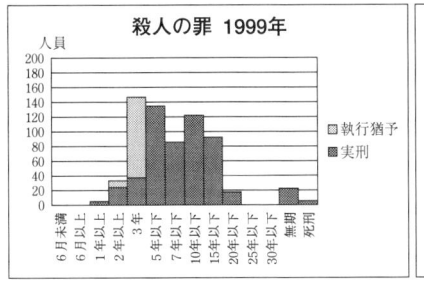

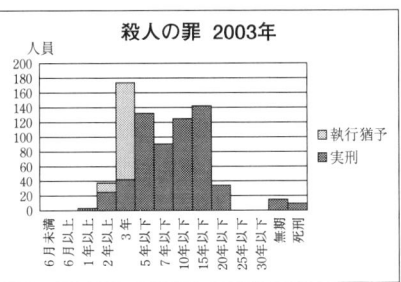

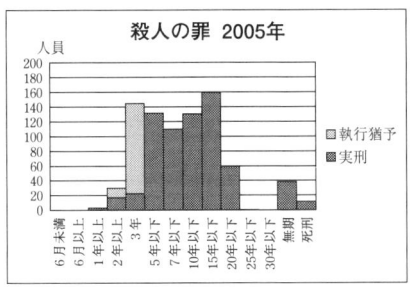

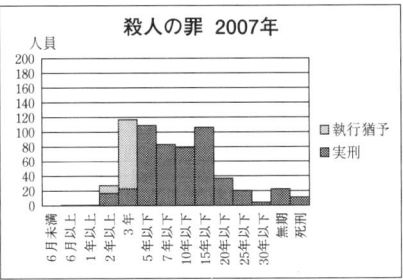

正は基本的には評価変更型にあてはまるものである。

　それでは、本改正による量刑への影響を、1999年から2007年における科刑状況の変化によって検討する。まず、殺人の罪における同時期の科刑状況の変化を図2-4に示す[20]。殺人（刑法199条）においては、法定刑として有期懲役、無期懲役および死刑が規定されているが、このうち有期懲役について、法定刑は改正前3年以上15年以下から改正後5年以上20年以下に、また、処

　　佐藤弘規「刑法等の一部を改正する法律」ジュリスト1285号（2005年）33頁以下、同「刑法等の一部を改正する法律—平成16年12月8日法律第156号」法令解説資料総覧279号（2005年）59頁以下、松本裕・佐藤弘規「刑法等の一部を改正する法律について」法曹時報57巻4号（2005年）31頁以下などを参照。
20　図2-4および図2-5、図2-6は、『司法統計年報2刑事編』（平成11年〜平成19年）のうち、「通常第一審事件の終局総人員—罪名別終局区分別—全地方裁判所」（第32表。ただし、平成18,19年は第33表）および「通常第一審事件の有罪（懲役・禁錮）人員—罪名別刑期区分別—全地方裁判所」（第33表。ただし、平成18,19年は第34表）に掲載されたデータによる。

図2-5 放火の罪 自由刑（懲役）・死刑 科刑状況

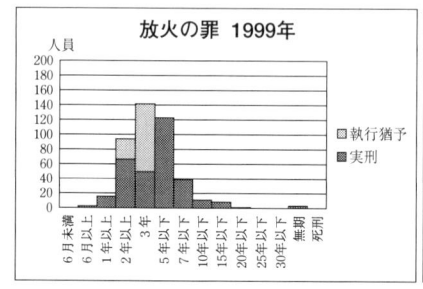

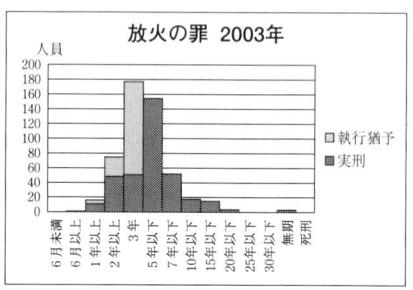

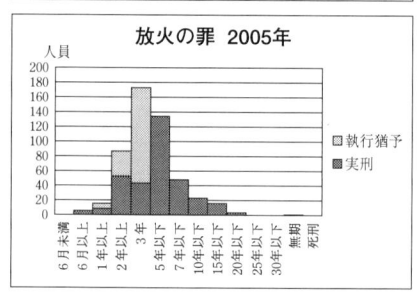

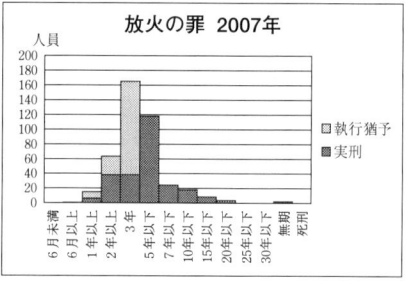

断刑の上限は改正前20年から改正後30年に引き上げられた。図2-4からは、本改正（2004年）以降、「25年以下」の階級に属する事例が増加し、「30年以下」の階級に属する事例も存在するようになったこと、そして、事例分布も全体として上限方向に移動していることが認められる。したがって、殺人においては、法定刑の変更が量刑実務に対して一定の影響を与えたものと判断できるのである。そして、このような傾向は、逮捕及び監禁の罪においても認められる。なお、殺人の罪においては、「25年以下」および「30年以下」の階級に属する事例の増加とともに、「無期」の事例が減少していることにも注意が必要である。上限が20年から30年に引き上げられた処断刑のその部分は、従来であれば20年以下として処断されていた事例を取り込むと同時に、従来であれば無期懲役として処断されていた事例をも取り込んでいる可能性を示唆するものである。

次に、放火の罪における科刑状況の変化を図2-5に示す。放火の罪のうち、現住建造物等放火（刑法108条）においては法定刑として有期懲役、無期

懲役および死刑が、また、非現住建造物等放火（刑法109条1項）においては有期懲役が規定されているが、このうち有期懲役について、現住建造物等放火においては法定刑が改正前5年以上15年以下から改正後5年以上20年以下に、非現住建造物等放火においては法定刑が改正前2年以上15年以下から改正後2年以上20年以下に、さらに、いずれにおいても処断刑の上限が改正前20年から改正後30年に引き上げられた。しかしながら、図2-5からは、本改正の前後において事例分布に大きな変化はみられない。したがって、放火の罪においては、法定刑の変更は量刑実務に対してあまり影響を与えていないものと考えられる。そして、このような傾向は、傷害の罪や「わいせつ、姦淫及び重婚の罪」にもみられる。

　これに対して、強盗致傷（刑法240条前段）では異なる様相を示す。強盗致傷においては有期懲役と無期懲役が規定されているところ、有期懲役について、法定刑の上限は改正前15年から改正後20年に（処断刑の上限は改正前20年から改正後30年に）引き上げられたと同時に、下限は改正前7年から改正後6年に引き下げられている。強盗致傷については、強盗致傷の事案には比較的軽微なものも含まれるが、強盗致傷が成立する場合には酌量減軽をしても執行猶予に付することはできないため、酷にすぎるのではないか、との指摘が量刑実務を含めて従来からされていた。このため、酌量減軽だけで執行猶予に付することができるように、本改正において、強盗致傷における法定刑下限の引下げが行われたのである。その意味では、この引下げは、量刑支障型にあたるものと思われる。そこで、強盗致死傷の罪の科刑状況の変化を図2-6に示すと、改正前においては一貫して法定刑下限より下の「5年以下」の階級に多くの事例が集まり（最頻出部を形成）、改正後においてはすぐに「3年」の階級に事例があらわれている。したがって、強盗致傷罪における法定刑下限の引下げに対する量刑実務の反応には、素速いものがあったと判断できる。

　以上の検討から、評価変更型の場合においては、法定刑変更は必ずしも量刑に大きな影響を与えるとは限らない。これに対して、量刑支障型の場合には、（量刑実務がそれを望んでいるのであるから、当然ではあるが、）量刑実務は直ちに法定刑変更に対して量刑のあり方を変化させるのである。量刑実務に対す

図 2-6　強盗致死傷の罪

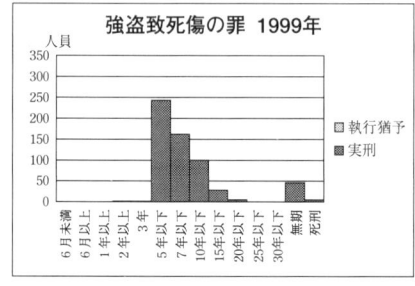

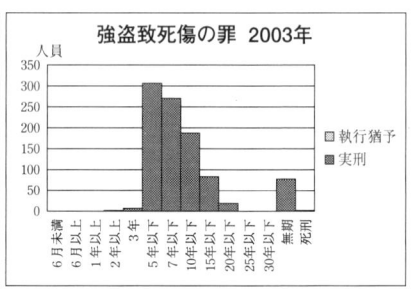

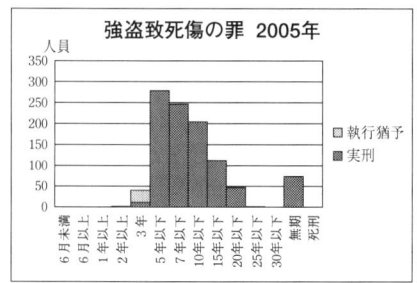

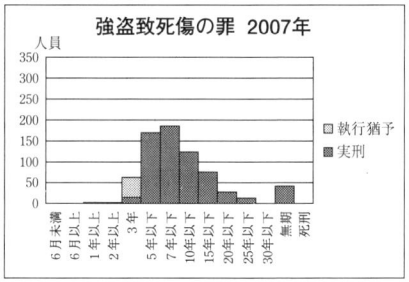

（グラフ：強盗致死傷の罪 1999年、2003年、2005年、2007年。それぞれ執行猶予と実刑を示す棒グラフ。横軸は6月未満、6月以上、1年以上、2年以上、3年、5年以下、7年以下、10年以下、15年以下、20年以下、25年以下、30年以下、無期、死刑）

る法定刑の拘束力は、その限りで強くはないということができる。

4　2006年　公務執行妨害罪等および窃盗罪への罰金刑新設

最後に2006年の公務執行妨害罪等および窃盗罪への罰金刑新設（「刑法及び刑事訴訟法の一部を改正する法律」（平成18年法律第36号）、2006年5月8日公布、同月28日施行）について、検討する。本改正によって、公務執行妨害（刑法95条1項）、職務強要（刑法95条2項）および窃盗（刑法235条）について、従来の自由刑に加えて新たに選択刑として罰金刑が新設された[21]。本改正による罰金刑

21　2006年（平成18年）公務執行妨害罪等および窃盗罪への罰金刑新設の経緯・内容等については、久木元伸「罰金刑の新設等のための刑事法の整備についての法制審議会答申」警察学論集59巻3号（2006年）148頁以下、同「『刑法及び刑事訴訟法の一部を改正する法律』について」警察学論集59巻7号（2006年）98頁以下、眞田寿彦・安永健次「刑法及び刑事訴訟法の一部を改正する法律」ジュリスト1318号（2006年）67頁以下、安永健次「罰金刑の新設等のための刑事法の整備―刑法及び刑事訴訟法の一部を改正する等の法律（平18年5月8日公布、平18年5月28日施行　法律第36号）」時の法令1775号（2006年）31頁以下などを参照。

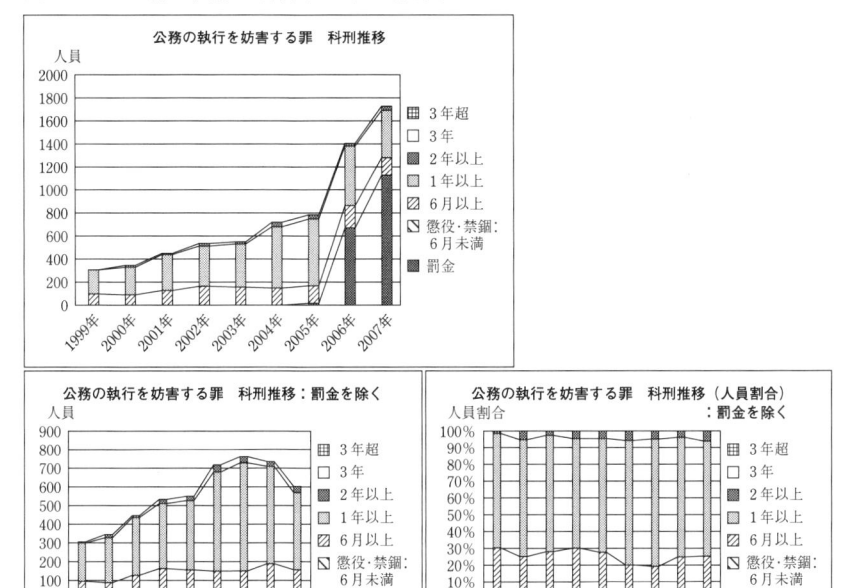

図2-7　公務の執行を妨害する罪　科刑推移

新設の趣旨については、立法当局は基本的には従来であれば起訴猶予として処罰はされなかった事案に罰金刑を適用する（処罰範囲追加型とよぶことにする）と説明していたものの、立法審議の過程では、従来であれば自由刑を科されていたもののうちの軽微な事案に対して罰金刑を適用するとの見解（下限引下げ型とよぶことにする）、あるいは、立法当局の見解を尊重しながらも、従来であれば自由刑の下限付近で量刑されていた事案が罰金刑で処理されるようになることを否定するものではないとする見解（処罰範囲の追加と下限の引下げの両方を取り込むという意味で、混合的形態とよぶことにする）が主張され、罰金刑新設の性格について意見の対立がみられた[22]。そこで、公務執行妨害および窃盗について、科刑状況の変化から、量刑実務ではいずれの立場によって処

22　小島透「罰金刑の新設とその意義―罰金刑新設における法定刑変更の形態と刑法6条の適用」香川法学28巻1号（2008年）6頁以下。

図2-8 窃盗の罪 科刑推移

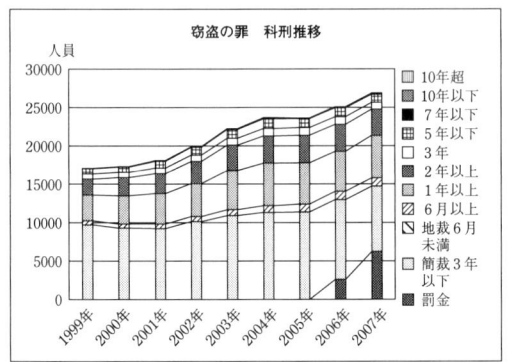

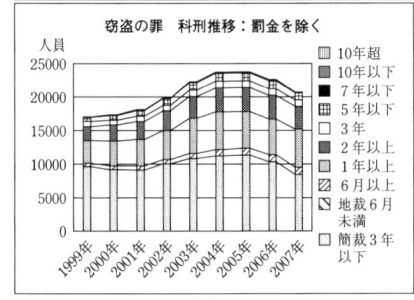

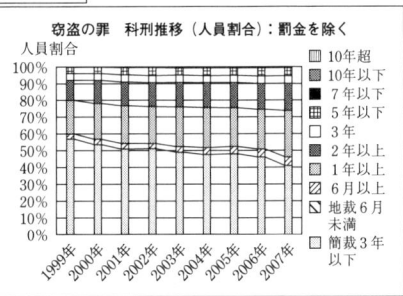

理がされているのかを検討してみたいと思う[23]（なお、職務強要については、事案数が少なく統計処理にはなじまないため、検討対象外とする）。

1999年から2007年における公務の執行を妨害する罪における科刑状況の推移を図2-7に、同期間の窃盗の罪における科刑状況の推移を図2-8に示す。また、対照のために、公務の執行を妨害する罪と窃盗の罪を除いた刑法犯の科刑状況の推移を図2-9に示す[24]。図2-7および図2-8からは、公務の執

---

23 なお、2006年の罰金刑新設について、起訴猶予率および起訴・不起訴人員の変化から運用の実態を検討したものとして、小島・前掲（注22）11頁以下を参照。
24 図2-7、図2-8および図2-9は、『司法統計年報2刑事編』（平成11年～平成19年）のうち、「通常第一審事件の終局総人員―罪名別終局区分別―全地方裁判所」（第32表。ただし、平成18, 19年は第33表）、「通常第一審事件の有罪（懲役・禁錮）人員―罪名別刑期区分別―全地方裁判所」（第33表。ただし、平成18, 19年は第34表）、「通常第一審事件の終局総人員―罪名別終局区分別―全簡易裁判所」（第35表。ただし、

量刑の経験的基礎　89

図 2-9　公務の執行を妨害する罪および窃盗の罪を除く刑法犯　科刑推移

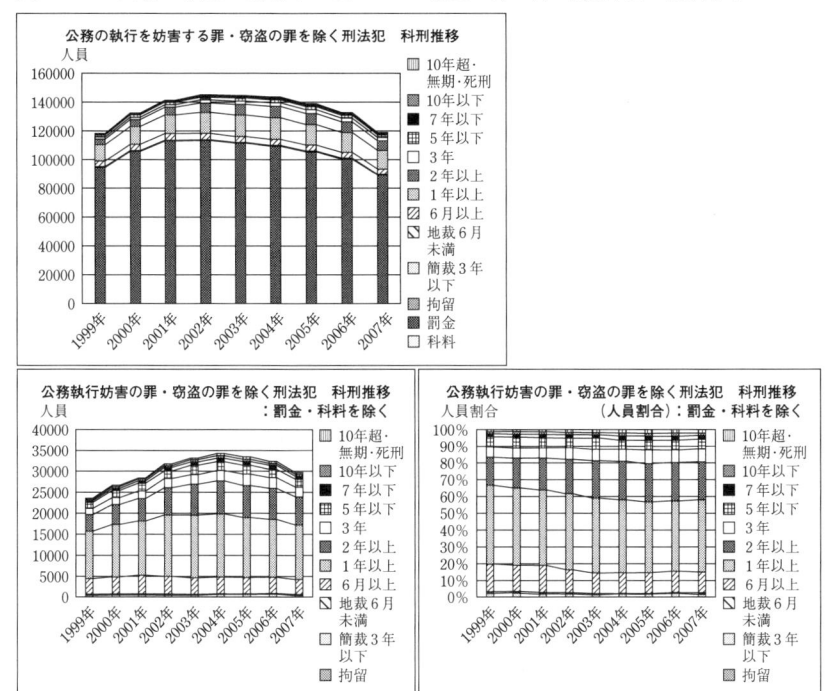

行を妨害する罪、窃盗の罪ともに、2006年と2007年に罰金の人員が新たに計上されることで全体の人員が押し上げられており、このことから、新設された罰金刑は従来処罰対象外であった事案を新たに処罰対象として取り込んだことがうかがわれる。したがって、この意味では、本改正における罰金刑新設は、量刑実務において処罰範囲追加型として作用しているものと判断することができる。しかしその一方で、公務の執行を妨害する罪、窃盗の罪の双方において、とくに2007年の自由刑の人員の減少がこれら2つの罪を除く刑法犯のそれと比べて大きいこと、また、公務の執行を妨害する罪においては「1年以上」（2年未満）の階級における、また、窃盗の罪においては簡易裁

平成18, 19年は第36表）および「略式事件の罪名別新受、既済、未済人員―全簡易裁判所」（第14表）に掲載されたデータによる。

判所で処理される(「簡裁3年以下」の階級)人員の減少が大きいことが認められる。このことから、従来であれば法定刑の下限付近で量刑されていた事案のうちで、罰金刑の新設によって罰金で処理されるようになったものが存在することがうかがわれる。したがって、統計データからは、本改正における罰金刑新設は、処罰範囲追加型を基本としながらも、下限引下げ型の性格をも併せ持つ混合型として運用されている、と推測することができるのである。

IV おわりに

以上、日本の科刑状況およびその変化を、統計資料によって検討した。本報告では、公刊された統計資料を使用することによって、日本の量刑のあり方のおおよそを、とくに法定刑との関係で把握することができたと思われる。しかし、このような分析は、単に「存在する量刑」を明らかにするだけに止まるものではなく、これらを前提として、さらなる議論に発展すべきである。その一つとして考えられるのは、法定刑の規範的性格、具体的には、法定刑は量刑のスケールであるべきか否か(「量刑スケール論」か「量刑枠論」か)という議論である[25]。本報告では、与えられた時間の制約、さらには、報告者に課せられたテーマとの関係で、これ以上深く掘り下げることはできないが、最後に重要な課題として付言しておきたいと思う。

---

25 法定刑をめぐる議論について、井田良「法定刑の引上げとその正当化根拠」『小林充先生・佐藤文哉先生古稀祝賀刑事裁判論集 上巻』(2006年)266頁以下、同「量刑をめぐる最近の諸問題」研修702号(2006年) 9頁以下、杉田宗久「平成16年刑法改正と量刑実務の今後の動向について」判例タイムズ1173号(2005年) 6頁以下、原田國男「法定刑の変更と量刑」刑事法ジャーナル1号(2005年)52頁以下、村越一浩「法定刑・法改正と量刑(量刑に関する諸問題)」判例タイムズ1189号(2005年)29頁以下、小島透「量刑判断における法定刑の役割——量刑スケールとしての法定刑の可能性」香川法学26巻3・4号(2007年)31頁以下、野村和彦「量刑における法定刑の意義——ブルンスの見解を中心に」法政論叢44巻1号(2007年)23頁以下などを参照。

第2部　量刑判断の構造
――量刑事実、刑量決定の基準――

ドイツ側報告

[第3テーマ]
量刑決定の構造

ディーター・デリング
ハイデルベルク大学教授

訳・小池　信太郎
慶應義塾大学准教授

　以下では、刑法38条以下のドイツの量刑法から明らかになる量刑決定の構造を示すこととする。

　量刑とは、刑事手続において行為者に言い渡されるべき刑を決めることをいう。量刑において、法的に拘束された裁量行為が問題となる[1]。量刑は、法適用である。というのは、裁判所は、量刑にあたって、そのために妥当する法規定を適用するからである。しかしながら、これらの法規定は、刑の決定を完全に定めているわけではない。むしろ、裁判官には、裁量の幅が残されている。裁判官は、その幅の枠内で、自らの責任において、義務に適った裁量判断により、個々の事案で刑罰目的を最もよく果たす刑を決めなければならない。

　このように量刑が結局は個人による決定行為ということになるにもかかわらず、量刑決定に法的構造を与えることには、意味がある。そうした構造化により、量刑の複雑なプロセスにおいて、どのような個別的決定がなされるべきか、およびそれらの個別的決定に対していかなる基準が妥当するのかが明らかにされる。それによって、量刑の透明性、検証可能性および公平性が促進され、手続関与者および一般社会に量刑が受け入れられる見込みも高められうるのである。

　量刑は、次の6つのステップに区分しうる[2]。法定刑の探究、刑種の選択、

1　*Meier* Strafrechtliche Sanktionen, 3. Aufl. Berlin Heidelberg 2009, S. 142.
2　*Günther* JZ 1989, S. 1025, 1026; *Meier* (Fn. 1), S. 142 ff.; *Schall/Schirrmacher*

刑量の決定、刑の具体的な形態〔＝実刑か執行猶予か等〕の決定、刑法上のさらなる法効果〔＝没収等〕に関する決定、終局的な総合評価である。

　ドイツ法によれば量刑の第1のステップは、それぞれの事案で適用される法定刑を探究することにある。法定刑は、まず刑法各則の規定から明らかとなる。例えば、刑法241条は、脅迫罪について、法定刑として1年以下の自由刑または罰金刑を定めている。しかしながら、多くの場合において、1つの犯罪には1つの法定刑があるだけではない。原則的法定刑に加えて、犯情のより軽い事案、またはより重い事案のために定められたさらに別の法定刑がある。そのために、刑法は様々な技術を駆使している。

　比較的軽い事案のための法定刑は、減軽構成要件によって設定されうる。例えば、刑法216条によれば、行為者が、被殺者の明示的かつ真摯な嘱託により殺害を決意した場合に、故殺罪について法定刑が軽くなる。さらなる規制技術は、「犯情があまり重くない事案」についてより軽い法定刑を定めるということにある。これは、まず「あまり重くない事案」の認定を必要的なものとする具体例を、限定列挙としてではなく示すというやり方で行うことができる。これは、例えば、刑法213条で行われている。この規定によれば、故殺者が、自らの落ち度なくして、自分若しくは親族に加えられた虐待若しくは重大な侮辱により被殺者から怒りに掻き立てられ、それによりその場で犯行に及んだ場合、またはその他のあまり重くない事案が存在する場合に、故殺について、より軽い法定刑が介入する。「あまり重くない事案」について具体例を示すことなく、より軽い法定刑を定める他の規定もある。例えば、強盗罪に関する刑法249条2項がそうである。その他、総則の規定から、法定刑が引き下げられることもある。この引き下げは、必要的な場合と任意的な場合がありうる。例えば、刑法27条2項によれば、従犯に対する法定刑は、49条1項の方式で減軽されなければならず、行為者が責任能力の著しく減弱した状態で行為を行った場合に、法定刑は、49条1項を援用する21条により、減軽することができる。

　より重い事案について原則的法定刑を上回る法定刑を根拠づけるためにも、

Jura 1992, S. 514, 515 ff.; *Streng* Strafrechtlich Sanktionen, 2. Aufl. Stuttgart 2002, S. 264 f. における区分をも参照。

刑法典は様々な技術を用いている。法律が、加重的構成要件要素の実現に、より重い法定刑を結びつけている加重構成要件である。例えば、窃盗罪に関する刑法244条1項1a号においては、関与者が窃盗の際に凶器またはその他の危険な道具を携帯していた場合について、より重い法定刑が定められている。また、刑法典には、「犯情が特に重い事案」の認定を必要的なものとする具体例を、限定列挙としてではなく示す場合がある。例えば、刑法129条4項は、犯罪団体を結成する罪の構成要件について、行為者が首謀者若しくは背後者に属する場合、またはその他犯情が特に重い事案が存在する場合に、より重い法定刑を定める。さらに、法律は、「犯情が特に重い事案」の原則例を示すという技術をも駆使している[3]。原則例が存在するときは、原則として「特に重い事案」が認められ、それにより加重的法定刑を出発点とするものとされる。しかし、例外的に原則例の存在にもかかわらず、刑罰軽減事情が犯罪の重さを基本構成要件のレベルに引き下げるということがありえ、その場合には、特に重い事案は否定され、基本構成要件の法定刑により処断されなければならない。他方で、原則例が存在しない場合であっても、それに匹敵する重さをもった刑罰加重事情があるときは、特に重い事案が肯定されなければならないということもありうる。この規制技術の主な例は、刑法243条である。この規定は、窃盗罪の特に重い事案についてより重い法定刑を定め、その原則例として、例えば、行為者が犯行を実行するために建造物に侵入した場合を挙げる。最後に、刑法典には、詳細に記述されていない特に重い事案についてのより重い法定刑もある。例えば、刑法106条3項は、連邦大統領または憲法的機関の構成員に対する強要罪について「特に重い事案」に、加重的法定刑を定めている。

一定の犯罪類型において、刑法典は、特別の法定刑を形成する様々な技術を組みあわせている。これは、例えば刑法176条から176b条までの子供に対する性的虐待罪である。

減軽構成要件、加重構成要件、または、あまり重くない事案ないし特に重い事案の認定を必要的とする原則例の適用が問題となる場合には、その都度の事例で妥当する法定刑を探究するについて、方法論上の特別な問題は生じ

---

3 原則例という技術については、siehe *Fischer* StGB, 56. Aufl. München 2009, § 46 Rn. 90 ff.; *Eisele* Die Regelbeispielsmethode im Strafrecht, 2004.

ない。これらの場合、裁判所は、刑罰を根拠づける構成要件要素についても妥当するルールに従って、特別の法定刑に至るそれぞれの構成要件要素の存否を検討しなければならない。これに対し、あまり詳細な記述を伴わないあまり重くない事案や特に重い事案、原則例の挙示にとどまる特に重い事案、あるいは総則の規定による任意的な法定刑の引き下げが問題となる場合には、裁判所は、適用される法定刑を探究するにあたってすでに、個別の量刑の考察を行わなければならない。この場合、連邦通常裁判所の判例によれば、詳細な記述を伴わない犯情のあまり重くない事案または特に重い事案の認定にとって、あらゆる主観的要素および行為者人格を含んだ犯罪の全体像が、例外的な刑の適用を要請する程度に経験上生起する事案の平均から、――上方または下方に――逸脱しているかが重要である[4]。行為者が責任能力の著しく減弱した状態で行為を行った場合、判例によれば、原則的に法定刑は減軽されなければならない。しかし、責任能力の著しい減弱による責任の減少が、その他の責任を高める事情によって帳消しにされる場合は、その限りではない[5]。法定刑の探究のために必要な量刑の考慮の個別問題には、ここでは立ち入ることができない。

　ドイツ刑法典の法定刑は、様々な形をとっている。まず、1つの刑種のみが法定されている場合がある。例えば、刑法212条1項により、故殺罪は、5年以上の自由刑で罰せられており、38条2項と結びつけると、故殺についての法定刑は5年以上15年以下の自由刑となる。こうした法定刑の場合、刑種は固定されており、裁判官は、与えられた刑罰枠から、その都度の刑の重さを決めなければならない。もっとも、法律が、自由刑と罰金刑の双方を定めているということも頻繁にある。例えば、単純窃盗罪は、刑法242条1項により5年以下の自由刑または罰金刑で罰せられる。したがって、このような場合、裁判官は、刑種の選択をした上で、選択された刑種の刑量について決めなければならない。そうした場合にどのような手順を踏むべきかについ

　4　あまり重くない事案については、BGH StV 1997, S. 638を、特に重い事案については、BGHSt 28, S. 318, 319. を参照。
　5　BGHSt 7, S. 28, 30 f.; BGH, NStZ 2004, S. 619；必要的減軽については、*Stratenwerth/Kuhlen* Strafrecht Allg. Teil I, 5. Aufl. Köln u. a. 2004, S. 202.

て、争いがある。ここでは、正しい責任清算と、刑罰の予防目的が、量刑上どのように考慮されなければならないかをめぐるいくつかの量刑理論の対立が重要である。まず、「位置価説」[6]によれば、服役させるとしたらこの期間であろうという仮の自由刑の刑期を決めなければならない。この場合、刑の重さは、有責な不法の重さに応じたものとされる。予防の観点は、刑の重さの決定にあたっては、基本的に考慮の外に置かれなければならない。それが考慮されうるのは、刑を、犯人の社会復帰にとって極力有害でないものとするために、――有責な不法に対する正しい清算が許す限りで――できるだけ軽く量定すべきである、という限りにおいてのみである（「パッシブな特別予防」）。刑の重さを決めた後に、自由刑も罰金刑も考えられる場合に――つまり、個別の罪にあって360日以下の刑量となる場合に――、もっぱら予防の観点から、自由刑と罰金刑のいずれを言い渡すべきかを決するものとされる。この説に反対して、とりわけ、正しい責任清算の観点において、自由刑と罰金刑を同等の刑苦とみるのは困難だということが言われる。通常、3月の自由刑は、90日分の罰金刑よりも辛く感じられる[7]。

　位置価説に従わない場合、量刑は、まず第1に刑種を決めるという手順で構成されることとなる。これは、判例[8]の幅の理論に基づいて行われるべきことになろう。これによると、量刑は、刑が有責に実現された不法に対する正しい清算であるということに方向づけられなければならない。もっとも、責任に相当する刑は1つしかないわけではなく、複数の責任相当刑からなる幅が存在する。その幅は、「すでに責任相当な」刑から、「なお責任相当な」刑までに及ぶ。この幅の枠内で、刑は予防の観点により決められなければならない[9]。そこから、自由刑または罰金刑を定める法定刑の場合に、責任相

6　Siehe dazu *Horn* in SK StGB § 46 Rn. 33 ff.
7　Vgl. *Meier* (Fn. 1), S. 149.
8　Siehe dazu BGHSt 7, S. 28, 32; 22, S. 264, 266 f.
9　*Dölling* in Amelung u. a. (Hrsg.), Strafrecht Biorecht Rechtsphilosophie. Festschrift für Schreiber, Heidelberg 2003, S. 55, 58. Vgl. aber auch *Frisch* in Roxin/Widmaier (Hrsg.), 50 Jahre Bundesgerichtshof. Festgabe aus der Wissenschaft, Bd. IV, München 2000, S. 269, 286 ff. それによると、量刑は、法の回復という刑罰目的により統一的に指導されることとなる。

当なのが、罰金刑のみなのか、それとも自由刑のみなのか、あるいは罰金刑と自由刑の双方が責任相当刑の幅の中に収まるのかが検討される。後者の場合、予防の見地から刑種が決められなければならない。罰金刑または6月未満の自由刑が考えられる場合については、刑法47条が明確なルールを定めている。それによれば、この場合には、原則として罰金刑が科されなければならない。6月未満の自由刑を裁判所が言い渡すのは、犯行または行為者の人格に存在する特別な事情から、行為者に対する刑の効果のためまたは法秩序の防衛のために自由刑を科すことが不可欠となる場合のみである。

裁判所は、刑種が決まると、その都度の法定刑に含まれる刑罰枠に基づいて、刑量、つまり自由刑では自由剥奪の長さを、そして罰金刑では日数を決定しなければならない。刑量の決定にあたっても、幅の理論によれば、2つの段階で行われるものとされる。まず第1に、責任相当な刑の重さの範囲が確定されなければならない。その際、法律上の刑罰枠は、考えうる最も軽い事案のためにその下限の刑を、考えうる最も重い事案のために上限の刑を予定した、連続的な重さのスケールとして理解されるべきである[10]。刑罰枠の中央は、実際に最も頻繁に生起する通常事例ではなく、思考上の中程度の重さの事例に対応する[11]。統計上の通常事例の不法内容および責任内容は、経験的にみれば、思考上の平均事例の重さを下回るから、統計上の通常事例は、刑罰枠の下方に位置づけられることになる[12]。こうして刑罰枠が、正しい責任清算という基準に基づいて責任相当刑の範囲へと狭められた後、予防の考慮に基づいて、具体的な刑が決められる。

刑量はもっぱら罪刑均衡という基準により決められなければならず、予防の考慮は刑量の決定から排除されなければならないという見解[13]は、支持できない。この説に反対するのは、量刑の際に、刑が社会における行為者の将来の生活に与えると期待しうる効果を考慮するという刑法46条1項2文であ

---

10 BGHSt 27, S. 2, 3; *Zipf* in Maurach/Gössel/Zipf, Strafrecht Allg. Teil Tbd. 2, 7. Aufl. Heidelberg 1989, S. 539.
11 *Meier*（Fn. 1), S. 208.
12 Vgl. BGHSt 27, S. 2, 4 f.
13 *Hörnle* Tatproportionale Strafzumessung, Berlin 1999.

り、この説によれば、量刑を通じて個々の事例でできるだけ良い形で刑罰目的全体に対応する可能性が、みすみす捨てられることになってしまう[14]。

このモデルによれば、刑種の選択にあたっても、刑量の決定の際にも、行為者に有利または不利なあらゆる事情を十把一絡げに考慮することはない。むしろ、事案は、まず正しい責任清算の観点の下で評価され、それに続いて、予防の観点からの検討を受ける。それによって、「責任を加重する事情が、再犯予後の上で被告人に有利な要素により相殺される」というような決まり文句により、異なる次元に存在する複数の観点がごちゃ混ぜにされることが回避される。もちろん、一定の事情は、責任清算の観点からも、予防の側面の下でも、意義をもつことがある。しかし、その場合、そのような事情は、2つの判断ステップのそれぞれにおいて評価されなければならず、それらのステップが相互に混同されることがあってはならないのである。

正しい責任清算の観点の下で事案を評価するために、刑法46条2項2文のカタログが、一連の重要な観点を列挙している[15]。これらの諸側面は、法文上の順序からは離れるが、次の4つのグループに分類できる。第1のグループは、犯行の客観的側面に関連する。それは、有責な犯行結果および犯行の実行態様を含んでいる。第2のグループは、義務違反の程度から成り、それは犯行の客観的および主観的要素の双方を含む。第3のグループは、犯行の主観的側面にかかわる。そこに属するのは、行為者の動機および目的、犯行に表われた心情、並びに犯行に際して向けられた意思である。第4のグループは、行為者人格にかかわる。ここには、行為者の前歴、人的関係および経済状態並びに犯行後の態度が属する。ここに挙げた事情は、不法および責任という犯罪行為のメルクマールを徴表するものである。従って、これらの事情を検討する際に、量刑は犯罪論体系のカテゴリーに方向づけられることとなり、それによって、犯罪論体系は、ある程度、量刑に拡大されることとなる[16]。

---

14 Siehe *Dölling* (Fn. 9), S. 57 f.; *Meier* (Fn. 1), S. 150 f.; *Streng* (Fn. 2), S. 258 f.
15 Vgl. dazu näher *Streng* (Fn. 2), S. 232 ff.
16 Siehe dazu *Frisch* in Wolter (Hrsg.), 140 Jahre Goltdammer's Archiv für Strafrecht, Heidelberg 1993, S. 1, 13 ff. 本文の第4のグループのメルクマールの責任

責任の重さに関連性を有する観点の検討は、通説によれば、次のようなやり方で行なわれる。まず、諸事情は、刑を軽減するのか、刑罰加重的に評価されるべきかが判断されなければならない。続いてその都度の諸事情の重さが評価されることになる。さらに次のステップで、それらが相互に比較考量されるべきである。これによって、事案の重さを、例えば、非常に軽い、軽い、中程度、重い、非常に重いというように決定することが可能となる。それに続いて、事案は、その都度、刑罰枠の重さのスケールの上に、相応に位置づけられなければならない[17]。他の見解によれば、刑の重さは、今まさに評価されるべき事案を、すでに評価された諸事案と慎重に比較するという方法で決めるものとされる[18]。実際、他の諸事案における量刑実務との比較は、有益でありうる。もっとも、こうした量刑実務も、それ自体、適切なものであるかが検討されなければならないものである[19]。

責任の観点の下で刑の重さを枠づける場合に、さらなる具体化は予防の考慮により行われる。ここで問題となるのは、第1に、特別予防の側面である。例えば、危険な行為者の場合には、保安の観点の下、刑は責任枠の上方の領域に定めてよい[20]。さらに、行刑における——例えば、社会治療施設での——適切な処遇を、成功の見込みをもって行ないうるように刑期を設定しなければならないという考慮が、1つの役割を演じうる[21]。行為者が危険でなく、処遇の必要性がない場合、刑罰の脱社会化効果をできる限り回避するという考慮からは、責任枠の下方領域の刑を科すこととなる[22]。一般予防の考慮は、判例によれば、刑量の決定に際して例外的にのみ一定の役割を演じうる。それは、とくに今回有罪判決を受ける犯行と同種または類似の犯行

　　連関については、vgl. *Dölling* (Fn. 9), S. 58 f.
17　Siehe *Bruns* Das Recht der Strafzumessung, 2. Aufl. Köln u. a. 1985, S. 243 ff.; *Meier* (Fn. 1), S. 203 ff. 重さのスケールの諸カテゴリーについては、vgl. *Bruns* JZ 1988, S. 1053, 1054; *Meier* (Fn. 1), S. 206 f.; *Streng* NStZ 1989, S. 393, 399.
18　Vgl. *Frisch* (Fn. 16), S. 30 ff.
19　Siehe auch *Frisch* in Frisch/von Hirsch/Albrecht (Hrsg.), Tatproportionalität, Heidelberg 2003, S. 155, 163 f.
20　BGHSt 20, S. 264, 266 f.; BGH, BGHR StGB § 46 Abs. 1 Spezialprävention 2.
21　*Meier* (Fn. 1), S. 198.
22　Vgl. *Streng* (Fn. 2), S. 254 f.

が、共同体にとって危険なほどに増加していることが確認されうる場合である[23]。この場合、そうした犯罪の展開に対処するために、——責任枠の中にとどめなければならないが——より重い刑を科すことができる。

　刑種および刑量が決まると、裁判所は、次のステップで、刑の具体的な形態に関する決定を行う。すなわち、行為者が180日分以下の罰金刑を科されたとき、この罰金刑を科すべきか、あるいは、刑法59条による刑の留保付き警告にとどめうるかが検討される。刑の留保付き警告とは、罰金刑の言渡しを単に留保するものである。刑法56条によれば、2年以下の自由刑の場合、自由刑の執行を猶予できるか否かを検討しなければならない。法律は、これらの判断のために、一定の基準を定めており、それは、特に予防の観点に依拠している。例えば、刑法59条1項によれば、罰金刑の留保付き警告を言い渡すことができるのは、①刑の言渡しを行わなくても、行為者が将来もはや犯罪行為を行わないであろうと期待でき、②犯行および行為者人格の総合評価により、刑の言渡しを不必要とする特別な事情が存し、かつ、③法秩序の防衛が刑の言渡しを要請しない場合である。刑法56条によれば、再犯予後が良好な場合には、6月未満の自由刑は、執行猶予に付すものとされる。6月以上1年以下の自由刑の場合、執行猶予は、良好な予後と並んで、法秩序の防衛が自由刑の執行を要請しないことを要件とする。1年を超え2年以下の自由刑の場合には、これら2つの要件に、犯行および有罪判決を受けた者の人格の総合評価により特別な事情が存することがつけ加わる。

　これらの規定により要求されている良好な予後は、特別予防にかかわる。法秩序の防衛の概念は、一般予防の側面を対象とする[24]。刑法59条1項2号の意味における特別な事情とは、通常起こる事案に比して行為責任を著しく軽減し、それゆえに刑の言渡しの条件付放棄を正当化する事情である[25]。刑法56条2項により、1年を超え2年以下の自由刑の場合に執行猶予の要件とされている特別な事情とは、判例によれば、次のような特別に重大な軽減事

23　BGHSt 17, S. 321, 324; BGH, NStZ 1988, S. 309; これを否定するのは、*Frisch* ZStW 99 (1987), S. 349, 370 f.
24　BGHSt 24, S. 40; *Zipf* (Fn. 10), S. 587 ff., 640 ff.
25　*Braasch* in HK-GS, 2008, § 59 StGB Rn. 9.

由のことをいう。すなわち、刑の重さに反映されているように犯行の不法内容および責任内容がかなりの程度であるにもかかわらず、執行猶予が、不適切でなく、また刑法による諸利益の保護と対立するものでもないと思わせるような軽減事由である[26]。この他、刑の具体的形態に関連する決定には、罰金刑を科す場合の、刑法42条による支払容易化措置の許否についての決定も含まれる。

　刑の具体的形態が決まったときに、刑法上のさらなる法効果についての決定がなされなければならないことが頻繁である。これに関係するのは、とりわけ、刑法61条以下による改善保安処分および73条以下による利益収奪、没収および〔違法文書の原版等の〕使用不能化措置をめぐる決定である。なお最後のステップにおいて、終局的な総合評価により、科される諸々の法効果の全体的な相互関係における刑の適切性が検討されなければならない。これがなお、刑の修正に至ることもある[27]。

　以上のように、量刑においては、その都度に異なった法律上の基準が妥当する、相互に依拠しあう諸決定という複雑なプロセスが問題となる。それらの基準が遵守されるならば、正しい責任清算と予防の双方を適切に考慮し、それにより個別事例において刑罰目的を充足する量刑に成功しうる。いろいろな不確定要素は残るし、量刑における一定の不公平は避けられない。しかし、量刑の構造化によって、行為者に対しても、被害者および一般社会に対しても責任を担うことができ、それらの者に受け入れられる見込みのある決定を行うことが可能となるのである。

26　BGHSt 39, S. 370, 371.
27　Vgl. *Meier*（Fn. 1), S. 144, 217 f.

日本側報告

[第3テーマ]
量刑決定の構造

井 田 良
慶應義塾大学教授

I 日本刑法の比較法的特色
II 判断枠組みをめぐる議論の現状
III 量刑における法定刑の機能
IV 刑の決定構造

I 日本刑法の比較法的特色

　量刑判断の法的規制ないし（ドイツにおいてよくいわれる）量刑の法化[1]を目ざそうとするとき、処断刑の範囲内で宣告刑を決定する「狭義の量刑」にのみ注目するのでは不十分である[2]。刑法典は（それが継受したヨーロッパ大陸諸国の刑法典と同様に）法定刑から出発し、これに加重・減軽の修正を加えてできた刑の幅を処断刑とし、その範囲内において宣告刑を決定するという「段階的な判断プロセス」を予定している[3]が、量刑判断の構造を分析・検討するにあたっては、そのプロセス全体を視野に入れる必要がある[4]。

1　*Bruns*, Das Recht der Strafzumessung, 2. Aufl. 1985, S. 2, 25; *Theune*, in: Leipziger Kommentar, Bd. 2, 12. Aufl. 2006, § 46, S. 1064 などを参照。
2　量刑の概念については、城下裕二『量刑基準の研究』（1995年）9頁以下、原田國男『量刑判断の実際〔第3版〕』（2008年）1頁、松尾浩也「刑の量定」『刑事政策講座1巻』（1971年）337頁以下などを参照。
3　団藤重光『刑法綱要総論〔第3版〕』（1990年）541頁が、「量刑の問題は、刑法理論の縮図である」と述べたように、量刑は刑罰理論の応用領域であるが、量刑判断の構造は、その国の量刑に関する実定法規から離れて、もっぱら理論的側面からこれを論じるというわけにはいかない。
4　本報告は、量刑判断の構造をめぐる議論を総括することを試みるものであるが、量

このような観点から比較すると、日本の刑法とドイツ刑法との間には、看過できない相違点がある。すなわち、日本の刑法は、ドイツの刑法と比べて、①規定の包括性、②法定刑の幅の広さ、③加重・減軽における判断可能性の余地の大きさという点で際だった特色をもっている。たとえば、窃盗罪（235条）の法定刑は、10年以下（1月以上）の懲役または50万円以下（1万円以上）の罰金であり、傷害罪（204条）の法定刑は、15年以下（1月以上）の懲役または50万円以下（1万円以上）の罰金であるというように、きわめて幅広くなっている。行為者に一定の身分があることや、行為から重い結果が発生したことを理由とする加重構成要件は存在するが、その数はドイツ刑法典とは比較にならない。また、ドイツ刑法典においては、量刑のガイドラインを示す（とともに、法定刑の幅を狭める）ために、「特に重い事案では……」とか「比較的重くない事案では……」といった立法技術が頻繁に使用されているが、日本では使われていない[5]。

　特筆すべきことは、日本の刑法には、法律上の減軽をした上で、さらにそれに加えて裁量的な減軽を許す一般的な酌量減軽の規定があることである（66条・67条を参照）。これにより、有期自由刑については、その長期・短期を法定刑に定められたところの4分の1にまで落とすことが可能となる。ドイツ刑法においては、一般的な酌量減軽の規定はなく、他方で、法律上の減軽事由が数個あれば数度減軽できるとされているが、しかし、そのつど法定刑の上限を4分の1だけカットできるにすぎない（ドイツ刑法49条1項2号を参照）。また、日本では、併合罪の場合、2個以上の罪につき有期自由刑の加重単一刑を形成しようとするとき、処断刑の上限が30年となるが（14条2項を参照）、この点で、複数の犯罪が同時に審判されるときに15年が上限とされているドイツとは大きく異なる（ドイツ刑法54条2項を参照）。

　日本では、自由刑の執行猶予についても、3年以下の懲役・禁錮を言い渡すときに認められ（25条を参照）、原則として1年以下（例外として2年以下）の

　　刑をめぐる判例と学説の議論を概観した最近の論稿には、只木誠「罪数論・量刑論」法律時報81巻6号（2009年）46頁以下がある。
5　少し古いものであるが、井田良「量刑事情の範囲とその帰責原理に関する基礎的考察（1）」法学研究55巻10号（1982年）72頁以下も参照。

自由刑を言い渡す場合にしか認められないドイツと比べて（ドイツ刑法56条を参照）日本の裁判所にはより大きな判断の余地が認められている。

以上のことに加えて、日本には、ドイツにはない死刑制度が存在することをも勘案すると、日本の裁判所は、現行刑法の下で、ドイツの裁判所とは比較にならないほどの幅広い量刑判断の可能性をもっているといえよう[6]。たとえば、殺人罪（199条）により有罪となれば、酌量減軽の可能性まで考慮するとき、死刑、無期懲役、30年から2年6月の間の有期懲役の中から宣告刑が選ばれる。法律上の減軽事由が認められるケースであれば、処断刑の下限は1年3月の有期懲役となりうる。そして、その範囲内での選択を指導する法的ガイドラインは、刑法典の中にはいっさい見出すことはできず、すべて実務に委ねられているのである。

II　判断枠組みをめぐる議論の現状

量刑判断については、犯罪論における判断の枠組みと順序（構成要件該当性→違法性→有責性）に対応するものは存在しない。ただ、刑の加重・減軽の順序については、刑法典がこれを定めており（72条）、これに基づき、実務においては、処断刑の確定に至るまでの判断方法に関して見解の一致を見ている。すなわち、構成要件および法定刑を示す規定の適用→科刑上一罪の処理→刑種の選択→累犯加重→法律上減軽→併合罪の処理→酌量減軽→処断刑の範囲の確定という順序である[7]。

他方、量刑論では犯罪論におけるような強固な体系化は（まだ）行われていないとはいえ、量刑判断に関連して、それぞれ理論的な検討の対象とされるべき異なった問題領域が存在することについては広く認識されるに至っている。すなわち、まず、①刑罰理論との関わりにおける量刑の基準の問題が

6　ここから、量刑をめぐる大きなテーマとして、死刑と無期自由刑との間の選択の問題がクローズアップされることになる。他方で、日本には改善・保安処分が存在しないので、刑事裁判所がその賦課の判断を行う必要はない。

7　このような判断順序は、司法研修所教育において用いられる「適条表」に示されている。このうち、科刑上一罪の処理の順序をめぐっては議論がある。実務の扱いに反対するのは、平野龍一『刑法総論II』（1975年）421頁以下。

ある。とりわけ、刑罰の回顧的側面と展望的側面との関係（いいかえれば、責任判断と予防的考慮との関係）、そして、量刑における責任概念の内容が議論の対象となる。次に、②量刑事情に関し、その範囲、それぞれの事情の評価方向、重み（ウエイト）が問題とされる。さらに、③犯罪の相対的な重さを一定の刑量として数量化することがいかにして行われうるのかのメカニズムが問われる。ここでは、量刑における法定刑の機能、そして、わが国では特に、「量刑相場」の法的意義がテーマとされることになる。以上のような問題領域の区分は、ドイツにおいて量刑法を体系化したブルンスによる、5つの問題領域の区分（いわゆる五段階説）にほぼ相応するものである[8]。

ただ、量刑判断の構造に関する、きわめて重要な方法論的問題であるのに、日本においては本格的に論究されていない問題が存在する。それは、量刑論と犯罪論の関係をめぐる問題である。この点に関しては、量刑は犯罪論の一応用場面にすぎないとする見解（いわば応用場面説）と、量刑は犯罪論とはある程度独立した独自の領域であるとする見解（いわば独自領域説）とが対立する。犯罪の成否と、量刑とは、いずれも「刑を科すことが正当化できるか」という同じ問題に関わり、同一の原理に支配されるべきものと考えれば、応用場面説がとられるべきこととなる。これによれば、量刑事情は大きく違法要素と責任要素とに区分され、違法および責任の分量判断により刑量は（基本的に）決定されると考えるべきことになろう。

独自領域説をしりぞけて、応用場面説によるならば、たとえば、故意犯の

8　Bruns・前掲（注1）S. 6を参照。ブルンスによると、量刑の過程は5段階に分析することが可能である。まず第1に、互いに矛盾し得る複数の刑罰目的の関係、特にその序列関係を明らかにすることが必要である。それは量刑の全過程を規制するものであり、最も重要だとされる。第2に、量刑事情の範囲の画定が求められる。量刑にあたって考慮しうる量刑事情の範囲には限定がある。「考慮してよいもの」と「考慮してはいけないもの」とを区別しなければならない。第3は、「量刑事情の評価方向」の問題である。それは、ある事情について、それが刑を重くする方向で考慮されるのか、それとも、軽くする方向で考慮されるのかをはっきりさせることである。第4に、量刑のファクター（特に、量刑事情）の衡量という問題がある。ここでは、相互関係と重み（ウエイト）を明らかにすることが求められる。最後に、量刑要素の数量化が問題となる。これは最も困難な作業とされ、ブルンスによればそれは法定刑を用いて行われる。

量刑においては、過失によって引き起こされた一定の結果を、少なくとも行為の違法性を高める量刑事情として考慮することは許されないということになるはずである[9]。また、たとえば、強姦事件の被害者がショックから立ち直れず、ついに自殺してしまったというケースで、判例・通説のように、結果との関係で因果関係を否定し、結果的加重犯としての強姦致死罪（181条2項）の成立を認めないというのであれば、この死亡結果そのものを処罰対象に含める形で量刑において考慮することは許されない（これに対し、その結果とは離れて、行為態様のもつ違法性の強さをそれ自体として考慮することは当然に許される）という結論になろう[10]。

III 量刑における法定刑の機能

法定刑は量刑の出発点であり、これにより量刑判断の大枠が決せられる[11]。日本では、2004年に、一般的に有期自由刑の最上限を15年から20年に引き上げる（併合罪等の場合に加重するときには、20年から30年に引き上げる）という大きな改正が行われた。この改正を契機として、量刑における法定刑の機能に関する議論が展開された。その過程で、法定刑に関し、量刑枠論と量刑スケール論という、異なった2つの基本的考え方があることが明らかにされた[12]。

法定刑がその上限と下限により裁判所による量刑を枠づける機能をもつこ

9　この点をめぐっては、ドイツでも見解が分かれている。たとえば、*Theune*・前掲（注1）§46 Rdn. 157 ff. を参照。

10　詳しくは、井田良「量刑をめぐる理論と実務」司法研修所論集（2005年）113号を参照。また、原田國男「量刑理論と量刑実務」『小林充先生・佐藤文哉先生古稀祝賀刑事裁判論集上巻』（2006年）286頁以下も参照。

11　法定刑についての簡単な検討は、井田良「法定刑の引上げとその正当化根拠」『小林充先生・佐藤文哉先生古稀祝賀刑事裁判論集上巻』（2006年）263頁以下において行った。

12　杉田宗久「平成16年刑法改正と量刑実務の今後の動向について」判例タイムズ1173号（2005年）6頁以下、原田國男「法定刑の変更と量刑」刑事法ジャーナル1号（2005年）52頁以下、村越一浩「法定刑・法改正と量刑」判例タイムズ1189号（2005年）29頁以下、安田拓人「コメント・村越一浩『法定刑・法改正と量刑』」同54頁以下などを参照。

とは当然であるが、量刑枠論は、法定刑の機能は上限と下限により裁判所による量刑を枠づける機能に尽きるとする見解である。これに対し、量刑スケール論は、量刑実務に対する、より強い規制機能を法定刑に認めようとする。量刑スケール論は、実務の量刑においては、犯罪の相対的な重さ（当該犯罪類型の中で、重いか軽いか中程度か）を明らかにし、それに応じて法定刑の幅の中の一点に位置づけることにより宣告刑を導くべきだとする考え方である。それは、立法者の設定する法定刑の幅をスケールとして刑量を決定しようとするものであるから、立法により量刑をダイレクトに規制しようとするものであり、立法による司法のコントロールを量刑の分野においても徹底して浸透させようとするものである。

通説的理解によれば、法定刑にそのような量刑スケールの機能をもたせることはできない。その理由は、現行法の法定刑は、一般的に量刑の実際よりもかなり重めに設定されており（したがって、実際の刑量は法定刑の下限あたりに集中している）[13]、スケールの形で量刑を規制できるようなものとなっていないというところにある。また、もし量刑スケール論をとるなら、2004年（そして2005年）の刑法一部改正により行われたような、法定刑の上限の引き上げは、単にその上限において、従来より重い刑を科すことを可能とするというばかりでなく、直ちに当該犯罪に関する量刑水準そのものを一般的に上方に向けて変更すべきものとなるが、それはかえって不当だとするのである。

法定刑のスケール機能を否定するとき、生じてくる1つの問題は、もし刑の数量化を可能とするものが法定刑ではないとすれば、それは何であるのかという問題である[14]。この点については、後に、刑の数量化（後述Ⅳ3）との

---

13 そこには、法定刑は、量刑のためのスケールという機能とは独立した一般予防機能（犯罪に対する評価を明示する機能）をもつという考え方があるものと推測される。

14 量刑枠論にも問題がないではない。それは、法定刑の上限と下限の枠以上の立法による規制から量刑を解放するものであり、裁判所の判断の法的コントロールという見地からは物足りなさを感じさせるものである。また、最近では、ドイツの量刑理論の影響を受けて、二重評価禁止の原則の重要性が認識されるようになっているが、この原則も、量刑枠論をとる以上は、その意味を失うことになろう。なぜなら、二重評価禁止原則は、一定の事情が法定刑の形成にあたりすでに考慮されていることを根拠として、法定刑のスケールの中に位置づけるときには同じ事情を再び考慮することはできないとする考え方に立脚しているからである。法定刑は単に上限と下限で量刑を規

関係で検討することとしたい。

IV　刑の決定構造

1　責任と予防

　ドイツ刑法学の影響を受けてきた日本の学説は、責任と予防とを対立させる量刑判断の枠組みを構想してきた。ここにいう「責任」の重さは、違法の量が基本になっており[15]、その意味で、責任の程度とは「罪責の重さ」ないし「応報的科刑要求の程度」といいかえても同じである[16]。学説の見解の最大公約数を（無理を承知で）定式化するとすれば、それは「責任を基本とし、これを予防により修正する」見解であり、「責任による大枠の決定と予防による修正」を基本構造とするものということになろう。

　他方、実務においては、犯情（狭義の犯情）、すなわち、犯罪の種類、罪質、犯行の動機、態様・手段の悪質性、被害結果の大小・程度・数量等の犯罪行為自体に関する情状と、一般情状（広義の犯情）、すなわち、一般予防・特別予防や損害賠償や示談の成否等の刑事政策的な情状とが区別されている[17]。もしそれが、前者が「法が認める処罰の根拠を与えるもの」、後者が「それ以外の考慮要素」という意味において、刑量の基本を決めるものと、一定限度で修正を可能にするものとの関係として理解されているとすれば[18]、それ

　　制するにすぎないとすれば、法定刑の形成にあたりすでに考慮されていることを根拠に量刑事情から排除すべき理由はないことになる。
15　このことを表現するために、ブルンスは、量刑における責任とは「帰責可能な不法」であるとする古典的定式を与えた。Bruns・前掲（注1）S. 145を参照。
16　そればかりか、行為責任に関係せず、予防的考慮にも還元できないが、それでも刑量に大きな影響をもつ量刑要素も存在するので、その限りでは、「応報」の語を用いることはより正確でもある。
17　もちろん、犯情と一般情状をどのように区別するかは1つの問題である。たとえば、窃盗のケースでの行為者による盗品の損壊のようないわゆる共罰的事後行為については、器物損壊行為も処罰対象に含まれるという意味では「犯情」に属すべき事情ということになろうが（山口厚＝井田良＝佐伯仁志『理論刑法学の最前線II』（2006年）229頁以下を参照）、そのような理解に対しては異論も生じるであろう。
18　この点については、遠藤邦彦「量刑判断過程の総論的検討［第1回］」判例タイムズ1183号（2005年）18頁以下が示唆に富む。

は学説の判断枠組みと重なり合うものである。

　たしかに、重要な点で異なるところもある。学説では、責任（刑罰の回顧的側面）と予防（刑罰の展望的側面）の二律背反（アンチノミー）を前提とし、責任により刑罰を限定し、予防的見地からの刑の引き上げに歯止めをかけるという問題意識から二元論がとられている。ここにはドイツ刑法学の影響もあるが、刑法の基本原則としての責任主義の原則の具体化として演繹的にそのような判断枠組みが支持されており[19]、しかも、責任と予防とをなるべく明確に切り分けて対立させるべきであるとする考え方、すなわち、責任概念を予防的考慮により汚されないように「純化」して（したがって、行為責任概念をとって、これを）予防と対立させ、それにより刑罰限定機能を営ませることが量刑判断を合理化する鍵であるとする考え方がとられている[20]。これに対し、実務では、基本的に犯罪の重さに対応する形で刑量を決めようとする発想は強いものの、責任と予防とを切り分け、責任を純化した上で、これにより予防的科刑の行き過ぎに対し歯止めをかけるという考え方はとられていないと思われる。

　具体例を用いて学説と実務とを比較することを試みてみたい。まったく同一の状況下でまったく同じ犯罪を行った4人の行為者がいるとする（すなわち、すべての事例において「犯情」は同一とする）。そのうち、①Aは事件を起こしたことを深く反省しており、進んで自白をしたが、Bは有罪であることが証拠上明白であるにもかかわらず否認を貫いているとする。また、②その犯罪が財産犯であるとして、Cは被害者に対して損害賠償をしているが、Dはまったく何もしていないとする。学説の立場（すなわち、責任と予防の二元論）からは、こういう説明になるであろう。すなわち、AおよびCについては、

19　この点において特に明快な主張は、城下裕二「消極的責任主義の帰趨──わが国における近時の量刑理論の批判的検討──」川端博ほか編『理論刑法学の探究②』（2009年）29頁以下に見られる。

20　ここでは、量刑における責任概念に2つの機能が認められている。1つは、予防的考慮に基づいて責任を超えた過剰な刑が科されないようにするという刑罰限定機能である。もう1つは、一般予防及び特別予防の必要性（特に後者）は、事例ごとの個別的判断であり、それが正面に出ると量刑はばらつくので、責任に応じた刑を科すことにより平等・斉一な刑を実現するという機能である。

責任刑の幅の下限まで、さらには事情によりもっと下まで刑を下ろしてもよいが、BおよびDについては、再犯のおそれないし特別予防の必要性という観点から、責任刑の幅の上限に近いところまで刑が上がるとするのである。

　これに対し、実務の考え方によると、どうであろうか。否認や謝罪、損害賠償の有無は一般情状に属する要素であるが、しかし、刑の重さをかなりの程度に左右する要素として理解されていると思われる。しかも、日本の刑事裁判官は、A・CとB・Dに対する刑の違いを、特別予防の必要性の有無により説明しようともしないであろう。まず、①については、1つの説明として、刑事司法機関の負担を軽減した褒賞として刑を軽くするという考え方が可能である。これによれば、自白は必ずしも反省に基づくものでなくてもよい（いわば打算的にそうしたのでもよい）という考え方にもつながるであろう。2つ目の説明は、事後的な反省に基づく自白により、犯人の規範意識がそれほど犯罪的なものではなかったこと（犯罪に向けたエネルギーはそれほど強いものではなかったこと）が判明したことにより、責任非難の程度が弱まるとするものである。このように考えるとすれば、それはむしろ犯情に関わる二次的資料ということになろう。3つ目の説明は、反省に基づく自白という事情は、一般情状に属する事情であるが、それは遵法的態度を示したことにより「応報的科刑の要求」を事後的に打ち消す要素として理解できるとするものである。これらのうち、いずれの理解によるとしても、それは重要な要素ではあるが[21]、刑量に大幅な差をつける理由になるものではなく、あくまでも、限られた限度における刑の差別化を可能とする要素だということになる。

　次に、②については、財産犯における損害賠償は一般情状に属する事情ではあっても、「応報的科刑の要求」を大幅に打ち消すのに適した事情であり[22]、その限りで、かなりの程度の刑の差別化を理由づけうる、と考えるの

21　たとえば、原田・前掲（注10）284頁を参照。
22　財産犯における結果（財産的被害）は、事後的な回復がある程度可能な法益であり、そのような特殊性から、一般情状に属する事情であるとしても、犯情に由来する「応報的科刑の要求」そのものに（これを打ち消す方向で）影響を与えることが認められるのである。

が一般であろう。

　以上のような、学説と実務の異なった理論構成を比較するとき、次の2つのことを指摘できるように思われる。まず第1に、学説の判断枠組みと実務の判断枠組みの間には、意外なほどの共通性・同質性が認められることである。その上で、学説と実務との間において、さらなる議論のための共通の基盤を確保するためには、学説は「幅の理論」に立脚して量刑の判断枠組みを構想すべきであろう。学説上、比較的広く支持されている「点の理論」をとるときは、責任に影響する事情以外の量刑事情はすべて刑を軽くする方向にしか働かない事情とされることとなり、きわめて硬直化した判断枠組みとなってしまうのである。

　第2に、学説と実務の理論構成を比較するとき、実務は、特別予防的考慮により刑を差別化しようとするのではなく、犯情と一般情状という枠組みを原則的に維持しつつ、あくまでも責任非難の減少や事後的な応報的科刑の要求の打ち消しにより大幅な刑の差別化を説明しようとしている。そして、それはかなり説得力をもったものであるといえるのではなかろうか。ほかにも、たとえば、長期にわたり未決勾留を受けたという事情、被告人の地位に置かれたことにより（失職するなど）かなりの社会的制裁を受けたという事情、懲戒罰などを課されたことなどは、行為者に有利な方向でかなりのウェイトをもって考慮しうるであろう。また、ドイツ刑法は、不注意で惹起した事故で自分の子供を失ったり、みずから大ケガをしたというように、犯罪により被告人に思わぬ過酷な結果が生じたという事情があるときに刑の免除の可能性を認めている（ドイツ刑法60条）が、これについても同様のことがいえよう。これらの事情は、責任に影響する事情でも、予防的考慮に関わる事情でもなく、事後的に応報的科刑の必要性（要罰性）を明白に減弱させる要素である[23]。量刑事情を「行為責任」に関係する事情と「予防」に関係する事情との2つに分配するというのは不当な単純化であり、犯罪の成否の判断以

23　たとえば、岡上雅美「量刑体系における量刑事実の選別について」刑法雑誌45巻2号（2006年）201頁以下に見られる理論構成（刑罰の正当化の根拠を法秩序の妥当性の回復に求める「実質的な応報刑論」の立場から、「責任刑を科す必要性」が減少する場合があることを認める）は、このような方向にあるものといえよう。

上に複雑な量刑の判断を、犯罪論の判断枠組み以上に単純な図式にあてはめようとすることである。学説も、狭く理解された（純化された）行為責任および予防的考慮のみが刑量を決定すると考えるべきでなく、これ以外の要素が量刑に大きく影響することが認められるのではないかという点について検討を進めるべきである[24]。

2　量刑事情の重みづけ

量刑事情の範囲の問題については、ここでは詳論できないが[25]、量刑判断の構造との関係で特に重要な方法論的問題は、考慮される量刑事情の重みづけ（ウェイト）の問題である。最高裁は、起訴されてない（あるいは、起訴されていても、有罪判決が確定していない）余罪を量刑にあたって考慮しうるかどうかの問題に関し、「実質上これを処罰する趣旨」で考慮し重く罰することは違憲違法であるが、量刑のための一事情として考慮することは許されるとした[26]。

余罪の問題を離れて述べるとすれば、実質的な処罰の対象に含めて大きく考慮するか、それとも責任の幅の枠内で、刑量を上下に修正する程度で考慮するかの区別は重要であるように思われる。区別が曖昧・不明確だからといって、このような区別なしに合理的な量刑判断は不可能である。過去のさまざま行状や犯罪後の行動については、これらを実質的に刑罰的非難の対象とする趣旨で考慮することはもちろん許されないが、しかし、およそ量刑事情として斟酌しえないとすることはできない。それらを特別予防上の判断において勘案されるべき事情として考慮したり、また、前述のような意味で責任非難に影響する事情や応報的科刑の必要性（要罰性）に影響する事情として考慮することは可能である。

24　これに対し、責任判断にも予防判断にも関連しない量刑事情を認めることに対し批判的なのは、城下裕二『量刑理論の現代的課題』（2007年）73頁以下である。

25　私の論文として、井田良「量刑理論と量刑事情」現代刑事法3巻1号（2001年）35頁以下がある。

26　最大判昭和41年7月13日刑集20巻6号609頁、最大判昭和42年7月5日刑集21巻6号748頁。

3 数量化のメカニズム

　最後に、量刑判断の過程において決定的な意味をもつ、刑の数量化のメカニズムについて述べたい。日本の実務において、刑の数量化を可能とするものが法定刑ではないとすれば果たして何であるのかが問題となるが、それはいわゆる量刑相場であるといわれる[27]。裁判所は、検察官による求刑も参考としながらも、過去の裁判例における量刑に関するデータの集積を資料として、いま担当している事件に最も近い過去の裁判例を探し出し、そこで言渡された刑に修正を加えながら最終的な刑を決めている。中央集権的な司法制度の下で、裁判官は数年ごとに日本国内を移動するのであるが、そのこととも相俟って、全国にわたりかなり統一的な量刑が行われているのは事実である。

　量刑相場の法的性格は何であるのか、それが量刑を規制する根拠はどこにあるのかが問われる。それは慣行にすぎず、慣習法として法的規制力をもつものではない。それは個々の事例についての妥当な刑量に関する平均的な考え方を多少なりとも反映した、数量化の手がかりにすぎないものといえよう[28]。1つの問題は、この量刑相場が、裁判員が加わった量刑においてどのような機能をもつべきかである。裁判員制度の下では、従来の量刑相場からの離反が生じ、同時に、量刑の相互的ばらつきがもたらされるであろうことが予想される。このような量刑判断のばらつきは、責任刑の幅の範囲内におさまらない程度のものであれば、法的に容認できない事態である。ただ、それが責任の刑の幅として認識される幅の範囲内におさまる程度のものであるとしても、必ずしも合理的とはいえない理由によるばらつきであれば、とりわけ死刑と無期懲役の限界が問題となるケースにおけるように、問題視されざるをえないと思われる。このような見地からの控訴審・上告審における審査は、必要不可欠なものといわなければならない。

　近年、とりわけ被害者が死亡する結果を生じた事例について、故意犯と過

---

[27] 量刑相場についての詳細な分析として、遠藤邦彦「量刑判断過程の総論的検討［第2回］」判例タイムズ1185号（2005年）36頁以下がある。
[28] 松本時夫「刑事裁判官らの量刑感覚と量刑基準の形成」刑法雑誌46巻1号（2006年）9頁以下は、量刑相場の根底には「国民一般の価値基準」「正義感覚」があるとする。

失犯とを問わず、量刑が上昇するという顕著な傾向がある。このような傾向が、裁判員制度の導入によりさらに加速される可能性があることは否定できない。職業裁判官が、刑の数量化に関し、従来からの量刑相場以外の拠り所をもたないとすれば、世論において広がっている厳罰要求が多かれ少なかれ合理性のチェックを受けずに刑量に反映していくおそれがある。このようなおそれを払拭できるような有効な手当てを容易に思いつけないというところに、刑の数量化の問題がいまだ理論的に未解決であることが端的に示されていると思われる。

ドイツ側報告

[第4テーマ]
量刑上重要な犯行事情

タチアナ・ヘアンレ
ベルリン・フンボルト大学教授

訳・葛原　力三
関西大学教授

I　はじめに
II　結果不法
III　行為不法
IV　不法減少事情
V　責任減少事情

I　はじめに

　量刑に関する諸問題が実務上重要な意味を持っていることは、いうまでもない。例えば刑法典の総則上の法的諸問題が刑事手続において議論されることはきわめて少ないのに対して、刑量はすべての刑事訴訟において確定されなければならず、このことは被告人にとっても最も重要なポイントとなるのが通常である。そこで本質的なのは、犯罪の重さの評価である。罪刑均衡論[1]に従う場合、それは自明である。罪刑均衡論は、行為者が実現した不法とその人的責任がどの程度重いものとなるかにのみ着目するからである。ドイツにおいて支配的な量刑理論は、いわゆる幅の理論である。これは、不法

1　Dazu *von Hirsch/Jareborg,* Strafmaß und Strafgerechtigkeit, 1991; *von Hirsch,* Fairness, Verbrechen und Strafe, 2005, S. 131 ff.; *Hörnle,* Tatproportionale Strafzumessung, 1999; *Frisch/von Hirsch/Albrecht*（Hrsg.）, Tatproportionalität. Normative und empirische Aspekte einer tatproportionalen Strafzumessung, 2003.

および責任に相応な刑罰は一定の幅を出発点として、その幅の枠内で一般予防と特別予防を考慮しようとするものである[2]。しかし、その限度においても、犯罪の重さが、少なくとも出発点にならなければならない。連邦憲法裁判所は、その確立した判例において、刑罰の重さが「犯罪の重さおよび行為者の責任と正しい関係に立」たなければならないことを強調している。このことは、憲法上保障された責任主義の要請であるという[3]。それ故、犯罪の重さに基礎をおく、根拠ある言明をなすことが可能でなければならない。このことは、刑量において（軽い方向へ）予防的な調整を行う幅があるとしても同じである。

では、犯罪の重さは、どのように計測されるべきなのであろうか。直感的なやり方では、合理的量刑を保障することができないのは明白である。指針もなしに犯罪の重さを他の犯罪との比較において算定することは不可能である。実務においては、若い検察官と裁判官は、経験を積んだ同僚に、同程度の犯罪行為にはどの程度の制裁が科されるのが通常かを尋ねることで手がかりとしている。このような形で、裁判区ごとに、そしてひとつの裁判所内部でも（個々の合議体、部毎に）異なる伝統が受け継がれることになる。しかし、この伝統は、結論にのみ関係する。「通常の刑」はどの程度かを問うときは、なぜその刑が正しいものでもあるのかについての規範的な根拠づけは欠けることになる。犯罪の重さに根拠ある形でアプローチするためには、評価の過程を複数の段階に分解することが必要である。「犯罪全体」から一度に直接、特定の刑量という結論に到達しようとする試みは、困難な諸事例において成功するとは限らない。少なくとも、合理的な判決理由を示さなければならないとすれば、である（ドイツ刑事訴訟法は、裁判官が量刑に当たってどのような評価を行ったかを判決理由中に示すことを要求している。刑事訴訟法267条3項）。

では、その際、どのようなファクターが問題となるのだろうか。ドイツの伝統的な量刑理論においては、「量刑責任」の概念が中核をなしていた。これは、例えば、刑法46条1項1文の文言（「行為者の責任は刑の量定の基礎であ

---

2 *Schäfer/Sander/van Gemmeren,* Praxis der Strafzumessung, 4. Aufl. 2008, Rn. 461 ff.; *Streng,* Strafrechtliche Sanktionen, 2. Aufl. 2002, S. 252 ff.

3 例えば、s. BverfGE 6, 389, 439; 25, 44, 54f., 45, 187, 228; 50, 205, 215.

る」）に以前と同様に表現されている。このことは、責任のみを算定しなければならず（例えば、行為者の「悪しき心情」）、これに従って刑量が特定されなければならないということを示唆しているとも言える。しかし、今日では、量刑責任は、一般的な犯罪論における責任と同じ意味を持っているわけではないことが一般に承認されている。連邦憲法裁判所が、「犯罪の重さ」を言うとき、明らかに行為者の責任とは異なる何事かを意味している。すなわち犯罪の不法が、決定的な意味を持っているのである。ゲアハルト・シェーファー、ギュンター・ザンダーおよびゲアハルト・ゲメレン判事によって実務家向けに書かれた書物のなかでは、結果無価値と行為無価値とが問題となることが示唆されている[4]。しかし、そこでは行為無価値の概念は、非常に広い意味に理解されている。例えば、この行為無価値概念は、「責任減少」も含みうるものとされているのである。このような形で不法と責任とを混合するのではなく、以下のような形で評価を構造化することの方が有意義であろう。

(1)　結果不法
(2)　行為不法
(3)　不法減少事情
(4)　責任減少事情

　以下では、これらのうちの各評価段階にとってどのような事情が重要となりうるのかを考察する。

II　結果不法

　a)　結果不法とは何からなるものか？
　ドイツの学説においては、「ある犯罪の結果不法とは何か」という問いに対する答えは、「結果不法の本質は法的平和の阻害にある。」[5]という権威的

---

[4]　この点につき、*Hörnle* in der Kommentierung des § 177 StGB; LK-StGB, 12. Aufl., 2009末刊行予定　oben Fn. 2, Rn. 315.

で集団主義的なものになることが多い。より個人主義的で、基礎がしっかりしたアプローチは、これに対して異なる回答をすることになるであろう。私は、どちらかといえば、こちらのアプローチに賛成である。この立場によれば、個人に対する罪については、結果不法は、被害者となる個人が被る負担にある。そして社会に対する罪（典型的には危殆化犯）については、共同体の財（通貨、正しく判断する公務員、環境等々）にネガティヴな変更が生じる（多かれ少なかれ高度の）蓋然性である。我々の目的のためには、つまり量刑のディーテイルが問題だとすれば、結果不法の特定を巡る議論に決着をつける必要はない。なぜなら、「法的平和の阻害」という構成を根拠づけの第一歩と考える立場も、「法的平和」を計測することはできず、同様に法的平和の阻害も計測できないということは自認せざるを得ないからである。この立場は、それ故、その次の一歩として、やはり、犯行の確実な結果（被害者に生じる具体的な負担）ないし危殆化の程度が問題となるということを認めなければならないのである。

b)　構成要件内部での結果不法の比較

評価の第一段階としては、法律上の構成要件内部において結果不法に正確な位置づけを与えることになる。わかりやすい手がかりは、各則の構成要件要素にあるといえる。すなわち、特定のメルクマールがどの程度の強度でどの程度の回数実現されたのか、を問うことである。このようなアプローチは、しかし常にうまくいくとは限らない。「どの程度に」という問いを言語的に意味のある形でたてることができるにもかかわらず犯罪の重さにとっては重要ではないメルクマールもあるのである。例えば、ドイツ法によれば窃盗罪が成立するためには、行為客体が動産であることが必要である（刑法242条）。「動産性」というのは、程度をつけられる状態である。ある物が「動く」程度には大小があるのである。しかし、このことから量刑にとって重要なことは何事もひきだすことはできない。窃盗罪の刑量にとって決定的な要因は、法律上の構成要件が全く言及していない事情、すなわち、物の価値である。

5　*Lampe,* Das personale Unrecht, 1967, S. 210 ff.; *Frisch,* ZStW 99 (1987) 349 (379); *ders.,* in: *Canaris u. a.* (Hrsg.), 50 Jahre Bundesgerichtshof, 2000, S. 269 (278 f.).

それ故、各構成要件について、そこに明示的に挙示された、程度をつけることができる諸事情が量刑にとっても重要か否か、そしてその他のいかなる要因が本質的なのかを検討していくという道しか残されていない。異なる事案の間で結果不法を比較することが相対的に容易なのは、薬物（麻薬）の売買が問題になる場合である。この場合には、化学的作用物質の量と純度が問題となる。更に、構成要件が財産的損害または財産上の不利益を加えることを要件としている場合（刑法253条の恐喝、263条の詐欺、あるいは266条の背任）にも、それほど複雑でない比較の尺度がある。金額の形で算定でき、かつ比較できる財産的損害の程度は、財産犯の結果不法の本質的構成要素である。所有権に対する罪（例えば窃盗、器物損壊）においても金額の単位で捉えることが可能な損失が本質的な要因となる。とはいえ、この場合には別の問題が生じる。すなわち、感情的利益がどの程度の役割を演じうるのか、という問題である。これは、所有権者がある物に結びつけていることがある情緒的利益のことである。これが結果不法に影響しうるであろうか。その感情的利益がどの程度客観的に根拠づけることができるものなのかによって区別すべきであろう。例えば、ある電気機器に特に執着があるという、純粋に主観的根拠しかない被害者の主張、あるいは、テレビが盗まれた晩にサッカーの試合が見られなかったという不満は、考慮すべきではないであろう。しかし、動物やあるいは相続品の場合のように第三者にとっても、本当に金銭には換えがたい物だったことが了解可能な場合、そうした事情は結果不法の評価に算入することができる。

　人に対する犯罪においては、結果不法の比較はたいていの場合にはより複雑な評価を前提とする。このことは、殺人罪については妥当しない。この場合には、殺害された被害者の生命の価値は評価されてはならないということには、ドイツにおける法の理解としては、争いがないからである[6]。被害者が若く、すなわちおそらく更に何年も生きたであろうと言えるのか、それとも被害者の年齢が高かったのか、あるいは、例えばその職業の故に社会にとって彼の生命が重要であったのか、それとも失業者であったのか、といった

6　S. *Zieschang*, in: LK/StGB, 12. Aufl. 2006, § 34 Rn. 74.

ことすべてはいかなる役割も果たさないとされているのである。殺人の罪において同一構成要件の内部での区別が問題となるのは、殺害された人間の数が問題になる場合のみである。他方、殺人以外の罪については、結果不法にとって、犯行が被害者の生活の質をどの程度害したのかがとくに問題となる[7]。この点においては、例えば、健康侵害の程度や、最近ドイツ刑法典に導入された238条の「ストーキング（つきまとい）罪」といったその他の犯罪の重さが計測されることになる。しかし、ここでも、量刑が予測可能で平等なものであり続けなければならないとすれば、結果不法の評価を、具体的に侵害を受ける被害者の主観的な受け止め方に依存させることには、慎重でなければならない。個人的な感受性ではなく間主観的に共有される基準に基づく、生活の質の典型的な損傷のみが問題となりうる。社会的な諸基準によって評価がなされることも多い。例えば、ある身体への接触が重大な性的行為であるか否か、あるいはある意見表明が侮辱にあたるか否かは、自然的には決定されず、社会的な関連システムの知識の下でしか決定され得ない。しかし、このことは、この社会的諸基準が記述不能であることを意味しない。ある社会が人格権と身体的な個人領域に意味を認める場合、法侵害は、それらの程度においても記述されうる。

　多くの構成要件が、多元的不法評価を前提としている。その一つの例が強盗罪である。強盗罪においては、結果不法は脅迫の重大性または暴行の強度にも、被害者に加えられた財産的損害にも依存する。他の例としては、強姦罪がある。強姦罪の重さにとっても同様に、強要的な影響力行使が問題となるとともに性行為の侵害強度も問題となる。これらの構成要件は、犯罪の重さというものがいわゆる類型概念であるということを教えてくれる。類型概念[8]というカテゴリーを援用する者は、次のようなことを示唆しようとするのである。すなわち、非常に性質の異なる複数のメルクマールの組み合わせ

7　この点につき *von Hirsch/Jareborg*, Oxford Journal of Legal Studies 1991, 1 ff.; *Hörnle* (Fn. 1), S. 226 ff.

8　類型概念については *Puppe*, GS für Armin Kaufmann, 1989, S. 15 (33 f.); *Duttge*, Jahrbuch für Recht und Ethik 11 (2003), 103 (122); *Schünemann*, FS für Hirsch, 1999, S. 363 ff.

から成る犯罪同士が、よく似た重さを持つということが想定可能であるということである。つまり、それほど強くない暴行と強烈な性行為の組み合わせは、著しい暴行と比較的軽微な性行為の組み合わせに匹敵するということがあり得る。しかし、結合された構成要件においてだけでなく、「暴行」のような複雑な構成要件要素においても、より詳細に分析すれば、精密な把握は類型モデルに依拠せずしては不可能であることが判明する[9]。不法の程度にとって重要な、そのような精密化は、（量刑にはごくわずかしか立ち入らない刑法典各則のコンメンタールにおいても）なお、充分に作業の行われていない領域である。

  c) 結果不法の複数構成要件にまたがる比較は可能か？

 ドイツ法は、すべての犯罪構成要件に特定の法定刑の枠を割り当てている。立法者のこの決定をもって、法適用者にとっては、ある具体的な事件の結果不法と他の事案との比較は第一に同一の犯罪構成要件に該当する（あるいは、少なくとも同一の構成要件グループ、つまり基本構成要件および加重構成要件ないし原則例のグループに属する）事案に限定されることが確定している。問題なのは、それ以外に、「横断的比較」が必要かつ許容されるのか、ということである。すべての法律上の刑罰枠が既に、それぞれ他の構成要件のそれとの横断的比較においてもその不法の程度に対応するように算定されているようなパーフェクトな刑法典においては、横断的比較は不必要であろう。しかし、現実の生活においては完璧な刑法典などというものは存在せず、通常は歴史的に成長してきた禁止規範の集成にすぎず、すべてのディーテイルにおいて体系的に考え抜かれた不法評価がその基礎に置かれているわけではない。例えば、ドイツ法によれば、単純窃盗（つまり加重事情のない窃盗）の法律上の刑罰枠は、過失致死のそれと同一の重さである。このことは、一つの決して簡単ではない問題をもたらすが、この問題についてはここではそれを示唆することができるにとどまる。すなわち、裁判官は、他の犯罪類型の不法を比較のためにどの程度参照してよいのか、という問題である。こうした参照は少なくとも直感的な形では行われていると推測できる。このことは、法

---

 9 この点につき、2009年末刊行予定の LK-StGB, 12. Aufl. における Hörnle の §177 注釈参照。

律上の刑罰枠が使い尽くされているか否か、つまり、例えば窃盗の重い事例に対して、重大な注意義務違反による人の殺害の場合と同じ刑が実際に宣告されているか否かを見れば分かるであろう。少なくとも、ある法律上の刑罰枠の上限の刑が不均衡に重い場合には、その枠の上方部分は使わないでおくべきであると主張することができる。

d)　構成要件外的結果

　結果不法の評価に際して、構成要件的行為が終わった後に初めて生じ、被害者の他の財に及んだ損害の拡大は考慮されてよいであろうか。ある老人が強盗の被害者となったときに、脅迫に対する驚愕から心筋梗塞の発作を起こした、という場合が例として挙げられよう。ドイツ法は、「有責に招致された犯行結果」を量刑において考慮することを許容する。この要因は、刑法46条2項2文に挙げられている（そこでは「特に」考慮されるべき諸事情がリストアップされている）。この点は、損害発生の予見可能性で足りるものと理解するのが多数説である[10]。いずれにせよ被害者を強度に（例えば凶器で）脅迫した場合、心筋梗塞は予見可能である。

　より厳格な基準を設定する異説もある。この立場は、それが典型的な展開か否かを問題にする[11]。これによって、まれにしか生じない現象が排除される。統計的に見た場合、凶器で脅された者が心筋梗塞の発作を起こすということは典型的な展開ではないと推測される（そのような統計の存在を筆者は知らないので、あくまでも推測である。）。それでも、問題となる被害者群を比較的高齢者に限定すれば、彼らは犯罪実行中にすでに、特に不安に陥ってあるいは興奮して反応するであろうから、統計的な蓋然性は異なる様相を呈するかもしれない。筆者はかつて公刊した著書において、このより狭い見解に賛成し、「構成要件充足とあり得べき損害結果との間に明白な結びつきがあること」が必要であるとしたことがある[12]。しかし、今日では、被害者の視点をより一貫して強調することによって、予見可能性で足りるとする立場に傾いている。被害者の視点からは、二つの可能性しかない。すなわち、損害の拡

10　S. mit Nwen. zur Rspr. *Schäfer/Sander/vam Gemmeren* (Fn.2), Rn. 324.
11　*Hörnle,* Tatproportionale Strafzumessung, S. 257; *Frisch,* GA 1972, 321 (330 ff.).
12　*Hörnle,* (Fn.1), S. 257.

大を行為者に帰属するのか、これを偶然的出来事と位置づけるのかである。被害者の視点からは、後者の場合にのみ、当該出来事を刑法上の不法評価の焦点からはずすことが適切であることになる。この立場によるときは、決定的なのは、ある事象を「偶然」と記述することがなお適切かどうか、である。これは、因果経過が予見可能であった場合には肯定され得ない。

III　行為不法

a)　過失と故意との段階づけ

　不法評価にとって決定的な第二の要因は、いわゆる行為不法の程度である。ドイツ刑法典は、結果不法が同じである場合、特に故意と過失の違いに大きな意義を付与している。故意行為によって生じた場合には重罪と位置づけられ、重い刑罰枠をもたらす同じ結果（刑法212、211条の故殺および謀殺、226条の重い身体傷害）が、過失しかない場合には軽微な軽罪と評価される（刑法222条、229条）のである。このような立法者の判断の背後にはいかなる評価があるのか、そしてそれは説得的なものなのかは、ここでは置くとしなければならない。量刑にとってより重要なのは、一方で故意の程度（故意行為同士の比較の場合）と、他方で過失の程度の違いが不法評価に影響を及ぼすのかという問いである。

　以下の諸点が、過失犯の不法の評価に際して妥当する。注意義務のわずかな違反と注意義務の重大な懈怠の間の違いは、犯罪の重さを本質的に決定する要因である。どちらかといえば日常的な文脈においてのみ（たいていの人に時として起こるような）わずかな失敗を犯す者は、わずかな行為不法しか実現していない。日常的とは言えない、通常ではない、特に危険をはらんだ諸状況において行為者が非常に重要な注意規則に従わなかった場合は、別様に評価されなければならない。軽度の注意義務違反と重大な注意義務違反との違いの重要性は一般的に承認されているのに対して、ある別の問題については争いがある。すなわち、認識ある過失と認識なき過失との違いは影響するのかという問題である。認識ある過失は、行為者が必要な注意を怠っていることは認識しているが、よい結末に至ることを望んでいる場合に認められる。

他方、認識なき過失の場合、行為者は損害発生の危険に気づいていない。この認識ある過失と認識なき過失の違いは、量刑にとって重要ではないとする見解も一部にはある[13]。しかし、行為者が刑法規範の提訴作用を無視したか否かによって不法の程度が計測されるということを前提とすると、この見解は説得力を持たない。行為者が具体的な行為情況において、自分が別の態度を取るべきであることを認識していなかったとすれば、それは、都合のよい結末に至ることを望んでいたのだから、認識されたリスク、ある損害の認識された危険を受容するという意識的な決意とは別様に評価されなければならない。

　ドイツ刑法学は、故意の形態を次のように区別する。直接故意（意図と確定的認識）および未必の故意（行為者が結果発生を真摯に可能なものと判断し、それを甘受している場合）である。しかし、支配的見解によれば、直接故意と未必の故意の違いは、量刑に必ずしも影響しない[14]。しかし、意図的な行為の行為不法は未必の故意に基づくにすぎない行為のそれとは別様に評価されなければならず、より高度な行為不法が認められなければならない、と主張することも十分可能である。被害者の視点からは、行為者が意図的に損害を加えようとしたことが意味を持つ。そのことによって、この状況には特別な危険性が随伴し、侵害に向けられた直接的な意図は、それ自体として望まれたわけではない損害を「単に代償として甘受した」場合に比してその人的な法軽視的性質がより重大であることの徴表となる。しかし、このような根拠づけが、公共の利益の損害ないし危殆化が問題となる場合にも可能かというと議論の余地があるし、おそらくは不可能であろう。

b)　行為者の動機、目的、心情

　刑法46条2項2文は、以下の諸点を量刑事情として挙げている。行為者の動機および目的、そして犯行から読みとれる心情である。伝統的には、動機と心情は特に重要な量刑要因とされてきたが、不法の一部とは評価されず、行為者の責任の一部であるとされていた。責任を心情責任として理解するときは、そうなるであろう。「悪しき心情」は、悪しき心情から「非常に悪い」

13　S. *Theune*, in: LK/StGB, 12. Aufl. 2006, § 46 Rn. 125.
14　*Schäfer/Sander/van Gemmeren* (Fn. 2), Rn. 338; *Theune* (Fn. 13), § 46 Rn. 102.

心情等々へまで程度を上げていくことができる。しかし、これは、すでに克服された古い責任の観念である。今日支配的な理解によれば、責任は、不法が行為者に帰属され得るか否かを決する帰属基準である[15]。このような帰属は、完全に可能または一部可能（限定された責任の場合。この点については後述のVを参照）であるか、あるいは責任無能力の場合は全く不可能である（責任が欠ける場合には量刑に進むことはない）かのいずれかである。この最近の理解によれば、責任は「完全な帰属」を超えて程度が高められる可能性はない。行為者は、犯罪の不法を理由として処罰される。――刑を重くする方向で行為者の心情が考慮されることになると――このような刑の引上げは、犯罪を理由とするものではなく、その限度で、内心的態度のみを理由としてなされることになる。これでは行為刑法に矛盾することになろう。

それ故、最近の量刑学説においては、動機、目的および心情は、「行為不法」という項目名の下に位置づけられる[16]。しかし、そのためには、そうした事情が何故に不法を高めるのかが根拠づけられなければならないはずであるが、これはなされてはいない（その限りで、伝統的な心情責任論が一部この新しい項目名の下でも生きながらえている。）。不法の本質を、行為者が禁止規範に内在する命令または提訴を軽視したことに求める場合、動機によって不法がより高度なものとなることはない。「禁止の不遵守」は、（「帰属」と同様に）肯定されるか否定されるかのいずれかであり――肯定される場合には、値「1」以上に漸増してゆく形態は存在しない。行為不法を具体化するもう一つの可能性は、被害者の視点に着目することにある。この場合、行為者の動機状態が被害者の目から見て重要か否かが問題となる。多くの動機と心情について、このことは消極に答えられなければならない。例えば、所有権犯罪および財産犯罪の通常の事例においては、行為者は自己中心的に利益を得ようと欲している。ある行為者がこのような形態でエゴイスティックに行動したとしても、そのことは被害者の視点からは不法を高める意義を有しない。「容赦なく」といった定式化も、それ自体としては大した意味を持たない。被害者を残忍に扱う、あるいは犯罪の損害を超えて他の者を危険にさらすと

15　S. *Roxin*, Strafrecht AT 1, 4. Aufl. 2006, § 19 Rn. 36 ff.
16　*Schäfer/Sander/vam Gemmeren,* (Fn.2), Rn. 315

いう形で、容赦なく行為したことが外部に表現された場合は、そのような虐待ないし危殆化は不法を高める。しかし、「容赦なく」という言葉が、単に内心的な態度のみを指している場合、「自己中心的に」あるいは「エゴイスティックに」といった言葉以上のことは意味していない。これは不法を高める特殊な事情ではない。犯行を行う者は、通常、それを他人の都合をも考慮した目標設定を以て行う訳ではない。

行為者の動機が被害者の尊厳を特に損なうことを意味するような事例においては、異なる評価が可能である。考慮すべきは、排外的、人種差別的動機であろう。例えば、行為者が人種差別的なコメントと共に傷害行為を行ったが故に、被害者にとってその犯行の背景が認識可能であった場合、不法が高まっていると言える。これに対して、議論が必要なのは、このことが、犯行において認識可能ではない、隠れた動機にも妥当すべきか否かである（私は、隠れた動機は量刑にとって重要でないとする方に傾いている）。

c）犯罪の客観的付随事情

結果不法ではなく行為不法を高める客観的要因というものもあり得る。抽象的危殆化犯においては、危険な可罰的態度（例えば、酩酊状態下での自動車運転。刑法316条）が他人に対する実害も具体的危険も生じさせなかった場合、このような観点が前面に立つ。それ以外には、これに属する付随事情としては、例えば、行為者が被害者の特殊な傷つき易さを利用した場合（刑法243条1項2文6号を参照。他人が無防備状態になっていることを利用して盗む場合）、あるいは、行為者が犯行のずっと以前から被害者を監視し情報収集することによって被害者の視点からは特に脅威的な態度をとった場合があげられる。行為者の危険性を量刑事情として考慮するならば、犯罪の組織的背景（例えば団体構成員であること、あるいは営業的行為であること）も考慮されうる。

Ⅳ　不法減少事情

不法減少事情は、犯行の前にも後にも存在しうる。後者の場合、つまり犯行後の不法減少は、行為者が損害弁償を行った場合に認められる。これは、結果不法の相殺による損害除去であり得、特に財産犯罪および所有権犯罪に

ついて考慮する余地がある。しかし、このような事情の下でも、一時的な利益喪失と行為不法は処罰の根拠として残るのである。その他、特に人身に対する犯罪については、不法をわずかに減少させるが除去することはできない、観念的で部分的な補償が考えうるだけである。

　犯行の以前にあった事象も、場合によって不法減少的に作用する。例えば、犯罪行為の成立が一部被害者にも帰属可能な場合である。いかなる場合にこのような帰属が許されるのかは、注意深く検討しなければならない[17]。これが問題なく認められるのは、被害者が意図的に攻撃を挑発した場合のみである。その他の場合には、「被害者の共同惹起」を簡単に言うことはできない。むしろ、いわゆる義務性（自分自身に対する「義務」）を説得的に根拠づけることができること、つまり被害者が自らの利益を自ら保護しなければならないということが前提条件となる。いくつかの領域においては、判例はこのような義務性を非常に広く認める。特に性犯罪においてそうである。ここでは社会的に相当な態度（例えば、男性の誘いについていくこと）が、刑罰減軽事由と評価されることも多い[18]。しかし、レストランに行くこと、なじみのない人と話すこと、あるいは他人をその住居に訪ねることが（女性にとっても！）社会的に相当であることを前提とすれば、このような評価は正しくない。これに対して、その他の犯罪類型においては、被害者の自己保護は（正当にも）それほど求められない。例えば、住居にアラーム設備が備え付けられていなかったために窃盗が容易になったとしても、それは不法を減少させる被害者の態度であるとは言えない。

V　責任減少事情

　最後に、そして、時間も経っているのでごく短く、責任減少事情にふれておかなければならない。責任減少は行為者の通常ではない心理状態から生じ得る。ドイツ法は、刑法20条に、たとえば病的精神障害等、病気の程度に達した精神異常を挙げている。刑法21条によればこれらの事情は、それらが行

17　Hörnle, GA 2009, 626 ff.
18　Hörnle (Fn. 9), § 177 Rn. 158.

為の不法を弁識しあるいはその弁識に従って行動する行為者の能力を著しく限定していた場合、刑罰枠の減軽につながる。これらの事情が弁識および制御能力に影響を及ぼしてはいるが著しいというほどではない場合、これらは一般的な量刑（すなわち、刑法21条によってすでに減軽されたのではない法律上の刑罰枠を前提とする量刑）において考慮される事情にとどまる。ありうべき適用事例としては、アルコールあるいは薬物による酩酊が挙げられよう。もっともドイツの判例は、自らの落ち度によるアルコール酩酊にはより厳格な態度をとるようになった[19]。さらに、責任減少がありうるのは、情動類似の、強度の感情激発がある場合である。刑法20条、21条の場合とは異なり、刑量の決定に際しては、病的な性質を持たずそれ故刑法20条の範囲に入らない、犯行を行い易くする精神的影響を考慮することができる。これに属するのは、例えば、行為者（特に若年行為者）がある社会集団（友人関係、家族その他）から圧力を受けていた場合のようなグループダイナミックス上の過程である。

「責任減少事情」という項目の下では、行為者のその他の動機も一定の役割を果たしうる。すでに示唆したように、責任の完全な形態は、「悪しき」エゴイスティックな動機がある場合でも、上方へ向けて加重されてはならない。しかし、いくつかの「よい」動機、すなわち利他的な動機、あるいはその他の人間として了解できる動機がある場合、責任減少は可能である。このことは例えば、行為者が著しい貧困と窮乏に衝き動かされて窃盗を犯した場合、あるいは行為者が他の人もそこで働いているある企業を倒産から救おうとしていたという場合に妥当する。このような外部的緊急状態は、弁識および統制能力に影響し、それ故責任減少的に作用することがある[20]。

問題があるのは、特定の行為（たとえば家族の名誉を回復するための血讐）が、ドイツにおけるよりも軽いものと評価されている異なる文化圏で行為者が育ったがために、行為者にとって行為の不法がその全体量においては認識可能でなかったと行為者が主張する諸事例である。ドイツの判例は一致した態度を示していない。「異なる出自」が包括的に責任減少事由と認められることもあるし、当該犯罪がその他の法秩序においても処罰される場合は認められ

---

19 BGHSt. 49, 239.
20 *Hörnle* (Fn. 1), S. 320 ff.

ないこともある[21]。それが責任減少事由なのかどうかは、それだけの為に一つ別の報告ができるテーマであり、ここではこれ以上詳しく論じることはできない。

---

21 S. 一方の立場につき BGH, StV 2002, 20; BGH, NStZ-RR 2007, 137, 138、他の立場について BGH, NStZ-RR 1998, 298; BGH NStZ-RR 2007, 86.

日本側報告

[第4テーマ]
量刑上重要な犯行事情

葛原　力三
関西大学教授

I　実定法の状態と比較的広い裁判官の裁量範囲
II　量刑事情の分類
III　法律上の構成要件に明示されている事情
IV　いわゆる構成要件外的結果
V　社会的影響
VI　被害者、第三者の落ち度

I　実定法の状態と比較的広い裁判官の裁量範囲

　量刑に際してどのような行為事情を考慮して良いかという問いに答えることは、特にその実定法上の根拠を求めるときは、日本ではそれほど簡単ではない。日本刑法典にはドイツ刑法46条のような、考慮されるべき量刑因子を特定的に列挙する規定はないからである。

　量刑因子の特定の手がかりとしてよく援用されるのは、ドイツ刑法46条とも共通点を持つ改正刑法草案48条であるが、これはあくまでも草案であって、法的効力を未だ有せず、おそらくは今後も獲得することはない。それにも拘わらず、最高裁判所も、改正刑法草案48条に従ってドイツ刑法46条に類似した量刑の抽象的なガイドラインをいくつか示したことがある。

　これらの素材はいずれも、それが実定法としての性質を持たないことは取り敢えず置くとして、抽象的な、つまり具体化を必要とする、行為態様、結果といった因子の例示的列挙に過ぎない。日本の実務家は、それ故、早くから、判例において考慮されてきた多くの因子を特定、分類、整理し、それぞ

れの具体的刑期への換算スケールに位置づける作業を行ってきた。この、いくつかの書物の形で具象化した実証的作業は、理論的整序と言うよりは、法律上の手がかりもなく、経験を積んだ裁判官の職業的直観とセンスによって長きにわたって構築されてきた「量刑相場」[1]をいわば間主観化する努力であったと言えよう。しかし、そうした研究には、何故、そのような事情を考慮することが法律上許容されるのかという規範的視点はあまりみられず、「何が」考慮されてきたかの特定に主眼が置かれているように見える[2]。

　ドイツ法に比べれば、日本刑法典は、犯罪類型をあまり細分化せず、加重類型も減軽類型もそれほど多くない。その結果、個々の構成要件に対応する法定刑の幅も原則として極めて広い。例えば、謀殺と故殺の区別は日本法にはない。故意の殺人は、重いものも軽いものも一体として、死刑、無期または5年以上の懲役という法定刑にカバーされる。

　日本の裁判官はおそらく、このような状況を、法が量刑についても裁判官に広い裁量の幅を与えているものと理解している[3]。このような理解は、個別事例において具体的にどの程度の刑を宣告するのかについては完全に正しい。しかし、量刑上考慮すべき事情の特定と選択については、そうは言えない。むしろ逆であろう。たしかに、具体的な刑量の算定は、法律上明示的にその枠だけを設定することによって裁判官に委任されている。広い法定刑の幅はそのまま裁判官の裁量の幅である。しかし、その裁量を行使する際に考慮すべき、即ち評価すべき個別事情については、法律は、構成要件要素以外には何も言っていない。裁判官は、構成要件要素にのみ拘束されるのであ

1　井田良「わが国における量刑法改革の動向」慶應法学7号（2007年）1頁以下は、「実務家にとって量刑は、実務慣行と実務感覚が支配する場であった」とする。
2　遠藤邦彦「量刑判断過程の総合的検討〔第2回〕」判例タイムズ1185号（2005年）39頁は、「量刑相場は、量刑事情の法的性格を基点に形成されていったものではなく、量刑判断に相当な影響を与えると考えられる類型化の可能な客観的事実を基礎に形成されていったものと考えられるから、事件類型によっては、必ずしも、責任刑事情とはストレートに言いにくい事情が量刑相場形成に影響を与えていることもある。」として、薬物事犯における同種前科、被害弁償、慰謝の努力等を例示する。
3　この点についての実務家が抱いている印象は「量刑判断に対する法的規制がゆるやかであって」「裁判官の裁量の範囲は広い」（遠藤邦彦「量刑判断過程の総合的検討〔第1回〕」判例タイムズ1183号（2005年）8頁）などと表現されている。

る。これは、裏返せば、裁判官は、原則として、その他の、即ち構成要件外的な事情を考慮する権限を与えられていないということでもある。量刑上考慮されるべき諸事情の一般的な例示が法律上に置かれていない以上、日本の立法者は裁判官に、法律上の個々の構成要件に挙げられていること以外の特定の事情を量刑に算入することを、少なくとも明示的には授権していないのである。

そこで、以下での問題は、裁判官がおこなってきた上述したような努力の成果として特定された考慮すべき事情は立法者による授権という視角から見て正当なものであり得るのか、ということになる。つまり、主として構成要件解釈が問題となる。

II 量刑事情の分類

日本の実務において量刑因子は、時として改正刑法草案48条も援用して、いわゆる「犯情」(狭義の犯罪事実) と「一般情状」という二つのカテゴリーに分類されている。前者には、犯罪の種類・罪質、犯行態様、結果、動機・目的、計画性、共犯関係等が属し、後者には、被告人の年齢、性格、経歴、生活態度等、被告人の前科、前歴、被害の回復、示談の成否、被害者の宥恕、被告人の反省等が属する[4]。

このグルーピングは、厳密には、個々の因子の刑法解釈学上の区分に従う[5]ものではないが、前者は概ね、行為関係的な、つまり行為の不法と責任を構成する要素からなっており、後者は、行為者関係的な、主として特別予防の必要性に関わる諸事情である。量刑における予防的考慮については、別途検討が予定されているので、本稿では、主として第一のグループに注目することになる。

---

4 例えば遠藤・前掲 (注3) 39頁。
5 井田良「量刑理論と量刑事情」現代刑事法21号 (2001年) 39頁は、それぞれの事情が果たす機能に着目して、①犯罪の要素たる量刑事情、②行為の違法性・有責性の程度を推認させる資料たる事情、③犯罪の当罰性の程度に影響する事情、④刑の及ぼす特別予防効果を考慮するに当たり参考となる事情、⑥刑の必要性ないし刑に対する感応性に関する事情に分類する。

さて、第一のグループに属する諸因子、つまり犯情が、犯罪の重さ、あるいは行為責任の程度を表すものとして量刑において決定的な役割を果たすものであることについては意見の一致が見られる。第一のグループに挙げられた事実の多くは、構成要件要素である。「犯情」に属するとされるものとしては、そのほかに、「構成要件外的結果」、「行為の社会的影響」、そして被害者または第三者の落ち度がある。以下では、この順にそって、これらの下位分類に属する個別事情が法律上の授権という観点から正当なものか否かを検討していく。

III　法律上の構成要件に明示されている事情

個々の構成要件メルクマール実現の量あるいは程度は、刑量を決定してよい、あるいはしなければならない。立法者は、法定刑を全ての構成要件要素の実現とだけ結びつけている。科されるべき刑の種類と量における選択の幅は、構成要件実現の強度の想定可能な幅に対応する[6]。日本法には、その他に裁判官にとっての法律上の根拠ある手がかりはないから、必然的に、こうした事情のみを量刑に際して考慮すべきことになる[7]。

法定刑は、それが対応する犯罪の類型に対する立法者による当罰性評価の表明であるから、充足された処罰要件の数と量は、個別事例においてどの程度強く刑罰が要請されているのか、つまり、処罰根拠の充足の程度を表す。この点は、刑罰目的ないし刑罰の機能をどのように構想するのか、応報か、

6　「犯情」が「責任の幅」を決定し、一般情状がその範囲内で具体的刑を決定するというのが実務家の一般的理解である模様である。例えば、遠藤邦彦「量刑判断過程の総合的検討〔第3回〕」判例タイムズ1186号（2005年）31頁、水島和男「量刑諸要素の検討（1）犯情に関するもの（6）犯罪の社会的影響と量刑」判例タイムズ1206号（2006年）29頁参照。

7　実務家、およびその経験者の論稿には、こうした事情を重視して客観的な判断がなされているとする者が多いが、むしろ一般情状の方が重要な役割を果たしているような印象も受ける（遠藤・前掲（注2）39頁）。少なくとも判決文には一般情状に関する記述が頻繁に表れるし、法廷で弁護士は、原則として反省や示談に触れる。もちろん、実際に裁判官の量刑判断の心理過程においてこれらの事情がどの程度に作用しているかは分からない。

一般予防か、特別予防かには依存しない。それ故、ここでは、予防的考慮が量刑に直接影響して良いのか否かという問題は棚上げにしておくことができる。一個ないし複数の個別構成要件メルクマールが充足されたということは、どの刑罰目的から見ても、同程度に（部分的に）刑罰が要請されていることを意味するのである[8]。

構成要件的結果のみならず、構成要件要素の形において明示されているのではなく、解釈によってはじめて確認される保護利益の侵害も、その数と重大さが刑量に反映されなければならないのは殆ど自明である。例えば、盗まれた物の価値、身体傷害の程度、殺人被害者の数、輸入された薬物の量などである。但し、人命については、その質に従って刑量を決めることは、日本国憲法13条（個人としての尊重）により禁止される。90歳の重病を患う男性の殺害も16歳の少女の殺害も同等に評価されなければならないのである。

故意、過失も程度を付すことができる概念であり、且つ法律上にその根拠を有している。従って、故意または過失の程度に対応した刑量というものも想定可能である。ただし、日本では故意・過失は不法とは関係なく、責任要素につきるとする見解も根強く、この立場によるときは故意の「程度」を問題にすることは難しい。他行為可能性の意味における故意「責任」は反対動機をのりこえた否かだけの問題であって責任能力や期待可能性とは異なり規範遵守の仮定的容易性の程度の問題ではないからである。

一個の構成要件内部に記述された行為態様についても、その強度を問題にすることはできる。例えば、万引きとスリと侵入盗の違いは量刑に影響する。日本刑法典においては、これら全ての事例類型が、一個且つ同一の構成要件、それも「窃取する」という一個の単語に該当する。強盗あるいは恐喝に際して凶器を示して脅迫した場合、凶器なしの場合の同種行為よりも重いものと評価される。この違いは、保護法益の大きさ及びそれが危殆化される程度に関係するので、これらの事情を考慮にいれることには法律上の根拠がある。

実務においては、改正刑法草案48条2項に挙げられている「犯罪の……方

---

[8] 実務上、具体的にどのような事情が「犯情」として考慮されているかについては、例えば、遠藤・前掲（注6）39頁以下参照。

法」という概念は、これよりはやや広い意味に理解されている。例えば、殺害態様の残忍性は、刑を重くする方向に作用するとされる。あるいは、スリは特殊な熟練性、職業性あるいは常習性を示すことが多いので、通常の行為態様よりも重い刑罰に値するという。

　こうした要因を考慮することは、少なくとも刑法典各則上の各処罰規定の解釈から直接に正当化されることはない。殺害態様の残忍性、スリの熟練性は、一部、構成要件的保護利益侵害の強度に解消することができるかもしれない。しかし、残忍性は、主として社会の情緒的な反応か、行為者の危険性の意味における特別予防的ファクターを意味する。スリについても、殆ど特別予防の観点のみが表現されている。これらのファクターは、それぞれの構成要件における明示的構成要件メルクマールとも保護利益ないし処罰根拠とも関係しない。従って、これらを考慮に入れることが許されるのは、すくなくとも特別予防の必要性を実定法上の規定に依存することなく量刑上考慮して良いかという原理的な問いに積極に答える場合だけである。ほぼ同じことが、行為の動機、目的、計画性の考慮にも当てはまる。

IV　いわゆる構成要件外的結果

　「構成要件外的結果」と称される事情の多くは、その実、「構成要件的」事情そのものであると考え得る。とりわけ、考慮されるべき「構成要件外的」事情を、それが当該構成要件の保護範囲に収まるか否かという基準によって限定しようとする立場においては、そういうことになる。例えば、覚醒罪譲渡による健康侵害、偽証による当該訴訟当事者の利益侵害、放火の際の消火活動による隣家の水損等は、構成要件の予定している法益侵害あるいは処罰根拠ないし立法目的充足の程度に関わる事情である。これらの事情は問題なく考慮されうる。

　他方、これらの同種利益に対する追加的損害が、他の独立の犯罪を構成し、且つ当該犯罪を理由として起訴がなされていない場合には、これらの事情は先行する行為についての量刑において考慮されてはならない。量刑において考慮することで間接的に処罰することになるのを避けるためである。交

通事故における過失致死を理由とする非難は、それに先だって犯された無免許運転の重罰という形で表現されてはならないのである[9]。収賄に後続する枉法行為も、先行する収賄についての量刑において考慮されてはならない。

PTSD は、この観点からは限界事例を構成する。傷害結果そのものとしての PTSD については、その程度を考慮することに問題ない。しかし、具体的身体的傷害の後の PTSD を考慮してよいかどうかは、おそらくは両者が包括一罪の範囲内にあるかどうかに依存すると思われる。

問題となる構成要件と直接関係しない利益の侵害は、原則として考慮されてはならない。傷害の高額な治療費、入手困難な薬品を盗んだために病状が悪化したこと、財産犯に起因する心理的・精神的被害などについては、これを考慮に入れることを許容する[10]法律上の根拠はない。

そうした他の利益侵害も、それらが本体の利益侵害の重大さの徴表となる限度で考慮されて良いとする見解も一部で主張されている[11]。この見解は、実質的なことは何も述べていない。考慮されるべき行為事情については、その徴表となる全ての事情も何らかの形で、つまり少なくとも証拠の一つ、あるいは間接事実として考慮されざるを得ないのは当然である。しかし、このことは、全ての想定しうる徴表それ自体が量刑にとって重要であることを意味しない。徴表もそれが一旦判決文で言及されれば、その因子があることを理由とする非難の表現としての意味を持ってしまう。裁判官の間には、構成要件的に関係しない事情も直接に考慮して良いとする見解もある模様であるが、その根拠づけは困難であろう。

被害者の被害感情は、考慮にいれることはできない。日本では、これについても法律上の授権がない。被害感情の考慮は、量刑相場を引き上げ、司法ポピュリズムをもたらすという指摘もある[12]。

9　大阪高判昭和40年5月8日高刑集18巻3号162頁は、「起訴されていない事実を捉えて主要な量刑事情として考慮することは失当である」とする。

10　例えば、小池信太郎「量刑における構成要件外結果の客観的範囲について」慶應法学7号（2007年）79頁以下。

11　学説・実務ともこの点については比較的慎重な態度を取るが、間接的考慮を認める見解は多い。伊藤寿「量刑諸要素の検討（1）犯情に関するもの（7）構成要件の結果以外の実質的被害の発生と量刑」判例タイムズ1217号（2006年）47頁参照。

しかし、実務家には、被害感情を精神的、心理的被害として量刑に組み入れることを是とする者もある模様である。被害感情を当該構成要件が副次的に評価する心理的損害として理解することができるのは、せいぜい、傷害罪か強要系の各罪、特に性犯罪についてだけであろう[13]。財産犯についてすら、構成要件が精神的な損害をも副次的に評価しているとは考えにくい。殺人被害者の家族の被害感情は、なおさら、殺人の構成要件によってはカバーされていない。

V 社会的影響

日本の判例は、特に連続殺人事件等の場合、死刑ないし無期懲役を選択する根拠として、その行為の「重大な社会的影響」「社会不安」「模倣性」に言及することがある。

改正刑法草案48条2項も、その量刑事情のカタログに、「社会的影響」を挙げているが、改正刑法草案は、法的効力のない草案に過ぎない。学説の多くはこれを考慮することにつき批判的である[14]。この概念は、内容不明確且つ空疎でむしろ情緒的な作用しか有さず、測定・数値化することはできない。また、社会不安は、少なくとも一部は、メディアに起因する。また、「模倣性」は、おそらく一般予防の必要性の謂いであり、そうであれば、本稿の守備範囲からははずれる[15]。

---

12 量刑相場の上昇とくに、業過についてのそれにおいては、被害者感情という構成要件外的結果を重視する傾向が作用しているとされる（原田國男「実務の視点からみた交通犯罪」刑法雑誌44巻3号（2005年）420頁、井田・前掲（注1）14頁以下）。実務家にはこれを「精神的な損害」として考慮する傾向が見られる（例えば、原田國男『量刑判断の実際〔第3版〕』(2008年) 145頁。これに賛成するものとして井田良「量刑をめぐる理論と実務」司法研修所論集113号（2005年）232頁）。

13 小池・前掲（注10）77頁、85頁。

14 連続殺人事件の判決で言及されているのは、「犯行の悪質性や結果の重大性を視点を変えて言い換えたものに過ぎないとも考えられる。」(水島・前掲（注6）32頁)。

15 もっとも、一般予防を違法論において考慮する立場もある（塩見淳「違法性・違法性阻却の一般原理（下）」法学教室266号（2002年）102頁、中森喜彦『刑法基本講座第5巻』(1993年) 95頁、安田拓人「コメント・水島和男『犯罪の社会的影響と量刑』について」判例タイムズ1206号（2006年）47頁）。

犯人が属する集団に対する社会の信頼を損なったことが、量刑理由として挙げられることもある。公務員の汚職の場合、公務員集団全体に対する社会の信頼を保護法益の少なくとも一部と看做すことは出来る。しかし、通常は、そうした集団に対する信頼は、実質を持たない。極端な例を一つ挙げておこう。ある大規模な学生集団による集団準強姦事件において、東京地裁は、犯人グループを「大学、大学生一般への信頼も大きく損なわれた」と非難した[16]。しかし、この「大学、大学生一般」というグルーピングは、それへの信頼を語るにはあまりにも大きすぎるであろう。

VI 被害者、第三者の落ち度

　学説においても実務においても、被害者の落ち度は軽減的に作用することが認められている。被害者による挑発の事例においては、過剰防衛（刑法36条2項）による任意的減免があり得るし、長期にわたる家庭内暴力から逃れるための激情的殺害、傷害については限定責任能力となることもあり得る。そうした法律上の減免事由の要件が完全には充足されていない場合でも、類似の状況があれば、十分な法律上の手がかりがあるわけであるから、これを量刑において被告人に有利に考慮することはできる。

　被害者または第三者の過失行為が因果経過の途中に介在した場合も考慮することができる。極端な場合には、結果の帰属を妨げるような事情なのであるから、介在者が結果発生にそれほど決定的な影響を与えていない場合にも、刑を軽くする可能性はある。過失の同時的競合についても同じことが言える。

　被害者の不用意な態度を利用する行為は、逆に軽減的には作用しない。刑法典は、178条の準強姦、239条の準強盗規定から分かるように、被害者の無防備な状況を利用する行為をネガティヴに評価している。にもかかわらず、日本の判例は、強姦罪については、被害者の不用意な、あるいは「ふしだらな」態度を過度に強調して軽減的に考慮する傾向にあるといわれている。こ

16　東京地判平成16年11月2日判タ1168号99頁。

の点は、ジェンダーバイアスであると批判されてしかるべきである。

　以上のように、被害者または第三者の落ち度は、行為者の側の故意、過失等、即ち行為不法ないし他行為可能性が比較的小さいことを意味し得るし、法律上の手がかりもあるので、原理的には量刑において考慮することが可能であるが、これに公判廷で直接言及することが被害者の態度を硬化させて示談、損害弁償を困難にして、軽減的事情を却って減らしてしまうというジレンマも指摘されている。

第3テーマ・第4テーマに対する実務家のコメント

安　原　　浩
元広島高裁岡山支部長

1　日本の実務における量刑相場とは何か

　量刑相場とは、長年の同種事犯に対する量刑の積み重ねにより、安定的に、すなわち被害者・被告人・一般社会から支持されていると認識された量刑の目安である。量刑の納得を得るため重要な資料として用いられてきた。かつては、判例集と判例雑誌等から同種事例を探すなど手作業で行っていたが、最高裁が、代表的犯罪類型について、10数年前にデータベースを構築してから飛躍的にその役割が高まった。

　最近の量刑の実務は、凶器の種類、動機、結果の程度、被害弁償の有無、前科の有無等の検索項目から必要な類似判決例を複数引き出し、それと当面している事例との比較検討を行って量刑を導き出している。しかし、全く同一の事例はあり得ないから、量刑相場との差異を分析することが重要となる。すなわち、量刑における裁判官の役割は、類似事例との比較分析をどの程度正確におこなえるかということに置かれている、といっても過言ではない。

　このように、量刑相場は、単なる目安であり、法的拘束力はないものの、実際上は、大きな役割を果たしているものであるが、これには、犯罪動向や社会的な意識の変化等に柔軟に対応できるというメリットがある反面、法定刑のような明確性がない、透明性がないというデメリットがある。2009年5月から施行されている重大犯罪についての裁判員裁判については、検察官、弁護人が裁判所の量刑検索システムにアクセスできるようにして、若干の透明性を確保する試みがなされている。

2　量刑相場を支える考え方についての一般的見解

　裁判実務家の多くは、量刑は行為責任を基礎とし、一般予防と特別予防を

考慮して修正するという考え方を採用している。裁判員裁判にそなえ、裁判官による各種検討会を行った結果をまとめた最高裁刑事局の裁判員裁判のための参考見解では、以下のように表現されている。

「どのような犯罪を犯したかを認定し、それがどんなかたちで行われたかのかを考え、その上で刑罰の目的に照らして考慮すべきその他の事情等をもふまえて、被告人の犯罪行為に相応しい刑事責任を判断する。

模倣性の高さや社会的影響の大きさなどは、同じような行為を防止するという刑罰目的に関わる要素である。これらは、犯罪行為そのものに即して考えることになる。また前科、年齢や性格等被告人の属性などの事情は、量刑を考える上では、犯罪行為に関する検討をした後に、被告人が更生して社会復帰ができるかという刑罰の目的等も踏まえて考慮されることになる。」

すなわち、量刑決定の手順としては、①法定刑の確認、②刑種の選択、③刑の法的加減事由の有無程度の確認、④行為態様、結果、動機、計画性等客観的側面の評価、⑤前科、年齢、犯行後の行動、生育歴、反省の程度等被告人の属性の評価、⑥被害者の落ち度、被害感情及び損害賠償の程度等犯罪後の状況の評価、⑦実刑か執行猶予かの決定、⑧実刑の場合の刑期（日本では執行猶予の場合は求刑どおりの刑期が多い）、⑨付加的制裁の確認、未決勾留日数の算入、訴訟費用の負担、⑩総合的検討と宣告刑の決定ということになるが、これらは、日本及びドイツの学説が予測する範囲内のものといえよう。

3　量刑相場を支える考え方は、行為責任主義ではないのか（私見）

しかしながら、ディーター・デリング教授の「量刑の構造化によって、犯人と被害者・一般国民の双方に対して責任を担うことができ、それらの者に受け入れられる見込みのある決定を行うことが可能となるである。」との指摘は重要である。すなわち、量刑は、どのような理論をとるにしろ、最終的には犯人と被害者、一般国民に受け入れられなければ、その機能を発揮できないのである。その意味での、量刑の納得性は、証拠上確定できる事実を基本としなければ成立しない、といえよう。

裁判官の主観や予測の要素が大きくなることは、納得性を阻害することとなる。

そうすると、量刑を決定づける要素は、基本的に証拠により確定できる過去の事実に限られざるを得ない。特別予防や一般予防の効果予測、反省の程度、証拠に表れない内心の悪意の有無等証拠上確定できない事実は従たる役割しか担えないのは当然である。その場合に、重視されるのは、①結果の重大性、たとえば財産犯の場合は額、生命身体犯の場合は傷害の程度等、②悪質な動機、計画性、たとえば保険金目的や周到な準備、③行為態様、たとえば凶器使用の有無、執拗さの程度、④行為後の弁論終結時までの謝罪行動や被害弁償の有無、などである。これに対して、被告人の反省の程度や更生の可能性は、証拠上の判断がかなり困難であり、判断者のばらつきがあり得る。

このように、事件ごとに個別性が強い事情を重視した量刑は個別的妥当性は高いかもしれないが、予測可能性は低く、そもそも量刑相場が成立しにくい結果となる。井田教授の指摘する事例でいえば、AとBの行為責任が同一で、Aに反省と捜査協力（自白）があり、Bに無い場合に、量刑が異なることは明らかであるが、その程度はせいぜい1年程度にとどまるであろう。それは共犯者間の行為責任の均衡が重視され、否認＝反省がないなどと結びつけ、量刑上の大きな差異を設けることには一定の限界があるからである。

4　おわりに

日本においては、ドイツに比較しても法定刑の幅が大きく、裁判官の裁量が大きい様に見えるが、実務においては、量刑相場が大きな役割を果たし、いわば柔軟かつ細分化された法定刑が存在するような機能を果たし、一応の安定を見ている現状がある。その背景には、学説が予測しているより、はるかに明確な行為責任中心主義ともいえる考え方があるのではないだろうか。

ドイツ側報告

[第5テーマ]
量刑事実としての前科前歴および犯行後の事情

カール=ルートヴィッヒ・クンツ
ベルン大学教授

訳・浅田　和茂
立命館大学教授

　I　前歴および犯行後の態度の
　　　量刑における重要性
　II　犯行前の態度
　III　犯行後の態度

I　前歴および犯行後の態度の量刑における重要性

　前歴および犯行後の態度は総じてまたは個別に量刑事実として顧慮されうるかという問いの立て方は、不十分である。そもそも量刑の基礎に置かれうる「既存の」事実といったものは存在しない。そこで問題になるのは、むしろ、規範的に構成された判断の場を整序して知覚する場合にはじめて明らかになるような事情である。したがって、犯行前の態度および犯行後の態度の量刑における重要性は、総体として示される諸目的および諸尺度に依存しており、それらの目的および尺度がどのように解釈されるかに応じて異なることになる。

　1.1　法治国家的な刑法は、行為刑法である。そこでは、行為責任こそが[1]、刑の量定の基礎である[2]。しかしながら、行為の有責な不法の外にある

　1　それに対立する概念は、性格責任、行状責任である。

事情もまた、拡張された責任の理解において、量刑上意義を有しうるのか、あるいはさらに責任の外で予防的な観点の下で、量刑上重要になりうるのか、ということが問題になっている。ドイツ語圏の刑法解釈学は、基本的に、犯行前の態度および犯行後の態度を一定の条件の下に量刑上重要なものと認めることが、行為刑法の観念と調和しうるとする点で、一致している。他方で、争いがあるのは、犯行前の態度および犯行後の態度の可能な顧慮についての理由づけ、およびそれと関連して、その範囲である。犯罪均衡的な量刑論が、行為によって実現された不法の外にある事情を、それが帰属可能な行為不法を限定する場合に限るという厳格な条件の下に顧慮するのに対し[3]、その他の諸説は、犯行前の態度および犯行後の態度を責任を高める方向で顧慮することを、原則として排除していない。かくして第1に、通説および確立した判例の見解によれば、固有の犯行の外部にある諸事情は、それらが直接の犯行の責任内容に対する徴表的帰結が許容される場合に、そのかぎりにおいて、間接的に責任上重要であるとされる[4]。第2の見解によれば、責任刑は、帰属可能な刑事不法によって危殆化された規範の妥当の回復という刑罰目的に関連づけられ、かつその程度は、規範妥当の侵害の程度に相応して決定されなければならない[5]。この侵害が、是認に値するような公共の

---

2 ドイツ刑法46条1項1文がそう規定している。
3 このことは、たとえば、*Hörnle*, Tatproportionale Strafzumessung, 1999, 151 ff. によれば、犯罪によって実現された不法の確定により、「最大限可能な責任非難も確定され」かつ「責任の完全な形態は、刑を引き上げる方向での段階づけを許容しない」ということによって根拠づけられている。しかしながら、罪刑均衡性の主張者のうち若干の者によれば、前科もまた、それが欠けていることが刑の軽減を正当化するというかぎりで、(消極的な方向で) 量刑上重要なものとされている。vgl. *von Hirsch*, in: Tatproportionalität. Normative und empirische Aspekte einer tatproportionalen Strafzumessung, 2003, 47, 71ff. それに反対するのは、*Hörnle*, Tatproportionale Strafzumessung, 159 ff., 164 ff.
4 *Bruns*, Strafzumessungsrecht, 1974, 562 ff.; BGH の確立した判例、たとえば、NJW 1979, 1835, NStZ 1984, 259, NStZ-RR 2002, 364.
5 *Frisch*, in: 140 Jahre Goltdammer's Archiv für Strafrecht, 1993, 1; *Frisch*, in: 50 Jahre Bundesgerichtshof. Festgabe aus der Wissenschaft, 2000, 269, 290 ff.; *Streng*, Strafrechtliche Sanktionen. Die Strafzumessung und ihre Grundlagen, 2002, Rn 420.

規範確証の必要性を指示しているかぎりにおいて[6]、かの責任理解は、一般予防のそれに近づく[7]。すなわち、規範的に正しいと根拠づけることが可能な刑による事実的な規範妥当の確保に狙いが置かれた理解である[8]。第3の見解によれば、法違背の非難可能性に関連する行為責任は、刑罰を上方においてのみ限定するが、刑罰量の決定には、さらに、予防の観点が引き合いに出されるべきである[9]。

1.2 以上の3つの見解に対する私の評価は、以下のような結論に至る。

第1の通説は、犯行前の態度および犯行後の態度の可能な有意味性を、もっぱら責任の枠内において規定する。本説は、これらの事情を、責任の程度にとって徴表的なものと理解することにより、行為責任を超えて量刑責任を拡張し、心情に方向づけられた責任理解を強調することになる。「徴表的構成」は、行為責任を犯行前の態度および犯行後の態度を含む全体関連の中にはめ込み、犯行を超える態度の一貫性あるいは不一致に視点を向けて、そこから、状況から独立した性格的特徴を導き出す。「徴表的構成」は、結局のところ、法治国家的に受容しがたい行状責任[10]に類似した人格評価、法的な態度の期待と道徳的な態度の期待との限界を曖昧にするような[11]人格評価を

---

6 *Streng*, Strafrechtliche Sanktionen. Die Strafzumessung und ihre Grundlagen, Rn 14 ff., 435.
7 *Kunz*, ZStW, 98(1986), 823, 831 f.; *Müller-Dietz*, in: Festschrift für Günter Spendel zum 70. Geburtstag, 1992, 413; *Streng*, ZStW, 101(1989), 273, 283 jeweils m. w.N.
8 *Hart-Hönig*, Gerechte und zweckmässige Strafzumessung. Zugleich ein Beitrag zur Theorie positiver Generalprävention, 1991, 98 ff..
9 *Roxin*, in: Grundfragen der gesamten Strafrechtswissenschaft. Festschrift für Heinrich Henkel zum 70. Geburtstag, 1974, 171; *Roxin*, in: Lebendiges Strafrecht, Festgabe für Hans Schultz zum 65. Geburtstag, 1977, 463; *Roxin*, in: Festschrift für Hans-Jürgen Bruns zum 70. Geburtstag, 1978, 183; *Schünemann*, in: Grundfragen des modernen Strafrechtssystems, 1984, 153. 積極的一般予防につき、総じて *Hart-Hönig*, Gerechte und zweckmässige Strafzumessung. Zugleich ein Beitrag zur Theorie positiver Generalprävention.
10 しかし、*Mezger*, ZStW 57(1938), 675 はそれを主張していた。
11 *Jahn*, StV, 1996, 259.

行うことになる、という危険を隠蔽するものである。後の2者の見解は、これに対して、犯行前の態度および犯行後の態度の有意味性を、責任を超えて予防的に決定する可能性を開くものである。これによって責任理解の疑わしい拡張は回避される。さらに、そのような量刑上重要な事情を犯行後の態度の領域内で顧慮することも可能になる。そのような事情の把握は、広義に捉えられた責任理解の枠内であっても、責任は犯行によって確定し、いずれにせよかなり遅れて生じた事情は、責任の程度に影響を及ぼすことはできないという点で、うまくいかないからである。犯行後の態度は、新たな態度であって、有責に実行された犯行の後に行われるのであり、したがって行為責任を変更することはできない[12]。たとえば、被告人の、被害者に対する態度、損害回復への努力、訴訟上の態度、事案解明への協力および予防への協力が、これに属する。後2者の見解によれば、責任に適合した反作用の必要性は、刑罰による積極的一般予防上の規範安定化の必要性によって形成し直され[13]、そのかぎりにおいて、予防的な必要性が、責任とは独立の量刑上重要な事情の場合、体系的に一貫して直接顧慮されうることになる。有責な不法の程度は、したがって、第1に量刑を方向づける観点であるが、これは、しかし刑罰による規範安定化の必要性を最終的に決定することはなく、この必要性を具体化する、責任とは独立の、予防的な基準によって補充されなければならない[14]。もちろん、刑罰によって満足されるべき規範安定化の必要性の程度が、決してほぼ経験的に決定されうるようなものではなく、それとの関連が、もはや象徴にとどまる以上の理由づけを与えるものでないことは、認められなければならない。それにもかかわらず、この象徴は、それが刑法システムの社会による基本的な受容を指示し、かつ、個々の有罪判決すべてが、論証的にそれと取り組むことを要求するがゆえに、重要である。

---

12 *Jakobs*, ZStW, 104 (1992), 82, 88:「現在のみが変更されうる。過去を呼び戻すことはできない」

13 *Frisch*, in: 140 Jahre Goltdammer's Archiv für Strafrecht, 1993, 15 によれば、「不法と責任は、それ自体、犯罪によって惹起された規範妥当侵害の徴表にすぎない」。彼は、また、予防という用語に「すでに責任刑を決定する諸事情の再定式化」を認めている。*Frisch*, in: 50 Jahre Bundesgerichtshof, 306 がそうである。

14 *Frisch*, in: 140 Jahre Goltdammer's Archiv für Strafrecht, 15 ff.

1.3 あまりに狭すぎると感じられている厳格な犯罪関連という枷を、犯行を包括的な犯罪関係の中に位置づけ、そこから判断することによって広げようとする努力は、3つの見解すべてに共通している。素人であれば、多大の熟考なしに、まさに直感的な自己理解によって、刑の程度が厳格な犯罪関連を超えて行為者の犯行前の態度および犯行後の態度にしたがって判断されるべきであるということを、正しいと考えることも許されるであろう。法治国家的合理性に努める刑法は、このような心理学的には納得のいく基準が、判決形成に適合しており、かつ、さもなくば、重要と見なされる事情を無視することによって、公共の規範に対する信頼が決定的に損なわれるであろう、という場合に限って、そのような素人の評価に従うべきである。一定の犯行前の態度および犯行後の態度を量刑上重要なものと規定することについては、十分な理由がある。すなわち、行為者が犯行の前および後に行うことの多くは、犯行に解明的な光を当て、行為の非難可能性の程度を画するからである。人間の行う重大な決定に際して、補充的に、核心領域の周辺に位置する、わずかな徴表的価値のものも含む、諸情報にも依拠するということは、通常のことである。その際、肝要なのは、犯行をその犯罪に多かれ少なかれ相応した行状にはめ込むこと[15]ではなく、犯行との広い関連において答責的な行為者の態度から犯行の主観的側面に光を当てることである。この行為者の態度は、時として、犯行時における行為者の内的な心構えおよび法的に義務づけられた態度の要請に対する行為者の原則的な姿勢を推論することを許容するものである。犯行前の態度および犯行後の態度の量刑における原理的な有意味性は、広汎に行き亘っている正義の理解に適合している。有責な不法の程度、すなわち規範妥当の侵害の程度を、答責的な犯行前の態度および犯行後の態度にしたがって測定することは、有罪と認められた被告人に対する公正の要請とも調和しうるであろう。自らの決定の検証可能性および市民の受容に努力する刑事司法は、実際に広汎に行き亘っており規範的に根拠づけ可能な、刑量決定の重要な視点を無視しないという点で、成功している。量刑にとってありうべき手掛かりとなる観点である犯行前の態度および

---

15 それは、人に対する、法的関連においては許容されない、概括的に捉えられた道徳的判断を意味する。

犯行後の態度を原理的に無視することは、量刑にとって有意味な事柄についての公共の評価に、それによって公共の規範に対する信頼が危殆化されうるほどに甚だしく、反するであろう[16]。かくして、規範確証の必要性にとって機能的な責任理解という基盤の上で、犯行前の態度および犯行後の態度は、上述の諸見解によれば、この態度が、非難可能な行為不法の重さを決定するにせよ、一般予防的に形成し直された非難可能性を画するにせよ、量刑上重要でありうる。もちろん、このことは、常にというわけではなく、一定の要件の下でのみ、あてはまる。この要件の解明は、量刑上重要な犯行前の態度および犯行後の態度の範囲を、明らかにより広汎な素人の理解に対して限界づけ、それによって同時に、法治国家的なフィルターを用意することになるであろう。

II 犯行前の態度

犯行前の態度については、犯行の前史と関連する行為者の態度、犯行前に行われた犯罪、その他の前歴が、区別されなければならない。

2.1 犯行が直接そこから展開してきた行為者の態度（「犯行前史」）は、量刑上重要でありうる。このことは、すでに、たとえば殺人の挑発の場合における刑の軽減は、行為者が挑発について責任を有する場合には行われないと規定しているドイツの法律から明らかである[17]。上述の徴表的構成に従うとすれば、葛藤犯罪および関係者間の犯罪の場合、事件発生への展開は、次の場合には責任加重的に作用しうることになる。すなわち、犯行前の行為につき、彼がその経験から、そのような状況では犯された行為と同様の行為に至る傾向を有することを、知っているかまたは知りうるという理由により、行為者に非難可能な場合である。行為者が、責任なく葛藤に陥った場合、あるいは被害者が共同責任を有する場合、このことは責任軽減的に作用しう

---

16 類似の主張として、*Streng*, Strafrechtliche Sanktionen. Die Strafzumessung und ihre Grundlagen, Rn 423.
17 刑法213条前段。

る[18]。スイス法は、明文で、刑罰のみではなく刑罰枠を必要的に引き下げる次のような刑罰軽減事由を挙げている[19]。すなわち、行為者が、尊重すべき動機から、重大な苦境の中で、重大な脅迫の印象の下に、あるいは彼が服従せざるをえないか依存している者の指示に従って、行為した場合、さらに、行為者が、被害者の態度によって深刻に犯行を誘発されていた場合、および事情によっては免責可能な激しい情動の中で、あるいは多大な心神の負荷の下に行為した場合である[20]。犯行時における著しく限定された責任（たとえば強度のアルコール摂取または情動中の行為の結果として）は、軽減的に作用する。ただし、行為者が、経験から自分がこのような状態において犯罪に至る傾向を有することを知っているかまたは知ることができたであろう場合であって、その実行を阻止しなかったことが非難可能な場合は、このかぎりでない[21]。

2.2 行為者の前歴は、ドイツ法においても[22]、スイス法においても[23]、明文で量刑上重要なものとして挙げられている。これまで有罪判決を受けていないことは、これまで犯罪とは無縁であったという推定を根拠づける。初犯者の場合、その者に有利に、その犯行が行為者にとって非典型的で1度かぎりの誤った行為を意味し、それはそれ自体として科せられる刑の上限に値するものではない、ということから出発されなければならない。それゆえに、これまで有罪判決を受けたことがないということは、確定した判例によれば、責任軽減的に顧慮されなければならない[24]。同様に責任軽減的に作用するのは、犯行が、それ以外に非難されるところのない社会的に尊重されるべき生活暦と対照的である場合、あるいは犯行が不運な生活状態（「困難な少年

18　BGH NStZ 2001, 29.
19　裁判所は、法定刑の下限に拘束されず、法定の刑種以外の刑種を宣告することができる。ただし、その刑種の法律の定める上限・下限に拘束される。スイス刑法48a条。
20　スイス刑法48条a-c号。
21　アルコールにつき BGHSt 43, 66 (78)、情動につき BGHSt 35, 143.
22　刑法46条2項。
23　刑法47条1項2文。
24　ドイツについては、BGH の確立した判例、たとえば NStZ 1988, 70; スイスについては、BGE 91 IV 95; 105 IV 226; 117 IV 403; 121 IV 9f., 62.

期」）の結果と理解されるべき場合である。

　一般的行状のせいぜいのところ道徳的に非難に値するにすぎない事情は、法的義務と道徳的義務とを区別する法治国家において、それ自体としては刑法上の重要性を有しない。上述の徴表的構成によれば、例外的に、道徳的に問題とされるべき行状は、行為が犯行前の態度から見て重要な意味を持つ場合、たとえば扶養義務の侵害が労働嫌忌の観点から重要な意味を持つか、あるいは犯行前の態度に犯行からも示される法敵対的な心情が表現されている場合には、行為責任を加重しうるものとされる[25]。このような見解には、心情メルクマールの点で拒絶されるべき行状責任を維持するという疑わしい考えが、明確に表現されている。

　2.3　前科は、有力な見解によれば[26]、起訴において挙げられた訴訟の対象となっている犯罪事象の一部として、判決において利用可能である。その例外となるのは、その記録が抹消されたか、あるいは抹消されるべき犯罪である。そのような犯罪は、法的交渉においてもはや提出されてはならず[27]、当事者の不利に利用されてはならない[28]。その訴追がすでに時効にかかっている犯罪は、時間の経過により処罰の必要性が消滅するがゆえに、完全な範囲ではなく、かつ、詳細な理由を付してのみ、加重的に利用することができる[29]。それ以外の場合、前科を顧慮することは、二重処罰の禁止[30]に違反するものではない。なぜなら、そこで問題になっているのは、判決の対象となっている犯罪につき、法律が要求するとおりに[31]、刑法上重要な犯行前の態度を顧慮してその重さを量ることだからである[32]。外国における犯行も、顧

25　BGH の確立した判例。たとえば、BGH NStZ 1984, 259.
26　これと異なる見解として、*Hörnle*, Tatproportionale Strafzumessung, 159ff.; *Fletcher*, Rethinking criminal law, 1978, 464ff.; *Singer*, Just deserts: sentencing based on equality and desert, 1979, Kap. 5.
27　§§ 51 Abs. 1, 63 Abs. 4 BZRG.
28　BGHSt 24, 379; 25, 64, 65; 28, 338, 340. スイス連邦裁判所の見解は、これと異なる。BGE 98 IV 131; 102 IV 233.
29　BGHR StGB § 46 Abs. 2 Vorleben 20 und 24.
30　一事不再理。vgl. ドイツ基本法103条3項。
31　ドイツ刑法46条2項。

慮することができる。次のことは、無罪の推定に反しない[33]。すなわち、未だ有罪判決を下されていない前犯行を加重的に顧慮することである[34]。裁判所の有罪判決がまだ下されていない場合、裁判所は、前犯行の顧慮に際して、厳格な証明による包括的な解明が義務づけられる。さらに、前犯行の量刑上重要な不法内容が評価されるべきであるが、そのことについては、常に、その点についての証明を要する[35]。

　もちろん、前科は、無造作にかつ無差別に、刑罰加重的に顧慮されてはならない。犯罪の頻回実行から、それが加重的に作用するためには、行為者がそれを通じてより重い責任を自ら負っているか、あるいは彼が以前の犯行に対する刑事司法の反作用を警告として役立てさせなかったか、いずれかの形で非難が生ずるのでなければならない。

2.3.1　以前の犯罪からより重い責任が帰結されうるためには、前犯行が有責に犯されていたものであって、かつ、法違反の繰り返しが高められた犯罪的エネルギーないし法敵対的な心構えを表すものでなければならない。そのためには、諸犯行の間に、これらを首尾一貫した犯行の連鎖として繋げ、かつ、諸々の犯行を法の命令に対する高められた軽視の表現と見なしうるような、緊密ないわゆる「刑事学的」関連が存在していなければならない[36]。複数の犯罪の結合において、本当に、法敵対的な態度あるいは高められた犯罪的エネルギーが、表現されているのでなければならない。しかし他方において、「法敵対的な心情」や「犯罪的エネルギー」といったシラー流の諸概念に依拠することは、基本的に、心情に方向づけられた疑問のある責任理解とのみ調和しうる。新たな犯罪から犯罪的エネルギーの昂進を導き出すことは、しばしば性急に過ぎる。たとえば、家庭内における性犯罪の繰り返し、

32　BGHSt 34, 209, 211.
33　国連人権宣言11条1項、ヨーロッパ人権条約6条2項。
34　BGHSt 34, 209, 211. 異なる見解として、*Vogler*, in: Strafverfahren im Rechtsstaat. Festschrift für Theodor Kleinknecht zum 75. Geburtstag, 1985, 429 のみを挙げておく。
35　BGH の確立した判例。たとえば、BGHSt 43, 106; BGH NStZ 1995, 439.
36　BGH StV 1988, 103.

あるいは店のレジからの窃盗の繰り返しの場合、しばしば逆に、新たな法侵害に伴って、だんだん心理的な制御閾ないし経験を適切に生かす能力、したがってまた非難可能性の程度は、低下するであろう[37]。連続犯という法制度は廃止されたのであるから[38]、合一刑の形成において、追加される刑の増加は、諸犯罪の間に緊密な関連がある場合には、連続犯の場合よりも低くするようにしなければならない[39]。個別の刑の量定についても、基本的に、それと異なることが通用してはならない。したがって、連続犯の排除との関連で望ましくない刑を加重する効果を避けるためには、累犯を理由とする刑の加重は、控えめにのみ、せいぜいのところあまり多くはない程度において、認められなければならない[40]。

2.3.2 累犯を理由とする刑の加重の第2の可能性は、行為者が、犯罪の実行に際して、以前の犯行に対する刑事司法の反作用を警告として役立てることなく、そのことが行為者に非難されうるという場合に、存する[41]。このことは、とりわけ、新たな犯行が刑の執行中に、たとえば外出に際して、行われたような事例に当てはまる。しかしまた、先行の有罪判決あるいは同等の非難を理由とする起訴状の送達のみでさえ[42]、あるいは手続の打ち切り[43]、さらに類似の非難の場合における無罪判決さえ[44]、新たな犯行に対する「制御閾」を高めるような警告機能を有する先行の反作用として、考慮に入れられるべきである。もちろん、先の反作用が、内容的にかつ充分な時間的間隔を持って、具体的な警告機能を有していたのに、それを行為者が新たな犯行を行うに当たって無視したことが、その前提となる。このことは、と

37　BGH StV 2006, 689.
38　BGHSt 40, 138.
39　BGH StV 1993, 302, BGH NStZ-RR 2003, 272.
40　*Streng*, Strafrechtliche Sanktionen. Die Strafzumessung und ihre Grundlagen, Rn 450.
41　社会化ないし社会的統合が欠けている行為者の場合、これを認めることには疑問がありうる。
42　BGHR StGB § 46 Abs. 2 Vorleben 1.
43　BGHSt 25, 64; BGHR StGB § 46 Abs. 2 Vorleben 2.
44　BGH Urteil vom 6. Juni 2002 - 1 StR 14/02.

りわけ当該の前行為が重大な場合に当てはまる。前犯行が、単に類似の法益に当たり、それほど重大でない場合には、充分な警告効果についてとくに慎重な理由づけを要する。

2.3.3 累犯により厳しい態度で接するのは周知の実務であるが、このことは、繰り返された処罰において法秩序に対する強化された反抗が認められ、それに相応して強化された規範確証の必要性が生ずるという考えに帰することができるであろう[45]。しかし、この考えは、経験的に見て全く疑わしいものである。逆に、刑事学では、犯罪者というスティグマが、将来のさらに第2の犯罪を容易にすることが、広く認められている。社会的能力に乏しく社会的支えが欠けている頻回行為者の場合、さらに犯行を重ねる毎に、合法的な行為の選択肢は狭くなるのである。そのような者にとって、先の有罪判決および場合によっては刑の執行において与えられた立場から身を離すことは、次第に困難になる。自己充足的予言の範型に従って、犯罪者としての自画像を他人が認識しているということの受容が生じ[46]、それが、ますます犯行の繰り返しを予期しうるものにするのであり、それによって同時に、まさに非難可能性を限定させることになるのである。

時として引き合いに出される累犯の刑の加重の特別予防による根拠づけは、本当は、より長期の自由剥奪はそれだけ強度な非社会化を意味するがゆえに、説得力がない[47]。このような論証は、刑法学説において、広汎に、通例の累犯加重および実務上それに与えられている重要度に対する批判的な立場へと導いている[48]。立法において、そのような批判は、いずれにせよドイツにおいて以前には必要的なものとして規定されていた累犯加重が[49] 削除さ

---

45 *Streng*, Strafrechtliche Sanktionen. Die Strafzumessung und ihre Grundlagen, 2002, Rn 448. また、*Hörnle*, Tatproportionale Strafzumessung, 163によれば、社会心理学的な威迫の感情が、刑罰による反作用を生じさせる。

46 *Kunz*, Kriminologie. Eine Grundlegung, 2008, § 15 Rn 11.

47 *Hörnle*, Tatproportionale Strafzumessung, 163.

48 たとえば、*Pfeiffer*, in: Festschrift für Günter Blau, 1985, 291; *Frisch*, ZStW, 99 (1987), 349, 771 ff.; *Jung*, Sanktionssysteme und Menschenrechte, 1992, 212; *Hörnle*, Tatproportionale Strafzumessung, 159 ff. 参照。

れたという点で、聞き入れられたところである。

III　犯行後の態度

　ドイツ法は、量刑上重要なものとして、犯行後の行為者の態度、とくに損害を回復する努力ならびに被害者との和解を達成する努力を、明文で挙げている[50]。スイス法も、犯行後および刑事手続における行為者の態度を顧慮している[51]。スイスでは、さらに、行為者が誠実な悔悟を行為に示した場合、とりわけ期待可能な枠内で損害を賠償した場合、ならびに処罰の必要性が行為後に経過した期間に鑑みて明らかに減少しており、かつ、行為者がこの期間内に善良に行動した場合、それらの事情は、法律により必要的に、刑を軽減する方向で[52]、顧慮されなければならない[53]。犯行後の態度は、原則として刑を軽減する方向に作用するが、事情によっては刑を加重する方向にも作用する。

　3.1　犯行に直接続く態度（「犯行後史」）は、しばしばそこから、行為者の犯行に対する内的な心構え、さらに公共における法秩序の期待に対する内的な心構えを導き出すことを許容する。既遂後における行為による悔悟は、法律上特別な規定で有利に扱われている場合[54]以外でも、量刑において軽減的に作用する。行為者がその生活関係を安定化させるように努力したことは、積極的な心構えの変化を示唆しうる[55]。判決を受けた後に犯された新たな犯罪は、以前に犯された犯罪と同じ要件の下に（前述2.3.1、2.3.2参照）、

49　刑法旧規定48条。
50　46条2項。
51　Nachweise bei *Stratenwerth, Wohlers*, Schweizerisches Strafgesetzbuch. Handkommentar, 2009. Art. 47 Rn 15.
52　刑法48a条。
53　刑法48条d号およびe号。
54　ドイツ法では、たとえば、刑法83a条、87条3項、149条2項および3項、152a条4項、158条、163条2項、254条4項、311e条、316c条3項、330b条、麻薬法31条2号。
55　BGH NStZ 1985, 545.

責任加重的に顧慮されうる。犯行後の態度は、しばしば疑わしいあり方で、高められた「犯罪的エネルギー」の表現と評価される。たとえば、殺害された者の死体のとくに侮辱的な取扱いの場合[56]、略奪品を発見不可能なように隠すことによる損害の拡大、あるいは犯行の際にマスクをすることによる、および犯行に続く逃亡に向けた、訴追を妨げるような事前措置の場合がそうである[57]。しかしながら、これらの事情は、被害者の観点から見た事象の切迫性をも決定しうるのであり、それによって同時に、非難可能な行為不法を画し、その結果として罪刑均衡的な責任理解にとっても有意味なものでありうる[58]。いずれにせよ、基本権と同等の自己負罪に対する保護によれば[59]、自己の行為の解明に寄与するいかなる義務も存在しないのであるから、犯行の痕跡の消去[60]、すなわち死体の除去あるいは行為に用いたナイフの投棄ならびに被告人の逃亡によるそれは[61]、それ自体、加重的に顧慮されてはならない[62]。自己の保護を超える新たな不法が犯された場合には、これと異なるという考えを認める場合[63]、解決の困難な限界づけという問題が生ずる。飲酒運転の直後に飲酒することも、顧慮されてはならない犯行の痕跡消去として通用するか否かについては、争いがある。事故現場からの許されない逃走の罪の場合、いずれにせよ事後飲酒は、刑罰加重的に顧慮されうる。というのも、この場合、アルコールに条件づけられた運転無能力についても確認するという被害者の利益は、保護法益に包含されているからである[64]。

3.2 手続における被告人の態度は、通説によれば、量刑において、無制

---

56 BGHR StGB § 46 Abs. 2 Nachtatverhalten 11.
57 BGH NStZ 2000, 586.
58 *Hörnle*, Tatproportionale Strafzumessung, 277.
59 何人も自らを告発する義務はない（自己負罪拒否特権）。vgl. ドイツ刑事訴訟法136条1項2文。
60 BGH StV 1992, 570; BGH NStZ 1985, 21; BGHR StGB § 46 Abs.2 Nachtatverhalten 13, 17.
61 BGH StV 1987, 343; 1989, 59.
62 この点につき総括的に、*Tarka*, Nachtatverhalten und Nemo tenetur, 2000.
63 BGH NStZ-RR 1997, 99.
64 BGHSt 17, 143.

限に有利に、狭い要件の下で不利に、顧慮することができる。有利に作用するのは、行為者が彼によって侵害された規範を現在は認めている、それによって彼が犯した法違反から離れていることが帰結されるような手続における態度である。とりわけ有利なものと見なされるのは、自白および官の捜査に際しての進んで行われる協力である。

3.2.1 自白は、通常の実務および広範に認められている見解によれば、常に刑罰軽減的に扱われるべきである[65]。このことは、とくに不法の意識に担われた自白に当てはまるが、かならずしもそれだけではない。そのような動機が認定されるのは稀な場合だけであるから、疑わしい場合には、「単なる」自白も、さらには「戦術的な」自白も、軽減的に顧慮されるべきである。その理由は次のとおりである。すなわち、そのように公判において行われた「単なる」自白または「戦術的な」自白も、かなりの決意を要するものであり、被害者および公衆に対して満足を与える効果を有しており、かつ、手続の短縮に寄与するものだからである。もちろん、自白による刑罰軽減の程度は、それが訴訟戦略的に促されたものである場合、被告人に不利益な証拠調べが遂行された後にはじめて行われた場合、あるいは「小出し戦術」の意味で、そうでなくても証拠調べから明らかになる事柄のみを自白した場合には、より少ないものとされるべきである。これに対して、自白をしないことは、決して加重的に非難されてはならない。

自白を常にしかも強度に刑罰軽減的に顧慮する実務は、広く行われている自白する態度をルールとして優遇し、事件を争う弁護を異常なものさらには望ましくないものと見なす危険を覆い隠している[66]。誠実な悔悟、損害回復および行為者・被害者の和解といった事情は、通常、自白した被告人にのみありうるから、このような傾向は、さらに促進されることになる。

---

65 争いがある。肯定的なのは、たとえば、*Schäfer, Sander, van Gemmeren*, Praxis der Strafzumessung, 2008, Rn 383; *Hanack*, StV 1987, 503; *Frisch*, in: 140 Jahre Goltdammer's Archiv für Strafrecht, 295. 否定的なのは、*Bruns*, Strafzumessungsrecht, 593 ff. である。

66 *Schünemann*, in Gutachten B für den 58. Deutschen Juristentag, 110.

3.2.2 訴訟戦術に動機づけられた自白は、被告人の反対給付を期待して行われる手続の簡略化および短縮の申し出と理解されうる。負担の多い証拠調べおよび包括的な判決の理由づけの節約は、過重な負担を負っている司法機関にとって多くの価値がある。それだけにますます進んで、「刑事訴訟上の和解」が行われるのである[67]。すなわち、起訴便宜主義的な理由から行われる賦課を伴う手続打ち切り[68]、略式手続における内内の処理[69]、あるいは通常は公判外で、かつ、上訴の放棄を約束したうえで、刑の割引の約束の下に行われる手続終結の合意によってである。

刑事訴訟における事前の合意が特定の事情の下では許容されるという判例の定着によって[70]、訴訟戦術的な自白は、増大する意義を獲得したが、それはしかし、訴訟経済的にのみ根拠づけられうる、したがってきわめて問題の多い意義なのである[71]。そのことを軽視して、判例は、そのような自白も、刑罰軽減的なものと見なし、被告人に対してすでに判決前に、まだ特定の量に具体化されていない刑の減軽を保証することを許容している[72]。

反対給付を期待してなされる訴訟戦略的な自白は、自己の利益において、規範妥当の侵害に対する実質的な代償なしに行われるものとみなされるべきであるから、責任も予防の必要性も限定するものではない。いかに刑事手続が次第に負担が多く、対立的で、高くつくようになるか、その程度に応じて、負担軽減的な訴訟経済というすべての訴訟関係者に共通の要求が、増大してきている。しかし、はたしてそのような理由すなわち結局のところ刑事政策的な便宜主義という理由から、責任とも予防とも無縁な刑罰軽減事由が導かれうるのか、私には疑問だけではすまされないもののように思われるのである[73]。

67　弁護士デトレフ・ディール (Detlef Deal aus Mauschelnhausen) という配役を用いて適切に皮肉ったものとして、vgl. *Deal*, StV, 1982, 545.
68　ドイツ刑事訴訟法153a条。
69　ドイツ刑事訴訟法407—412条。
70　BGHSt 43, 195.
71　*Kühl*, Strafgesetzbuch, Kommentar, 2007, § 46 Rn 43.
72　BGHSt 43, 195, 206. 制限的なのは、BGHSt 49, 84.
73　類似の主張として、*Streng*, Strafrechtliche Sanktionen. Die Strafzumessung und

3.2.3 犯された犯罪の訴追および計画された犯行の阻止を容易にするために官の捜査に協力することを通じた事案解明および予防への助力は、ここでも自白について挙げられた理由に相応する理由が妥当すべきであるとされ、そのような理由から、刑罰軽減的に評価されている[74]。自白の類推は、しかし、自ら犯した犯罪の解明に対する助力が問題になる場合にのみ、その論拠となる。ところが、ここで典型的に問題となるのは、共犯者および背後者を有罪とするのを助けるか、あるいは他者が行おうとしている犯罪の実行を妨げるのに寄与するような態度に対する褒賞なのである。そのような事案解明および予防への助力に対する褒賞の問題点は、とりわけ王冠証人規定の場合に明らかに示される。これは、現在ドイツ法において、犯罪的団体およびテロリスト団体の形成[75]、資金洗浄[76]、ならびに麻薬犯罪に関して[77]、またスイス法において、犯罪的組織への関与[78]、カルテル法上の許されない競争制限[79]、および一定の行政刑法上の違反行為について[80]、規定されている[81]。ドイツでは、最近、「重大犯罪の解明または阻止への助力」の場合における一般的な量刑規定のための法律[82] が、施行された。それによれば[83]、裁判所は、一定の要件の下に、行為者が、電話の監視および録音が正当化される犯罪[84] を解明するために、任意に自分の知っていることを開示することにより、寄与した場合、または任意に自分の知っていることを、その犯行がなお阻止されうるように適時に開示する場合には、刑を軽減するか免除する

  ihre Grundlagen, 247 f. Rn 470-473.
74 この一般原理は、その明文の法律規定を、ドイツ麻薬法31条に見出した。
75 ドイツ刑法129条6項2号、129a 条5項。
76 刑法261条10項。
77 麻薬法31条1号。
78 スイス刑法260条2号。
79 カルテル法49a 条2項。
80 連邦行政刑法13条。
81 総括的なものとして、*Koumbarakis*, Die Kronzeugenregelung im schweizerischen Strafprozess de lege ferenda, 2006, 282, 291 参照。
82 第43次刑法典改正法律——事案解明および阻止への助力の場合における量刑。G. v. 29. 07. 2009, BGBl. I S. 2288; Geltung ab 01. 09. 2009.
83 刑法新規定 46b 条。
84 刑事訴訟法100a 条2項に従う。

ことができる。王冠証人の優遇は、具体的に判決が下される事件の彼岸で、捜査および予防の利益を考慮するものである。それは、行為責任が関係する正義に反しており、とくに極端な優遇がなされる場合には、刑事司法の法治国家的な機能のあり方に対する人民の信頼を蝕むことになりうる。たしかに現代のテロリズムの危険に対する防止のために、王冠証人の規定は、有効でありうるし、おそらくはさらに必要でもありうる。しかし、それに結びついた刑罰請求権実現の部分的なまたは完全な放棄は、いずれにせよ、褒賞に値する行為者の態度とは全く関係がなく、むしろ危険防止という功利的な考量にのみ支えられているのである。

3.2.4 自白および事案解明への助力が被告人に有利に作用することが広汎に認められていることから、自白がないことおよび事案解明への助力がないことに表現されている不法の洞察および悔悟の欠如が、刑罰加重的に顧慮されうる、という逆の結論が明らかになる。しかし、そこでは、被告人が不法の洞察を示し捜査官庁に協力することを拒絶するありうべき理由は、きわめて多面的であって、決してそのような逆の推論を支持するほど適切なものではないことが、見誤られているといえる。さらに、自己負罪拒否特権の原理および訴訟における態度の刑罰加重的な顧慮に対する防禦権が、狭い限界を設定する。黙秘および真実に反する否認は、異議を唱えられえないような弁護戦術として通用するものであるから、それと関連するすべての態度は、刑罰加重的に顧慮されてはならないのである[85]。このことは、起訴されている非難の個々の点について黙秘することについても当てはまる。訴訟上の態度は、総じて、例外的に以下の場合にのみ刑罰加重的に顧慮されうる。すなわち、それが法敵対性の表現と理解されうる場合[86]、あるいは被告人がそのことによって第三者の権利に干渉する場合、たとえば証人に間違っていると知りながら処罰の可能性のある犯罪の罪を着せる場合である[87]。自分に不利な

---

85 BGH Beschluss vom 9. 5. 2007; *Fezer*, Festschrift für Stree und Wessels, 1993, 633, 638.
86 BGH の確立した判例。BGHR StGB § 46 Abs. 2 Nachtatverhalten 20; BGH StV 1995, 297. ただし私見によれば問題がある。

事実につき真実に反して争うことは、それによって他の容疑者に嫌疑が及ぶ場合[88]、それによって証人に暗示的に偽証の非難がなされている場合であっても[89]、刑罰加重的に顧慮されてはならない。これに対して、間違っていると知りながら名誉を傷つけるような事実を攻撃的に主張することは、もはや弁護権には包摂されず、したがって刑罰加重的に顧慮されうる。許容性の限界を引くのは、個別事例では、たとえば性犯罪における被害者の道徳的廉潔性に疑問があるような場合には[90]、難しい。

3.2.5 犯行から生ずる被害者の精神的苦痛を強めるような被告人の訴訟における態度は、その種の苦痛は大抵は包括的な自白によってのみ回避されうるにもかかわらず、行為の帰属可能な結果として、刑罰加重的に作用しうる。被告人にこのことが当てはまるという非難は、自白をしないという点ではなく、刑事手続の進行を通じて強化された行為の結果の惹起という点に存するとされている[91]。しかし、このような手続に条件づけられた結果が、被告人に、本当に有責なものとして帰属されうるのかということには、疑問が残る。被害者の精神的苦痛の強化が自白によってのみ回避可能であるとすれば、そのようにして強化された苦痛を刑罰加重的に顧慮することは、私見によれば、自白をしないことに対する許されない負責であるように思われる。

3.3 ドイツ法によれば、裁判所は、行為者と被害者との和解の場合、刑罰枠を軽減することができる[92]。あるいは、言い渡される刑が1年以下の自由刑または360日以下の罰金刑の場合であって、行為者がそのような和解の努力を通じてその犯罪を完全にまたは部分的に回復したか、あるいはそのことを真摯に追求した場合には、刑を免除することができる[93]。同じことは、

87　BGH NStZ 1988, 35.
88　BGH StV 1999, 536.
89　BGH NStZ 1988; BGHR StGB § 46 Abs. 2 Verteidigungsverhalten 1.
90　BGH StGB § 46 Abs. 2 Verteidigungsverhalten 6 und 9.
91　BGH StGB § 46 Abs. 2 Verteidigungsverhalten 15 (Hinweis) und 18; *Schäfer, Sander, van Gemmeren*, Praxis der Strafzumessung, Rn 381.
92　49条1項による。

有効に行われた損害回復により、行為者がかなりの個人的な給付ないしは財産の放棄の下に、被害者に対して完全なまたは大部分の弁償を行った場合にも、当てはまる[94]。刑の免除の要件が存在している場合、検察官は、すでに捜査手続において、裁判所の同意の下に、起訴を行わないことができる[95]。スイスでは、期待可能な損害賠償の給付は、必要的に刑罰枠を軽減する[96]刑罰軽減事由である[97]。さらに、損害の補填あるいは犯された不法を清算するための期待可能なすべての努力の実行は、次の場合には刑罰からの解放へと導きうる[98]。すなわち、刑の限定の要件が充たされており[99]、かつ、刑事訴追に対する公共および被害者の利益が僅少な場合である。それによって、ともかくもそれ自体として言い渡されるべき2年までの自由刑について、すなわち軽い日常的犯罪を超えて、刑罰からの解放が考慮に入れられることになる。刑罰からの解放は、すでに捜査手続においても、捜査官庁によって実施されうる。これらの規定によって、刑罰の放棄または刑罰枠の限定が考慮に入れられない場合、和解および損害回復への努力は、犯行に対する責任を引き受けたことの表現として、少なくとも刑罰軽減的に作用する。このことは、被害者との和解に向けての努力が、法秩序に対する反抗の部分的な後退と理解され、それによって同時に量刑責任が低下すること、少なくとも一般予防的に基礎づけられた刑罰の必要性が低減することによって、根拠づけることができる[100]。

その種の努力を行わなかった場合、否認あるいは黙秘している被告人に対して、前述のとおり、それを刑罰加重的に負責することはできない。しかし

93　刑法46a条1号。
94　刑法46a条2号。
95　刑事訴訟法153b条。
96　刑法48a条。
97　刑法48条d号。
98　刑法53条による。
99　刑法42条。
100　*Streng*, Strafrechtliche Sanktionen. Die Strafzumessung und ihre Grundlagen, 241, Rn 457.

ながら、はたしてこのような不作為につき、すでに自白している被告人の場合にその不作為を非難することが許されるのかは、疑わしい。

4 犯行前の態度および犯行後の態度の量刑上の重要性についての考察は、この限られた問題領域が、ミクロコスモスのように、量刑全体の問題を表現しているという言葉で締めくくることができる。細目の問は別として、量刑においては全てが全てに関連していることが、しっかりと把握されるべきである。合理的な量刑は、体系形成的である。その考えの形式的な一貫性を超えて、量刑の実務を「正しい」刑罰についての刑罰論上の議論と結びつけるような、他に優越する全体的な考察が必要とされている。全ての量刑決定において、侵害された規範の妥当性を是認に値する基準に従って貫徹するという、刑法システムの要求が再生産されるのである。そこで肝要なのは、犯罪に関する正義のみでも、ましてや単なる法的誠実の統合予防的な促進のみでもなく、総括的に自由主義的・法治国家的秩序の確証と呼ぶことができるようなものの全体なのである。全ての量刑決定は、このように包括的な意味において、刑罰という制度の原理的に容易ならざる正当化に、新たに取り組まなければならない[101]。

---

[101] この点につき詳しくは、*Kunz*, in: Tatproportionalität. Normative und empirische Aspekte einer tatproportionalen Strafzumessung, 2003, 209.

日本側報告

[第5テーマ]
量刑事実としての前科前歴および犯行後の事情

浅田　和茂
立命館大学教授

　　　　　Ⅰ　はじめに
　　　　　Ⅱ　行為前の事情
　　　　　Ⅲ　行為後の事情
　　　　　Ⅳ　おわりに

Ⅰ　はじめに

　ハンス・アッヘンバッハは、刑法上の責任の機能的概念を次の3段階に区別した。すなわち、責任理念、量刑責任、刑罰根拠づけ責任の3段階である。

　責任理念は、「責任なければ刑罰なし」という責任原理に表現されている。これは、国家刑罰権の基礎と限界を問うものであって立法にも関わる。意思の自由、個別行為責任か性格責任か、認識なき過失の責任の性格などは、このレベルで問題になる。

　量刑責任は、「責任の程度に応じた刑罰」の標語で示される。この責任概念は、法の適用に関わる。このレベルで問題になるのは、故意犯の責任は過失犯の責任より重いか、行為無価値・結果無価値は責任にとって重要か、犯行に直接関係のないファクターも責任の重さに影響するかなどである。

　刑罰根拠づけ責任は、個別行為者に対する科刑を正当化あるいは妨げるモメントの総体であり、刑法解釈学の体系に関わる。このレベルで問題になるのは、故意・過失は責任の種類か、責任能力の体系的地位はどうか、禁止の

認識は独立の責任メルクマールかなどである[1]。

本報告では、犯行に直接関係のないファクター、すなわち行為前および行為後の量刑事実との関連で、「量刑責任」を取り扱う。その際、とくに問題になるのは、そのような事実が、はたしてまたどの程度、量刑に当たって顧慮されうるか、また顧慮することが許されるかということである。

かつて、私は、量刑の一般的基準について、次のように定式化した。まず、構成要件に該当し違法な行為につき、責任能力、故意または過失および期待可能性の検討から導かれる（個別）行為責任が確定される（これを規範的責任と呼ぶ）。次に、責任の一定の量と質を要求する可罰的責任の観点から、責任の上限したがってまた刑の上限が確定される。

ここまでは、もっぱら行為時の事情が問題になる（もっとも行為前の事情の多くは行為時まで影響を有し行為に反映されることになる）。なお、私見はいわゆる「幅の理論」には反対であり、「点の（責任の）理論」で考えている。最後に、特別予防の観点の下に刑罰を軽減する方向で作用する事実が、判決に至るまでに明らかになった事実の中から選択され、それによって最終的に宣告刑が決定されるべきである[2]。

行為前の態度および行為後の態度は、主として、最後に挙げた特別予防関連事実に属する。私見によれば、一般予防に関連する事実は、量刑において顧慮する必要がない。というのも、消極的一般予防の要請は、すでに法定刑で考慮済みであり、また、積極的一般予防の要請は、責任に応じた刑罰を科すことによって同時に充たされるからである。

日本の現行刑法には、ドイツ刑法46条のような、量刑の基本原則を示した規定はない。改正刑法草案（1974年）48条に刑の適用の一般基準が提案されているが、その基本的発想および具体的内容には問題がある[3]。

刑法66条は、「犯罪の情状に酌量すべきものがあるときは、その刑を減軽

---

[1] Achenbach, Historische und dogmatische Grundlagen der strafrechtssystematischen Schuldlehre, 1974, S.2 ff.

[2] 浅田和茂『刑法総論〔補正版〕』（2007年）511頁以下、同「量刑基準」松岡先生古稀祝賀『刑事法の総合的検討』（2005年）25頁以下。

[3] 改正刑法草案48条につき、浅田和茂「責任」中義勝ほか編『刑法1総論』（1984年）169頁以下、185頁以下、同・前掲（注2）「量刑基準」39頁以下参照。

することができる」と規定しているが、そこには、いかなる事情が顧慮されうるのかについて、何らの基準も示されていない。

以下、行為前の事情と行為後の事情に分けて、若干詳しく検討する。前述のように、行為前の事情の多くは、行為時までその影響が及び、むしろ行為時の事情として考慮される。たとえば犯行の原因や動機などである。また、行為後の事情も、行為時の事情を判断する資料となるかぎりでは、考慮に入れられる。たとえば被害者に対する救助行動や犯跡の隠蔽が、故意の存否や程度を判断する資料になる場合である。本報告で扱うのは、それら以外の「行為前の事情」と「行為後の事情」である。

II　行為前の事情

1　前科

刑法56条1項は、再犯につき、「懲役に処せられた者がその執行を終った日又はその執行の免除を得た日から5年以内に更に罪を犯した場合において、その者を有期懲役に処するときは、再犯とする」と規定し（同条2項・3項参照）、57条は、「再犯の刑は、その罪について定めた懲役の長期の2倍以下とする」と規定し（14条2項参照）、さらに、59条は「3犯以上の者についても、再犯の例による」と規定している。

このように再犯の刑の加重は、有期の懲役刑を言い渡す場合に限定されている。もちろん、個別行為責任の観点から再犯加重を根拠づけることは、きわめて困難である。その根拠は、一度刑を科したにもかかわらずその警告を無視して犯罪を行ったところに行為責任の増大があるとする、行為責任増加説ないし警告理論によって説明されている[4]。しかし「警告理論」は、高山説が指摘するとおり「国家に対する反逆」を加重処罰の根拠とするもので適切でない[5]。

  4　難波宏「前科、前歴等と量刑」判例タイムズ1238号（2007年）28頁以下、38頁以下参照。
  5　高山佳奈子「コメント・難波宏『前科、前歴と量刑』について」判例タイムズ1238号（2007年）63頁以下。

もっとも高山説が、実質的行為責任論の観点から、「自動車による引きずり」の際に行為者の主観的事情としての故意・過失が「行為」の属性であるのと同様に、累犯も「行為」の属性であるとする点には賛成できない。実質的行為責任論に疑問があるほかに、故意・過失は、過失致死、傷害致死、殺人を区別する基準であって、その区別は（故意・過失の程度も含めて）規範的責任論に基づく個別行為責任論によって十分に説明可能であるのに対し、累犯加重は、個別行為責任の観点からは、すでに受刑によって清算済みの行為を刑罰加重的に考慮することであって、個別行為責任の枠をはみ出るもの（二重処罰の懸念がある）といわざるをえないからである。それにもかかわらず、立法者は、どちらかといえば刑事政策的な理由から、これを規定した。

さらに問題になるのは、再犯以外の前科を量刑において刑罰加重的に顧慮することは許されるか、という点である。その際には、同種前科と異種前科とが区別されなければならない。通説によれば、同種前科は、それが被告人の現在の状態に影響を及ぼさないほど時間的に隔たっていない場合には、刑罰加重的に顧慮することが許される。

以上の点についてはとくに、累犯加重を定めていたドイツ刑法48条の規定が、1986年に削除されたことに留意すべきであろう。

2　余罪

さらに問題なのは、余罪を刑罰加重的に顧慮することである。

周知のとおり、最高裁大法廷は、1966年の判決（最大判昭41年 7月13日刑集20巻 6号609頁）において、この問題についての態度を明らかにした。すなわち、刑事裁判において、起訴されていない犯罪事実を余罪として認定し、実質上これを処罰する趣旨で量刑の資料に考慮し、重く処罰することは、違憲であって許されないが、被告人の性格、経歴および犯罪の動機、目的、方法等すべての事情を考慮して行われる量刑において、その量刑のための1情状として余罪を考慮することは、必ずしも禁ぜられるところではない。

本件では、郵便局の職員が、 4通の郵便物を開けて現金等を摂取したとして窃盗で起訴され、第 1審では、懲役 1年 6月、執行猶予 5年に処せられた。ところが、被告人は約 6ヶ月にわたり約394通の郵便物について現金等

を摂取していたとする検察官の控訴を受けて、第2審は、1審判決を破棄し、被告人に懲役10月の実刑を言い渡した。最高裁は、上記の基準に当てはめ、余罪を1情状として考慮したものであるとして、被告人の上告を棄却したのである。

さらに最高裁大法廷は、1967年の判決（最大判昭42年7月5日刑集21巻6号748頁）において、上記判決の趣旨を確認した。この事件でも、被告人は郵便局の職員であり、郵便物29通を窃取したとして起訴された。第1審は、懲役1年2月の実刑を言渡したが、その理由において、被告人が本件の約2年半前から約3,000通の郵便物を窃取していたという余罪を、刑罰加重的に顧慮したことを示した。第2審は、余罪を犯行の罪質ないし性格を判別する資料として利用したに過ぎないとしつつ、それでも刑が重過ぎるとして懲役10月の実刑に変更した。大法廷は、第1審判決は、余罪を実質上処罰する趣旨のもとに被告人に重い刑を科したもので違憲であるとしつつ、第2審判決が言渡した減軽した刑は余罪を処罰する趣旨のものではないとして、被告人の上告を棄却した[6]。

大法廷判決に対しては、もちろん学説に強い批判があり、それはとりわけ、余罪を処罰する趣旨で考慮したのか、量刑のための1情状として考慮したのか、両者を区別することはほとんど不可能であるという点に向けられている[7]。

3 前歴および行為前の態度

前歴は、一般に広く犯罪歴を意味するが、狭義では前科以外の犯罪歴を意味し、とくに少年に対する保護処分や、成人に対する起訴猶予処分、微罪処分などが問題とされてきた。これらを刑罰加重的に考慮することは、前科と同様、すでに清算済みの行為を刑罰加重の理由とするもので、二重処罰の懸念がある[8]。

6　詳しくは、増田啓祐「余罪と量刑（1）（2）」判例タイムズ1297号（2009年）88頁以下、1303号（2009年）31頁以下参照。

7　光藤景皎「余罪と量刑」昭和41・42年度ジュリスト重要判例解説（1975年）246頁以下、松岡正章『量刑法の生成と展開』（2000年）347頁以下など。

その他、行為までの情況として、被告人の社会的地位（たとえば会社の社長等）、職業（国家公務員、教員等）、家族関係（父親、母親等）、収入などが、社会的非難の観点、したがってまた同時に特別予防、すなわち再社会化のチャンスという観点から、顧慮されてきた。さらに、表彰（生命救助等）、善行（ボランティア活動等）、近隣関係、友人関係なども、顧慮されてきた。もちろん、これらの点については、被告人にとって不利な状態も存在しうる。

私見によれば、行為前の善行や被告人の社会ないし近隣との良好な関係は、量刑に当たり、特別予防（再社会化）の観点から、刑罰軽減的に考慮することができる。しかし、それらの点で被告人に不利な状態を、個別行為責任を超えて、刑罰加重的に顧慮することは許されない。このような状態は、せいぜいのところ、個別行為責任に応じた刑を軽減しない1つの理由となりうるに過ぎない、と考えるべきであろう。

III　行為後の事情

1　刑法の特別規定

刑法42条1項は、自首について一般的に、「罪を犯した者が捜査機関に発覚する前に自首したときは、その刑を減軽することができる」と規定している。

刑法の各則には、内乱の予備・陰謀・幇助および私戦予備・陰謀における自首を刑の必要的免除事由とする規定（80条、93条）、身代金目的拐取の予備における自首を刑の必要的減免事由とする規定（228条の3）、偽証・虚偽鑑定・虚偽告訴における自首を刑の裁量的減免事由とする規定（170条、173条）、身代金目的拐取における解放を刑の必要的減軽事由とする規定（228条の2）がある。

城下説によれば、42条の自首は、捜査・処罰の容易化、80条、93条、228条の3、170条、173条の自首は、実害発生の防止、228条の2は、被害者の

8　難波・前掲（注4）35頁以下参照。

安全確保に、それぞれの政策目的が認められる。そのうえで、「いずれもより重大な法益侵害へと至る前に行為者に後退の途を開いておくという意味で、一般予防的考慮につながる」と述べ、さらに、これらの行為後の事情は、当該犯罪の終了により確定する違法性・責任とは独立のものであると指摘している[9]。

私見は、城下説のそれぞれの規定についての刑事政策的理由の説明および行為後の事情の違法性・責任からの独立性という主張には賛成である。しかし、すべてが一般予防的考慮につながるとする点については、疑問がある。少なくとも42条の一般規定は、一般予防とは関係がない。私見によれば、たしかに立法者は、これらの規定を一般予防をも顧慮して規定したといってよいが、量刑にあたっては、特別予防の観点の下に、もっぱら刑罰を軽減する方向で顧慮されるべきである[10]。

2 行為後のその他の事情

犯行直後の行為者の態度も、量刑にとって重要である。たとえば、行為者が傷害を負った被害者のために救急車を呼び、あるいは自ら被害者を病院に運んだ場合、このような態度は、行為時の事情の判断資料となる他に、行為による悔悟の一種として、特別予防の観点から有利に判断され、刑罰軽減的に作用するであろう。

これに対して、たとえば、行為者が犯跡を隠蔽したような場合、実務では、多くは刑罰加重的に扱われている。しかし、ここで留意されるべきなのは、被疑者は捜査に協力する義務を有しているわけではない（これはいわゆる nemo tenetur 原則すなわち自己負罪拒否権の帰結である）のであるから、そのことは、刑罰加重の理由にはならないということである。それは、せいぜいのところ、行為責任に応じて確定された刑を軽減しない理由となりうるに過ぎないものと考えるべきである。

行為後の最も重要な量刑事実は、損害賠償および被害者との和解（示談）である。多くの場合、弁護人は、できるかぎり早期に被害者ないしその遺族

9　城下裕二『量刑基準の研究』（1995年）173頁以下。
10　浅田・前掲（注２）「量刑基準」30頁以下。

を訪問し、示談を求め、示談金の交渉を行うように努力する。これが、刑事弁護活動の主要部分といってよいであろう。それに成功すれば、さほど重くない犯罪の場合、たとえば小額の窃盗、軽傷に止まる傷害などの場合、すでに捜査段階で、起訴便宜主義に基づき（刑事訴訟法248条）、検察官による起訴猶予処分がありうる。示談が整っていれば、公判段階でも、ほぼ確実に刑が軽減され、場合によっては執行猶予となりうる[11]。

　このような量刑実務は、肯定されるべきである。特別予防の見地からは、ドイツ刑法46条のように、すでに損害回復および和解を達成するための努力をしたことも、量刑上顧慮することが、より適切であろう。

　さらに、被告人が行った犯罪を理由に加えられた社会的制裁も、刑罰軽減的に顧慮されうる[12]。たとえば、被告人がその職を失い、あるいは近隣の非難によって家族のために転居を余儀なくされた場合、これらは、刑罰以外の苦痛を意味する。この関連で問題になるのは、メディアの役割である。日本では、被疑者が逮捕されると、その段階で被疑者の名前さらには写真が報道される。私見によれば、無罪推定の原則からすれば（権力犯罪を除く一般犯罪については）、少なくとも有罪判決があるまでは、匿名にすべきである。

　捜査機関の違法な活動があったことを刑罰軽減的に顧慮することができるかについては、争いがある。ある証拠資料が違法な捜査によって得られた場合、その証拠は違法収集証拠として、証拠禁止により排除されることがありうる。周知のとおり、判例によれば（最判昭53年9月7日刑集32巻6号1672頁）、違法収集証拠であってもすべてが排除されるわけではなく、令状主義の精神を没却するような重大な違法が認められる場合にのみ排除される。したがって、多くの事例では、たしかに捜査の違法は判決で認定されるが、それによって得られた証拠は排除されないままとなっている。

　このような状況の中で、浦和地裁は、1989年の判決において（浦和地判平1年12月21日判タ723号257頁）、覚せい剤自己使用事件につき、警察の違法な捜査活動を認定したうえで、それによって得られた証拠を排除はしないとしつつ、そのことを量刑上、刑罰を軽減する事情として顧慮した。浦和地裁は、

11　原田國男『量刑判断の実際〔増補版〕』（2004年）38頁など。
12　原田・前掲（注11）19頁など。

その理由において、捜査機関の違法活動によって被疑者が被った不利益が、本来法が予定する以上に著しい苦痛を与えるものであるときは、広義の「犯行後の状況」の1つとして、量刑に反映されるべきであると述べた。

浦和地裁は、その後、1991年の判決でも（浦和地判平3年9月26日判時1410号121頁）、この趣旨を確認した。他方、東京高裁は、1995年の判決で（東京高判平7年8月11日判時1567号146頁）、強姦致傷の事件につき、勾留中に拘置所職員に暴行・陵虐を受けたという主張に対し、それが事実であれば量刑事情の1つとなることは否定できないとしつつ、その暴行と因果関係のある顕著な傷害の痕跡は見当たらず、少なくともこれによって身体に重大な傷害を負った事実は認められないとして、被告人の控訴を棄却した[13]。

学説では、たとえば岡上説は、国家の側の手続き上の瑕疵は、行為者の罪を問う側の適格性の不十分さを理由に、可罰的責任の見地から、それを刑罰軽減的に顧慮することができるとして、浦和地裁の判決に賛成している[14]。

これに対して、城下説は、量刑の基準はもっぱら責任主義と目的主義によって確定されるべきであり、捜査手続の違法は、責任主義にも目的主義にも関連がないとし、浦和地裁の判決は、量刑において考慮してはならない事情を情状として考慮したものであると、厳しく批判している[15]。

また、原田説は、社会的制裁や違法捜査や違法処遇による苦痛等は、未決勾留日数の算入と同様に「先取られた苦痛や害悪の精算［清算？］」として量刑上考慮することが許される（責任主義や目的主義とは関連しない）としつつ、証拠排除に至らなかったほどの違法であるから量刑のランクを大幅に引き下げる程度の評価は難しいとし、平成元年浦和地裁判決が懲役3年の求刑に対

---

13 原田・前掲（注11）152頁以下、畑山靖「被告人が自己の犯罪により自ら多大の不利益を被ったことと量刑」判例タイムズ1252号（2007年）5頁以下、堀江慎司「コメント・畑山靖『被告人が自己の犯罪により自ら多大の不利益を被ったことと量刑』について」同18頁以下など。

14 岡上雅美「責任刑の意義と量刑事実をめぐる問題点（2・完）」早稲田法学69巻1号（1993年）11頁以下、67頁以下。松岡・前掲（注7）343頁も、「違法捜査によって被告人が受けた『苦痛』を『量刑上考慮』すべきか否かという問題、本稿は、一般論として、これを積極的に解したい」と述べている。

15 城下裕二『量刑理論の現代的課題』（2007年）89頁以下。

して懲役1年6月まで落としたのには疑問を感じると述べている[16]。

私見は、考え方としては原田説に近い。被疑者が捜査機関の違法捜査により不当な苦痛を被った場合、このことは、たしかに不当であるが彼の犯罪を理由に加えられた制裁を意味するのであって、社会的制裁と同様に、刑罰軽減的に顧慮すべき事情であるように思われる。問題は、判例が、捜査に著しい違法が認められる場合でさえ証拠排除を認めようとしないところにある。浦和地裁の事案も、必要性の判断を誤り嫌がる被告人に対して強制採尿を行ったというものであり、私見は強制採尿自体が著しく人間の尊厳を害するもので違憲と考えているが、たとえ合憲としても、本件では証拠排除すべき重大な違法が認められるように思われる。その意味で判決には不満を覚えるが、それを量刑で考慮した点は積極的に評価すべきであろう。

最後に、実務上、犯罪の社会的影響も刑罰加重的に顧慮されてきたが、これには疑問がある[17]。ドイツ刑法46条は、適切にも、そのような事情を量刑事実として挙げていない。ドイツの判例（BGHSt17, 321, 324など）で認められている「模倣の危険」も、刑罰加重の理由になると解すべきではないであろう。もちろん、犯罪が重大であるほど、その社会に及ぼす影響は大きい。しかし、このような事情は、すでに法定刑の高さに表現されているところである。ある事件がいかにセンセーショナルに扱われるかは、社会とりわけマスコミの活動に依存しており、決して被疑者・被告人に依存するものではないからである。

IV　おわりに

2009年5月21日から、日本では、新たに刑事裁判への素人参加の制度（裁判員裁判）が導入され、しかもそこでは重大な事件が扱われることになった。通常の場合は、職業裁判官3名と裁判員6名が共同して、法律の適用、事実

16　原田・前掲（注11）166頁以下。
17　水島和男「犯罪の社会的影響と量刑」判例タイムズ1206号（2006年）28頁以下、安田拓人「コメント・水島和男『犯罪の社会的影響と量刑』について」同42頁以下参照。

認定および量刑を判断する。これまで長きにわたり、裁判官は、専門家として、いわゆる量刑相場に従い、「正しい」刑罰を発見してきた。求刑の約8割がそれに当たるともいわれてきた（逆に量刑相場を見越して、検察官が2割増しで求刑しているともいえる）。他方、刑事裁判の重要な目的の一つは「被告人の納得」という点にある。事実認定、法令の適用、量刑を通じて、被告人が有罪判決と宣告刑について少なくとも「やむを得ない」と納得することが肝要であり（否認事件は別論である）、それこそが後の更生に繋がるという観点から、裁判員裁判が遂行されることを願っている。

　この間、日本では、ドイツも同様と思われるが、犯罪被害者（遺族を含む）の声が次第に大きくなってきている。2008年の刑事訴訟法改正では、ついに被害者の手続参加が認められ、求刑も行えるようになった。

　2009年8月6日、裁判員裁判の最初の判決が下された。事件は、72歳の男性が、近所の66歳の女性を、諍いの後、ナイフで殺害したというものである。検察官は懲役16年の求刑、被害者の遺族（長男）は最低でも懲役20年という主張をしたが、判決は、懲役15年であった。一方で、検察官は、行為者の強い殺意を強調し、他方で、弁護人は、被害者による事件の誘発を指摘したが、判決は、概ね検察官の主張に沿うものであった。ベテランの元裁判官の指摘によれば、懲役15年の刑は、従来よりも若干重いと評されている。

　いずれにせよ、素人裁判官である裁判員が利用できるような、量刑についての明確かつ適切な基準を提示することは、喫緊の課題である。このシンポジウムが、その一助となることを期待している。

［追記］本シンポジウム後に公刊された本稿に関連する拙稿として「裁判員裁判の量刑の基本問題　刑法理論の観点から」季刊刑事弁護66号（2011年）26頁以下および「裁判員法の見直しについて」村井先生古稀記念論文集・人権の刑事法学（2011年、日本評論社）217頁以下がある。併せて参照していただければ幸いである。

ドイツ側報告

［第6テーマ］
刑種および刑量についての諸基準

ハインツ・シェヒ
ミュンヘン大学教授

訳・岡上　雅美
筑波大学教授

Ⅰ　具体的な刑の決定についての諸前提
Ⅱ　具体的な法律上の刑罰枠の選択
Ⅲ　刑の重さの決定
Ⅳ　刑種の選択
Ⅴ　まとめ

Ⅰ　*具体的な刑の決定についての諸前提*

　具体的な刑種および刑量の決定は、全量刑決定における最終段階である。その前に、以下の4つの段階が処理済となっていなければならない[1]。

(1)　刑罰目的の調整。ドイツ刑法によれば、刑法46条1条により併合説の意味で定められている。すなわち、責任に相応した刑罰の枠内で、特別予防および一般予防の観点を補充的に援用することができる。
(2)　行為事象および行為者人格から、責任に関連する量刑事実および予防に関連する量刑事実を探求すること。
(3)　探求された量刑事実が刑罰加重的効果をもつか、刑罰軽減的効果をも

1　Vgl. *Bruns* Das Recht der Strafzumessung, 2. Aufl. 1985, 6; *Streng* Strafrechtliche Sanktionen, 2. Aufl. 2002, Rn. 502; *Fischer* StGB 56. Aufl. 2009, §46 Rn. 13 mwN.; 批判として *Frisch* GA 1989, 374.

つかの確定。
(4) 関連事情の相互の衡量。

これらの諸段階に関わる問題は、ドイツ側報告者のこれまでの報告ですでに取り扱われている。そこで、私は、直ちに、最終段階すなわち「このようにして得られた相対的な犯罪の重さを絶対的な数値に換算すること、つまり、刑罰枠の序列への事案のあてはめ[2]」に取り組むことにする。

II 具体的な法律上の刑罰枠の選択

　具体的な法律上の刑罰枠は、通常、各構成要件の法定刑から明らかとなる。つまり例えば、詐欺罪では、1月以上5年以下の自由刑または360日以下の日数罰金刑である。しかし、多くの事案において、法律上の刑罰枠は、犯情のとくに重い事案または犯情のあまり重くない事案という事例類型によって修正される。詐欺罪の犯情のとくに重い事案（例えば、詐欺罪で財産的損害が大きい場合または業として犯罪を行った場合）については、6月以上10年の自由刑が科されるものとされる。強盗の犯情のあまり重くない事案では、刑罰枠は、1年以上15年以下の自由刑から6月以上5年以下の自由刑へと引き下げられる。
　これに加わるのが、刑法典総則による類型化された刑の減軽であり、例えば、限定責任能力、幇助犯または未遂犯並びに加害者と被害者との和解が成功した場合である。裁判所は、それぞれの場合、どのような法律上の刑罰枠を出発点としたかについて、量刑理由の始めに明らかにしなければならない。

III 刑の重さの決定

1 刑種選択に対する刑量決定の優位

　ドイツ刑法では――他のいくつかの法秩序におけるのと異なって――、裁

---

[2] *Bruns* Das Recht der Strafzumessung, 2. Aufl. 1985, 6.

判所は、まず刑の重さを決定しなければならない。なぜなら、さまざまな刑種間での選択は、法律上、2年以下の刑期においてのみ可能だからである。それよりも重い刑の場合には、自由刑の実刑のみが考えられる。このような制度は、ドイツでは、罰金刑も一定の額で固定されるのではなく、——自由刑と同じく——単位を統一して日数で定められることから容易なものとなる。罰金刑は、単純一罪の場合360日までの日数であり、行為複数の場合720日までの日数に及ぶことができる。1日あたりの額は、有罪判決を受けた者の1日あたりの純所得に応じて算出される。

他の刑種もまた、先行して決定されるべき刑の重さに依存する。例えば、刑法59条1項に定める刑の留保付の警告は、180日以下の罰金刑が科せられる場合にのみ考えられ、刑法56条に定める刑の執行延期は、2年以下の自由刑の場合にのみ考えられ、有罪の言渡しのみを行う刑の免除は、1年以下の自由刑が科せられる場合にのみ考えられる。

法的に許されないのは、刑の重さを量定する観点が刑の執行延期の観点と混同すること、したがって、例えば、刑の執行延期を保障できるようにするために、責任に応じた2年6月の自由刑が、2年の自由刑に低く見積もられることである。もっとも、この原則は、確立した判例で連邦通常裁判所も主張するが[3]、実際には違反されることも多い。これはとくに、責任に応じた刑罰の量も、必ずしも正確に定められ得ないためである。

2　具体的な責任枠の決定

刑法46条1項によれば、刑罰は、具体的な法律上の刑罰枠の内部で、行為者の個人責任を基礎として量定されるべきものとされる。幅の理論は、判例により展開され、学説においても広く認められているが、これによると、具体的な犯罪に対する特定の刑量を責任の量から導き出すことはできず、具体的な責任の幅を導き出すことができるにすぎないのであり、その後最終的に、責任の幅の内部で、裁判官の評価において、特別予防と一般予防の刑罰目的を考慮して、具体的な犯罪に対して、責任に応じた刑罰を量定すべきだ

---

[3] BGHSt 29, 319, 321; BGH NStZ 2001, 311.

という⁴。

学説において、一部には、別の構想が主張されている。例えば、位置価説は、刑の重さをもっぱら責任の量によって量定し（狭義の量刑）、そして、刑種選択の際に初めて予防目的を考慮するものであるが（広義の量刑）⁵、それは、明確に範囲を区切ることによって、合理的な処理を可能とする、さまざまな刑罰目的のための作用領域を作り出すためである⁶。「罪刑均衡による量刑」の構想は、同様に、しかしよりいっそう客観的に、刑の重さを量定する際に、有責な結果無価値と行為無価値の所産としての犯罪の重さのみを考慮しようとする⁷。しかし、これらの2つの説は、――それらは他説よりもずっと明快であるにもかかわらず――学説上、多数説になっていない。なぜならば、刑法46条1項2文は、狭義の量刑にあたり、社会における行為者の将来の生活に対して刑罰に期待しうる効果したがって特別予防の側面を考慮すべきものとしているからである⁸。

判例の採用する幅の理論によれば、見出されるべき具体的な責任の幅は、「すでに責任に応じた刑罰」である下限から、上限における「なお責任に応じた刑罰」にまで及ぶ。もっとも、連邦通常裁判所は、これまでこの幅がどの程度広いのかを未解決にしてきた。この幅は、書面による判決理由において明示されなくてもよいが、まさに合議制裁判所の判決評議において、共同で刑罰を明確化にする際に、一定の役割を演じる。なぜなら、予防の理由から望まれる帰結がなお責任相当性の枠内にあるか否かが常に検討されるべきだからである⁹。

4　BGHSt 7, 28, 32; 29, 266; dazu *Fischer*（o. Fn. 1）§ 46 Rn. 20 mwN.
5　*Henkel* Die „richtige" Strafe, 1969, 23 ff.; *Schöch* Strafzumessungspraxis und Verkehrsdelinquenz, 1973, 80 ff., 91 ff.; *ders*. FS Schaffstein, 1975, 258 ff.; SK-*Horn* 2001, § 46 Rn. 33 ff.
6　So *Streng*, Strafrechtliche Sanktionen, 2. Aufl. 2002, Rn. 486. しかし、シュトレングは、結論的にこの見解を否定する。
7　*Hörnle* Tatproportionale Strafzumessung, 1999, 324 ff.; *von Hirsch/Jareborg* 1991, 35 ff.
8　*Lackner* Über neuere Entwicklungen in der Strafzumessungslehre und ihre Bedeutung für die Praxis, 1978, 17 ff.; *Roxin* FS Bruns, 1978, 186 ff.; *Streng*（o. Fn. 6）Rn. 487.

3 具体的な責任枠への「端緒となる位置」の決定

責任刑の程度については、不法と責任という法的カテゴリーと刑法46条2項に定めるこれに関連する事情から、相対的な基準と量刑理由の要素を演繹しうるにすぎない。したがって、各事案において責任に関する事情を軽く評価するのか、それとも重く評価するかのみを語ることができる。なぜなら、不法と責任は、合理的に数値に換算されえないからである[10]。したがって、主要な問題は、具体的な責任の幅について、ハンス＝ユルゲン・ブルンスの命名による「端緒となる正しい位置[11]」を刑罰枠の中でどのように見出すかである。ここで、2つの重要な指針的な手がかりがある。すなわち、連続的なスケールとしての刑罰枠の理論と、従来の量刑実務への比較手法による方向づけである。

a) 連続的なスケールとしての法律上の刑罰枠

最初にドレーアーが展開した、連続的なスケールとしての刑罰枠の理論は、学説および判例においても広く賛同を得たものであるが[12]、これによれば、法律上の刑罰枠は、裁判所に各犯罪の上限と下限を示す機能のみを有するだけではない。むしろ、法定刑の上限と下限の間にある刑罰の重さの程度は、考えうるもっとも軽い事案と考えうるもっとも重い事案との間にある各犯罪類型のすべての発現形態を位置づけることのできる連続的なスケールを形成する[13]。

連邦通常裁判所は、1976年にこの考え方を取り上げ、具体的事案における量的基準を導き出すために、「平均事例」と「通常事例」との間が区別されなければならないということを明確にした[14]。刑罰枠の上限と下限の相加平均（中間点）に位置づけられるのは、考えうるもっとも重い事案と考えうる

---

9 *Schäfer/Sander/van Gemmeren* Praxis der Strafzumessung, 4. Aufl. 2008, Rn. 645.
10 *Kaiser/Schöch* Juristischer Studienkurs, Kriminologie, Jugendstrafrecht, Strafvollzug, 6. Aufl. 2006, § 7 Rn. 37.
11 *Bruns* Das Recht der Strafzumessung, 2. Aufl. 1985, 61.
12 Dreher 1947, 61 ff.; BGHSt 27, 2, 4; in OLG Stuttgart MDR 1961, 343; *Fischer* 2009, § 46 Rn. 16 ff.; *Streng* 2002, Rn. 492 ff.; *Meier* 2006, 197 ff.
13 *Meier* 2006, 197 f.; BGHSt 27, 2, 3.
14 BGHSt 27, 2, 4.

もっとも軽い事案との中間にその不法と責任が存在する、思考上のもしくは規範的な平均事例だけであるという[15]。このような指針は、統計上の通常事例すなわち「実際上、もっとも頻繁に起こる事案」については誤りであろう。「なぜなら、大多数の犯罪は、法定構成要件の文言が広いことからすでに、比較的軽いものにしかならないからである。犯罪の重さの平均的価値を探求する際に、ずっと頻度の少ない重い事案やもっとも重い事案と共に、この大多数の事案をも用いるとき、通常事例と呼ばれるこの価値は、必然的に、法律上の刑罰枠の下半分の領域になければならない[16]」。学説では、これについての指針は、法律上の刑罰枠の下から1/3にあるという考えが示されている[17]。

b) その他の事案における量刑実務との比較

具体的事案を刑罰枠の中に位置づける際に、類似の事案における量刑実務との比較により、さらなる具体化が可能となる。この方法は、私の言葉でいう「正しい決定のための裁判官法の表示効果[18]」すなわち「裁判所実務のルール形成力[19]」を用いるものである。フランツ・シュトレングは、これを裁判官の評価コンセンサスと呼び、機能的責任論によれば、市民が期待する、内面化された社会規範の確証にとって意味があるという。そこから、典型的な犯罪形態について、個別事例で刑の個別化が必要とされるが、そのためになお十分な裁量の余地を残す裁判官の刑罰枠が明らかとなる。裁判官と検察官の間の意見交換が強固に制度化されれば、そこから刑の相場が発展しうるが、その場合、刑の個別化に残される幅はなくなるか、あるいは狭いものとなる。

刑の相場に類似した裁判官の量刑実務についての一例は、道路交通における酩酊罪とアルコール影響下での道路交通危殆化罪における量刑についてのドイツ交通裁判所の量刑基準である。これは、1970年に定められ、今日まで

---

15 *Mösl* NStZ 1981, 133と *Theune* StV 1985, 162, 168; 1988, 174は、これへ方向づけられるべきことを推奨する。
16 BGHSt 27, 2, 4.
17 SK StGB-*Horn* § 46 Rn. 87; *Meier* 2006, 199.
18 *Schöch* 1973, 76.
19 *Schöch* 1973, 68 m. w. N.

広く尊重されている²⁰。これによれば、例えば、これらの犯罪の初犯者は、通常、30日の罰金刑を受け、運転免許が1年間、その者から剥奪される。このような統一的で記憶しやすい量刑実務は、基準化された運転免許剥奪と結びついて、道路交通での飲酒運転の抑止における刑法の一般予防効果に相当程度寄与した²¹。

しかし、そのような量刑指針は、多くの場合には存在しない。そこで、具体的な刑の量定を裁判官の評価コンセンサスに一致させまたは近づける2つの方法がある。すなわち、経験的な量刑研究と上告審の刑量審査である。

まず第1の方法について。代表的な実証的研究論文を利用して可能となるのは、類型的な事例形象についての裁判官による伝統的な刑量を把握することである。これにより地域を越えて、裁判官の量刑実務の基本類型を表すことができる。これが――困難な法律問題について連邦通常裁判所の先例を用いるのと同様に――解決のためのひな型として用いられる²²。1つの例は、私が1973年に公刊した、道路交通でのアルコール犯罪における量刑実務についての代表的な研究論文である。そこでは、初犯者に関して8つの事例類型および累犯者に関して3つの事例類型についての平均的な刑罰を調査した²³。そのような個々の研究論文が存在しない限りは、すべての犯罪類型に対するさまざまな刑の重さと刑種の言渡しが年毎に記録されている刑事訴追統計のいくらか大雑把で網羅的な情報を利用することができる²⁴。

従来の量刑実務に量刑を方向づける第2の道は、連邦通常裁判所および上級地方裁判所による上告審のコントロールである。もっとも、これは、事実審裁判所に著しい瑕疵ある処理があった場合にのみ可能なのではあるが。原則的に、量刑は事実審裁判所の任務であり、量刑が例外的に明らかに誤りである場合に限り、その裁量的決定を上告審が破棄することができる²⁵。しか

20　K+V（Kraftfahrt und Verkehrsrecht）1970, 39; dazu *Schöch* 1973, 70.
21　*Schöch* Neue Kriminalpolitik 2001, 28
22　*Schöch* 1973, 69.
23　*Schöch* 1973, 143 f.
24　このような方法とその具体化については、vgl. *Götting*, Gesetzliche Strafrahmen und Strafzumessungspraxis, 1997, 17 ff.; 77 ff.
25　*Fischer* § 46 Rn. 146 m. w. N.

し、毎年ドイツのすべての地域から、さまざまな刑法上または刑事手続上のテーマについて判断するために提起された何千もの事案におけるその経験と比較可能性に基づいて、上告審は、事実審裁判官の量刑実務の全体をかなりよく見渡すことができる。上告審がこれを援用するのは、科された刑罰が是認し得ないほど重くまたは軽く、それにより正しい責任清算であるという刑罰の使命から離れているということを理由にして、上告審が稀な例外的事案で個々の量刑決定を破棄する場合である[26]。これは直接に責任主義違反と言われることもあり、そして、認定された犯罪の不法内容において経験的に予想されるよりも、刑罰が著しく軽いまたは重いときは、詳細な理由づけが必要とされるため、理由づけの不備と呼ばれることもある[27]。かくして、ドイツでは、上告審が限られた範囲で量刑実務の統一に役立っている。

4 特別予防目的と一般予防目的の考慮

特別予防目的の考慮は、刑法46条1項2文に根拠をもつ。それによれば、社会における行為者の将来の生活に対して予測しうる刑罰の効果を考慮するものとされる。これは、——とくに当該前科のある累犯者の場合——刑罰加重的に作用することもあり、——とくに軽い刑量で、行為者の脱社会化の危険を回避しまたは減少させることが重要である場合——刑罰軽減的に作用することもある。

一般予防は、量刑の中心規定である刑法46条では掲げられていないにもかかわらず、判例は、幅の理論により、責任の枠内における一般予防目的をも認めている。その場合、消極的一般予防すなわち刑罰による一般人の威嚇と、積極的一般予防ないし統合予防すなわち処罰による規範確証と市民の法的忠誠の強化とが区別される。

消極的一般予防は、つねに刑罰加重的に作用するが、広い範囲の犯罪において刑事政策的に疑問がある。それゆえ、消極的一般予防が許容されるのは、もっぱら同種の犯罪行為が社会にとって危険なほど増加している場合ま

---

26 BGH NStZ 1990, 334; 1992, 381 (m. Anm. *Pauli* NStZ 1993, 233); NStZ-RR 2006, 140 f.
27 BGH JR 1954, 353.

たは他の行為者による模倣の危険が具体的に根拠づけられる場合に限られる。統合予防は、通常、刑罰加重的に作用するわけではないが、場合によっては、特別予防上望まれる刑の軽減と対立することがある。例えば、被害者の共同責任がかなり大きい、1度きりの葛藤状況の場合、例えば、虐待をしばしば受けていた妻がDVの夫を殺害した場合である。例外的に、統合予防は、判決が一般的に受容されていることを考えて、刑罰軽減的にも作用することがある。例えば、行為者により損害賠償がなされた場合、刑事手続の期間があまりに長引いた場合、または、警察に操られたおとりによって犯行が唆された場合である[28]。

IV 刑種の選択

1 さまざまな刑種の間での選択に対する、犯行の責任内容の影響

判例によれば、責任の観点により、刑罰枠を形成する際および刑罰枠の程度を量定する際にすでに用いられた事情を、刑種選択の際に再び用いることができる。そこから、法律は、2年以下の自由刑の領域で、罰金刑と、実刑と執行延期とにかかわらず自由刑との間で選択を許しているが、それを決めるにあたっても、犯罪の不法と責任の重さが引き合いに出されなければならないことになる。これは、比較的軽い事案では罰金刑が、中程度に重い事案では執行が延期される自由刑が、比較的重い事案では自由刑の実刑が考慮されやすいという意味である。しかし、2年を超える自由刑の場合は、法律の体系によれば、これらの刑種の選択に際して、特別予防と一般予防上の理由がより大きな意味をもつ。

2 6月以下の自由刑の場合の罰金刑の優位（刑法47条）

ドイツ刑法では、罰金刑は、単純一罪の場合は5日以上360日以下、複数の犯罪行為に対する合一刑の場合は720日以下にまで及ぶ。1日当たりの額は、行為者の純収入に方向づけられ、従来は、1ユーロ以上5,000ユーロ以

---

28 Vgl. zum Ganzen *Schäfer/Sander/van Gemmeren*, Praxis der Strafzumessung, 4. Aufl. 2008, Rn. 646.

下であった。2009年7月14日に施行された第42次刑法典改正法律により、最高額が30,000ユーロに定められ、現在では、罰金刑の上限は、1個の犯罪の場合は1,080万ユーロ、複数の犯罪の場合は2,160万ユーロにまで至ることができる[29]。

a) 自由刑と並んで罰金刑が法定刑とされている場合（刑法47条1項）

ドイツ刑法では、刑の下限が引き上げられていない軽罪すべてにおいて、例えば単純窃盗、詐欺または単純傷害の場合に、罰金刑と自由刑がそれぞれ法定刑とされている。それらの場合、法律は、まず刑法47条1項で罰金刑の優位を定めるが、それは、例外的に、行為者への作用のためまたは法秩序の防衛のために自由刑を科すことを不可欠とするような、犯行または行為者人格に特別な事情が存在しない限りにおいてである。まず、ここで特別予防上の理由、すなわち例えば、さらなる累犯を防ぐための累犯者への効果が考慮される。法秩序の防衛という形で語られる一般予防が、この比較的軽い刑の領域で関連することは稀である。法秩序の防衛は、例えば、フーリガンによる傷害罪や器物損壊罪における模倣の危険を理由として考慮される。

b) 自由刑のみが法定刑である場合（刑法47条2項）

刑の下限が引き上げられているすべての軽罪の場合（例えば、危険な傷害または犯情がとくに重い場合の窃盗）に、各刑罰構成要件は、自由刑のみを法定刑とする。それにもかかわらず、これらの場合もまた、刑法47条2項において、刑事政策的に非常に意味のある規定が、行為者への作用のためまたは法秩序の防衛のため6月未満の自由刑を科す必要性が例外的にない限りで、罰金刑を科すことができると定める。この限りで、刑法47条1項と同じ基準が妥当する。

c) 180日以下の罰金刑が科せられる場合の刑の留保付の単なる警告（刑法59条）の可能性

180日以下の罰金刑の領域で、行為者が良好な法律上の予後を示し、一般予防上の理由が刑の軽減に反対しない場合に、法律は例外的に、罰金刑の賦課および執行を放棄して、行為者に警告のみを与え、特定の罰金刑の言渡し

---

29 42. StrÄndG v. 29. 6. 2009, BGBl. I, S. 1658.

を留保することを許す。しかし、犯行に存する特別な事情および行為者人格、すなわち、罰金刑を科すことを例外的に不要とするような責任軽減事情または行為者の特別な刑罰感銘性が付け加わらなければならない。したがって、実際には、行為者の予後が良好で責任が軽微な場合に、罰金刑の執行延期が問題となる。

3 1年以下の自由刑の場合で類型的な刑の軽減（刑法第49条2項）の場合における罰金刑の優位

具体的な刑罰規範が罰金刑を定めず、さらに1年以下の自由刑が考えられるとき、以下の場合に、自由刑を罰金刑に替えることができる。すなわち、具体的な刑罰枠を見出す際に、刑法49条2項による類型的な刑の軽減が行われる場合、例えば、刑法23条3項による著しい無知に由来する不能犯の場合や偽証罪（刑法158条）または放火罪（刑法306条e）が既遂に達した後での行為に表した悔悟の場合である。

4 刑量が6月を超え1年以下の場合における、刑罰目的に方向づけられた、罰金刑と自由刑との間での選択

6月を超え1年以下の刑量について、法律は特別な規定をもたない。ここで、裁判所は、犯行の責任内容とその他の刑罰目的を考慮しつつ、より軽い罰金刑で十分か否かを検討しなければならない。法律の構想によれば、この場合、行為者に罰金の支払い能力があるか否か[30]は、まったく重要でない。なぜなら、行為者が貧困である場合、もっとも少ない可能な日額である1ユーロを定めることができるからであり、罰金刑が完納できない場合には、援助的な分割払いまたは代替自由刑に服することが考えられるからである。しかし、実際上、後に示すような高い日額での罰金刑は稀である。なぜなら、そのような罰金刑は、資産の蓄積のない行為者に対して、比例性を失した酷い打撃だからである[31]。しかし、刑事訴追統計が示すところによれば、この

---

30 *Schäfer/Sander/van Gemmeren*, Praxis der Strafzumessung, 4. Aufl. 2008, Rn. 654.
31 HansObLG Hamburg, StV 1997, 472; *Kaiser/Schöch* 2006, Fall 7, Rn. 62.

ような重さで科されているのは、毎年、すべての罰金刑のうち約0.5%にすぎない[32]。そこから明らかなように、裁判所は、——法律の構想とは異なって——資産のある行為者の場合もなお、あまりにも控えめに罰金刑という道具を扱っている。

5 2年以下の自由刑の場合における、実刑に対する刑の執行延期の優位

刑の執行延期は、1953年にそれが導入されて以来、まず1969年に、そして次に1986年に大きく拡大され、今日では2年の自由刑にまで行われる。ここでは、特別予防目的が支配的である。なぜなら、刑の執行延期は、刑の執行、対話および援助、並びに延期期間中に行為者の問題状況を解決する際の支援を通じて、行為者の社会化を保障しなければならないからである[33]。

1年以下の自由刑の場合に、犯罪の予後が良好であり、かつ、——6月以上の自由刑の場合に——一般予防の理由が反対しないときは、刑の執行延期は必要的である（刑法56条1項、3項）。後者は、この領域でも稀であり、特別な模倣の危険のある犯罪である場合または当該犯罪が著しく増加している場合にのみ考えられる。

1年を超え2年以下の自由刑の場合も同じく、法秩序の防衛が執行延期に反対してはならない。そのほか、刑法56条2項によれば、犯行および有罪判決を受けた者の人格の総合評価により特別な事情が存在しなければならない。連邦通常裁判所の判例によれば、特別な事情が存在するのは、端的な軽減事由と比較して、特別な重要性をもつ理由がある場合、または平均的な軽減事由が競合する場合である[34]。

1986年の最後の改正以来、特別な事情は、いっそう緩やかに解釈されており、2007年にはすでに1年を超え2年以下の自由刑の72.4%が執行を延期された。さらに6月以上1年以下の自由刑の場合には79.3%が、6月未満の自

32　Strafverfolgungsstatistik 2006, Tab. 3. 3, www-ec.destatis.de（ただし、割合は筆者の計算による）
33　*Meier* 2006, 99.
34　BGH NStZ 1986, 27; BGHR StGB § 56 Abs. 2, besondere Umstände 1, 6, 10, 11; *Schöfer/Sander/van Gemmeren*, Praxis der Strafzumessung, 4. Aufl. 2008, Rn. 156 ff.

由刑の場合には74.9％が執行を延期された[35]。

V まとめ

　ドイツ刑法は、刑の重さを量定する際に、おもに行為責任に方向づけられ、特別予防目的の考慮について狭い幅を残し[36]、さらに一般予防目的にはめったにない例外的な場合にのみ余地を残す。これに対して、2年以下の領域における刑種選択では、特別予防の目的設定が支配的であり、積極的一般予防と消極的一般予防の観点により有意義に補充される。これは、国際的に比較して極めて穏やかな刑につながっている。2007年の最新の統計――これには新しい州も初めて登載されている――も示すように、刑罰は、長期的には、次のような水準に推移している。81.7％が罰金刑、12.9％が自由刑の執行延期、5.4％のみが自由刑の実刑である。10年を超え無期に至るまでの期間の自由刑は、332件のみ科された。これは、すべての自由刑のうちわずか0.2％であり、すべての有罪判決を受けた者のうち0.4‰である[37]。

　以上のような運用をしたからといって、刑法の一般予防力が弱まることはない。なぜなら、一般予防効果は、節度ある刑罰を通じた刑法の適用それ自体で実現されるからである[38]。しかし、一般予防力は、行われた犯罪がどの程度発覚し解明されるかの蓋然性に決定的に依存する。

35　Strafverfolgungsstatistik 2006, Tab. 3.1, www-ec.destatis.de（ただし、割合は筆者の計算による）
36　Ebenso *Frisch* GA 2009, 386, 387 f., 390 f., 395. フリッシュは適切にも、責任刑法では十分に制裁を加えることができない危険な犯罪行為者を保護するために、特別予防に方向づけられた改善・保安処分を拡大すべきことを指摘する。
37　Strafverfolgungsstatistik 2006, Tab. 3.1, www-ec.destatis.de（ただし、割合は筆者の計算による）
38　*Frisch* GA 2009, 386, 391, 394 f. m. w. N.

日本側報告

[第6テーマ]
刑種および刑量についての諸基準

岡上　雅美
筑波大学教授

I　問題の所在
II　刑量の決定
III　わが国における刑種に関する諸問題
IV　結　語

I　問題の所在

　本報告のテーマの1つである「刑量決定の基準」は、量刑決定の最終段階すなわち「刑量の数量化」を扱うものである。もちろん刑量の数量化は、刑事裁判には必ず付いてまわるものであるという意味では古来からの問題であるが、ドイツでは、なお新たに最近の文献でもフリッシュ教授やヘアンレ教授が指摘されているように[1]、この最終段階が今なお依然としてもっとも困難な段階であるということには共通の了解があり、他方、日本では、このテーマを理論的検討の対象としてからなお日が浅いといえよう[2]。また数量化の問題と並んで、刑種の選択もこの最終段階に属するものであり、これが本報告のもう1つのテーマである。もっとも、後に言及するように、刑量数量化と刑種選択がどのような位置関係にあるかも自明ではない。

1　*Frisch*, Einleitung. Hintergrund, Grundlinien und Probleme der Lehre von der tatproportionalen Strafe, in: Frisch/von Hirsch/Albrecht（Hrsg.）, Tatproportionalität, 2003, S. 10 f.; *Hörnle*, Tatproportionalität, 1999, S. 22; *dies*., Kriterien für die Herstellung von Tatproportionalität, in: Frisch u. a., aaO., S. 99.
2　さしあたり、岡上雅美「刑量の数値化に関する一考察――裁判員制度の下での新たな量刑？」研修732号（2009年）3頁以下。

さらに本報告のテーマは、とくに裁判員制度の時代において、現代的で特別な意味をもつ。裁判員制度は今年2009年に施行され、第1件目では8月6日に有罪判決が下された[3]。裁判員制度は、市民の常識や感覚を刑事司法に反映させることを目的に導入された[4]とされているが、量刑の領域での重要問題の1つが、「裁判員の市民的常識は、数量化基準をも変化させるべきか」である。この問題の背景には、次のような考え方がある。もし、裁判員が、従来の量刑基準に盲目的に追従するのであれば、せっかく裁判員制度を導入しても、刑事裁判は結論において何も変わらないことになる。とくに否認事件の少ないわが国において、多くの事件で量刑が中心的な争点となるが、裁判員制度が結論においても「改革」であるためには、裁判員に従来の量刑慣例に従うことは要求も期待もすべきでないというのである[5]。

本報告では、以上のような点を考慮しつつ、果たして刑量・刑種はどのように決定されるべきなのかを理論的な側面から検討することとしたい。

II 刑量の決定

1 日本における刑量決定をめぐる議論状況

量刑決定過程のうち前段階までで、個別事件の具体的な量刑事情を選別し、それぞれが刑を重くするか軽くするかの評価方向を考え、犯罪の重さを評価するところまでが終了している。そして、犯罪の重さの評価を数値に置き換えるというのが、この最終段階である[6]。量刑決定者に裁量の余地をおよそ認めない量刑手法――例えば、算術的計算方式、機械的な当てはめによる量刑表ないし絶対的法定刑等の採用――でもない限り、これは、法域を超えて――したがって、ドイツにもわが国にも――共通する部分であり、犯罪の重さという1つの価値を、刑の重さという異なる形の価値へ置き換えるこ

---

3 朝日新聞2009年8月7日朝刊〔殺人罪について15年の懲役刑〕。
4 司法制度改革審議会『司法制度改革審議会意見書――21世紀の日本を支える司法制度――』(2001年) 103頁。
5 たとえば、井田良「量刑をめぐる最近の諸問題」研修702号 (2007年) 11、12頁。
6 これについては、シェッヒ教授の報告の冒頭部分 (本書79、180頁) およびそこに掲げられた引用文献を参照。

とは不可避であり、量刑に本質かつ必要欠くべからざる決定手順である[7]。

したがって出発点となるのは、ある一定の重さの犯罪が、自然的な所与のものとしてあるいは事物の本性として、ある特定の刑量に対応することはありえないということである。すなわち、ある1つの個別具体的な殺人事件に10年の懲役を科すのか、無期懲役を科すのかは、事件や刑罰そのものの性質として決まっており、量刑決定者はそれを見つけ出すにすぎないと考えるのではなく、当該社会で刑事司法が、これまで同種の事件にどのような刑罰を科してきたかで刑量は決定される外はない。したがって、適正な法定刑の内部で量刑を行う限り、通常、いわゆる「相対的」均衡性[8]に基づいて刑量は導き出される。したがって、同種の前例と比べた場合の、当該犯罪の相対的位置づけを確定し、その後、従来、当該犯罪類型が科されてきた「刑罰の分布」＝スケールの中に位置づけるという作業が、刑量の数値化である。犯罪の重さというスケール上の価値を、刑の重さという別のスケール上の価値に移し変える際の基準が問題である。

イングランドおよびドイツ等ですでに知られている量刑スケール論は、わが国でも理論モデルとして紹介されている。これによれば、刑量が位置づけられる「刑罰分布の基準」は法定刑である。法定刑の上限は「考えうる限りでもっとも重い事案」に相当し、下限は「考えうる限りでもっとも軽い事案」に相当する。そして、当該事案を、もっとも軽い事案、比較的軽い事案、中程度の事案、比較的重い事案、もっとも重い事案のいずれかに割り当て、それを法定刑の当該部分に対応させるというものである[9]。

---

7 もちろん、この点は、裁判官の行う量刑のみならず、立法者が法定刑を決定する場面でも存在する。刑量決定の原理と法定刑決定の原理とは、基本的には共通の基盤（たとえば、基本となる刑罰目的、罪刑均衡原則など）に立脚すべきものと考えられるが、完全に同一であるといえるのか否か、異なる場面があるとすればどのような場合でどのように異なるのかの考察は、理論的には興味深いが別個に検討されるべき問題であり、本報告は、法定刑定立の問題をおよそ念頭においていない。

8 罪刑均衡原則によれば、罪刑均衡は、絶対的均衡性と相対的均衡性があるとされる。前者は、後者は、他の同種の事案と比較した均衡性である。これらにつき、岡上雅美「いわゆる『罪刑均衡原則』について――その哲学的基礎と近時の国際的展開を背景とする一考察」川端博ほか編『理論刑法学の探求②』(2009年) 1頁以下。

9 *Meier*, Strafrechtliche Sanktionen, 3. Aufl., 2009, S. 207 ff.

しかし、量刑スケール論のプロトタイプには、いくつかの根源的な問題点があり、わが国の実務家が基本的にこれに対して懐疑的ないし否定的であるのには理由があるように思われる。第1に、量刑スケール論と実務との乖離である[10]。量刑スケール論では、宣告刑は、法定刑の中心あたりを頂点とする山型に形成されることとなろうが、実際の宣告刑は、そのような分布状況を示していない。第2に、各犯罪類型での宣告刑は、同様な形の分布を示さず[11]、多くは下限集中傾向にあるか、あるいは、法定刑が低い場合には上限に集中することが知られている。量刑スケール論では、このような犯罪類型ごとの相違がある場合には、基準になりえない。第3に、法定刑の上限も下限も、「文字通りに」受け取ることはできない[12]。法定刑の上限は、単純一罪のみに対応するわけではない。観念的競合や法条競合の科刑上一罪の場合を含むものであるから、「考えうる限りでもっとも重い事案」には際限がない。また、処断刑は法定刑の下限を下回る場合も少なくない。したがって、犯罪類型によっては、もっとも軽い事例が法定刑の下限を下回ったところ、まったく法定刑の外で処理されていることもあろう。

2 「量刑スケール論か、それとも量刑枠論か」?

そこで、わが国では、従来の宣告刑の分布＝スケールは、法定刑ではなく、実務が事実上形成した刑罰枠であるという見解が主流である[13]。また現に、裁判官によれば、実際の事件で彼らが勘案するのは、法定刑ではなく、量刑相場であるという。確かに、上述のように、同種の事案がどの程度の刑で処罰されてきたかを基準とするという罪刑均衡原則を量刑のライトモチーフにする場合には、基準は従来の処罰の伝統すなわち量刑傾向であるという

---

10 村越一浩「法定刑・法改正と量刑」判例タイムズ1189号（2005年）29頁。
11 杉田宗久「平成16年刑法改正と量刑実務の今後の動向について」判例タイムズ1173号（2005年）7、8頁。
12 Meier・前掲（注9）, S. 207; Streng, Strafrechtliche Sanktionen. Die Strafzumessung und ihre Grundlagen, 2. Aufl, 2002, Rn. 492 ff.
13 村越・前掲（注10）29頁。なお、すでに小島透「量刑判断における法定刑の役割——量刑スケール論としての法定刑の可能性——」香川法学26巻3・4号（2007年）54頁以下。

のは、正しいように思われる。

　しかしながら、私には、量刑スケール論と量刑枠論とが相対立する反対説であるようには思われないし、二者択一でどちらが正しいかという問題の立て方自体が現実的でないように思われる。量刑スケール論には、上述のように、いくつかの解決しえない欠陥があり、さらなる理論的精緻化にもなじまないものであるが、この理論を完全に否定することもまた適切でない。法定刑が量刑の指針におよそなりえないということはない（少なくとも理論的にはありえない）し、また、量刑相場がいまだ形成されていない場合や量刑相場に依拠できない場合[14]に、量刑の出発点となり、または手掛かりを与えるのは、基本的に法定刑である。量刑傾向も法定刑を度外視して形成されたものとはおよそ考えづらく、量刑傾向がすでに法定刑を考慮に入れつつ歴史的に形成されてきたと考えてのみ、現実の裁判で、裁判官がとくに法定刑を考慮するわけではないという主張[15]も首肯することができるように思われる。

　量刑枠論は、量刑スケール論の発展型に他ならない[16]。ともあれ、量刑実務の伝統により変容を加えられたスケールとしての量刑枠の内部で、他の事案との均衡という罪刑均衡の観点から、当該事案を相対的に位置づけるというやり方で、量刑の数量化が可能となる。

3　裁判員制度の下における新たな量刑基準？――量刑基準の変化について

　以上では、量刑決定は、最後の数量化の段階で、やはり従来の量刑実務を参照することなしに、異なる価値に換算できないことを示してきた。この点、今後の裁判員裁判で、実務経験のない裁判員が従来の量刑傾向を把握で

14　まったく新たな犯罪類型が立法された場合の他、たとえば新潟監禁事件判決（最判平成15年7月10日刑集57巻7号903頁）のように併合罪として共に処罰される犯罪の組み合わせ（同事件の場合には、監禁致傷罪と窃盗罪）が独自の量刑相場を形成しているとは考えにくい場合、長らく適用されてこなかった罰条が復活して適用されるような場合（明治22年に制定された決闘罪が暴走族同士の抗争に適用されるようになったことが想起される。朝日新聞1989年5月12日夕刊）などである。

15　杉山・前掲（注11）8頁。

16　岡上・前掲（注2）8、9頁。

きるようにするために不可欠の道具となるのが、後の報告で紹介される量刑データベースとしての「裁判員量刑検索システム」である。これに関する詳しい説明は、後に譲るが、この検索システムでは、いくつかの検索語を入れることで、一定の犯罪類型の中で同種の事件にどのような刑が科されてきたかの分布がグラフや図表の形で示される。もちろん、示されるのは、宣告刑であるから、すでに予防目的などその他の事情が共に考慮された結論であるから、責任相当刑・罪刑均衡による刑を直接表わすものではないとしても、その傾向をおおまかに知ることができる。

では、裁判員裁判であれ職業裁判官による裁判であれ、今後も量刑傾向は維持されるべきであり、結論的に刑量は変わらないというのが正しい量刑のあり方なのだろうか。答えは否である。

刑量の数値化は、従来の処罰状況すなわち量刑傾向の中での位置づけという方法以外に行いえない。しかし、量刑傾向への依拠は、方法論的に必然であるとしても、これを維持すること自体が量刑の自己目的なのではない。とくに裁判員制度は、健全な社会常識を刑事司法にもちこむことが目的なのだから、従来の量刑傾向が市民の感覚から見て是認できないものである場合には、これを変えることがむしろ望まれているというべきであろう。そのような変化が起こりうる場面として、例えば、①重視すべき量刑事情の比重の変化、②法益の重要度の理解の変化、③危険な行為態様に関する評価の変化などが考えられる。①の例としては、「責任」を非難可能性であるとした上で、その程度を判断する際に重視される量刑事情の選別が変化する可能性がある。たとえば、犯罪の被害を評価するにあたり、被害者の被害感情の比重を大きくするということが考えられる。②の例としては、近時、性犯罪とりわけ強姦罪の宣告刑が重くなってきているという現象がある[17]。この場合の法益は、被害者の性的自己決定権であるが、この重要性が社会的に新たに把え直されてきたことが背景である。③の例としては、交通犯罪とくに飲酒運転の厳罰化の例が挙げられよう[18]。もちろん、これらの新たな変化が量刑傾向

---

17 木村光江「刑法各則の罰則整備」ジュリスト1276号（2004年）62頁。
18 この例は、自動車運転過失致死傷罪および危険運転致死傷罪も含んでよい。これらの場合は、人の死亡という結果重視の表れだとすれば同時に①の類型の例であるとも

の是正として正当か、それとも回避されるべき感覚的量刑なのかは、また別途の検証を必要とする。ここでも、量刑「法」すなわち量刑理由の理論的分析の重要性を指摘することができる。

しかも、このような量刑傾向の変化は、たとえ正当なものだとしても、ある1個の判決により急激に行われるべきものではない。むしろ、一判決による大きな逸脱は、上訴審で修正されるべきものである。ある判決が伝統的な量刑傾向に微修正を加えて、そこから逸脱する場合には、判決文でその理由を十分に説明することが望まれる[19]。裁判員制度の下での量刑も、他事例の量刑を省みずに、無原則に市民の直観で刑量を決めるものであってはならない。その上で、多数の事例の積み重ねによって、このような量刑傾向の変化は暫時進められてゆくべきものである[20]。

III わが国における刑種に関する諸問題

1 日本の刑法における刑種

我が国の刑法の刑種は、ドイツ刑法典よりもずっと種類が少なく、なお保安処分も一般には存在しないなど、いくつかの点で大きな特徴的な相違がある。ここでは、とくに2つの領域の問題を分けて述べることとしたい。一方は重い領域での、他方は軽い領域での刑種の選択の問題である。前者について、日本ではなお死刑が存置されている[21]。死刑か懲役刑かという選択は、犯罪の重さの評価の問題、それが極刑に値するのか否かの問題であり、両刑種は縦列の関係にある。しかし、後者の領域すなわち軽い犯罪について、自

いえようが、何等の事故結果も付随しない飲酒運転でも社会的非難が大きくなったことを考えて、独立の類型とした。
19 アメリカ合衆国連邦量刑ガイドラインでも、ガイドラインから離脱する場合の量刑決定者の説明責任として、この考え方と同様の制度がある。
20 もちろん、量刑傾向の変化は、裁判員制度に伴ってのみ肯定的に捉えられるべきではなく、職業裁判官による量刑も、社会の変化や量刑原則の変化など様々な要因によって変化しうるものであり、本文で述べた点が等しく妥当する。これについては、Frisch, Maßstäbe der Tatproportionalität und Veränderungen des Sanktionsniveaus, in: Frisch u. a. (Hrsg.) 前掲（注1）, S. 179 ff. をも参照。
21 ただし、本報告は死刑制度の是非については、まったく立ち入らない。

由刑を実刑にするか執行猶予をつけるか、それとも罰金刑にするかは、犯罪の重さが確定的に明らかになった後で、刑の執行態様をどれにするかの問題であり、それぞれの刑種は並列の関係に立つ。このような意味で、ドイツでの刑種の選択の問題は、もっぱら後者の問題であろうが、このように日本では、刑種の選択では異なった諸層が問題となる。

2 死刑と無期懲役刑の区別

まず、重い領域での刑種選択の問題を論じる。死刑には刑量を観念することはできず、もっぱら刑種の選択のみの問題であるが、死刑と無期懲役刑の区別基準の変化が近時の大きな問題である。いわゆる厳罰化は、すでに職業裁判官の下ですでに起こっていた現象である。日本の裁判所は、量刑については特に一般原則を宣言することは稀であるが、死刑適用の一般基準については、最高裁判決[22]（いわゆる永山判決）があり、従来、この基準が判例上大きな指導力・影響力をもってきた。同判決では、「死刑の適用はとくに慎重」に判断すべきものとされ、それによれば、「犯行の罪質、動機、態様ことに殺害の手段、方法の執拗性・残虐性、結果の重大性ことに殺害された被害者の数、遺族の被害感情、社会的影響、犯人の年齢、前科、犯行後の情状等各般の事情を併せ考察したとき、その罪責が誠に重大であって、罪刑の均衡の見地からも一般予防の見地からも極刑がやむをえないと認められる場合」に死刑が選択しうるという。ここでは、重視されるべき量刑事情が例示列挙され、量刑の目的として、罪刑均衡原則と一般予防目的にのみ言及されている。

ここで、最高裁は、――ドイツ刑法典46条の量刑の一般原則規定と通じるところがあるように思われるが――個別の考慮方法（被害者が何人であればよいのか等）やその優先順位をまったく示すことなく、量刑事情および量刑の目的を列挙している。とくに注目すべきは、特別予防目的が意図的に抜け落ちていることである。おそらく、最高裁は、例えばドイツで論じられているようなナチスの謀殺者の事例、すなわち、再犯の可能性が皆無であるという意

---

[22] 最判昭和58年7月8日刑集37巻6巻609頁。

味で特別予防の必要性はないが、責任が非常に重い場合に、死刑を科すことが正当化されるかの問題に対して最高裁が示した解答を読み取ることができよう。また同時に、行為者の危険性のみを理由に死刑を科すことを戒めたものでもある。ただし、従来の判例は、特別予防の考慮を行わなかったのでは決してない。偏面的に死刑回避の方向に向かって、更正の可能性が残る場合、判例は従来死刑を科してこなかった。とくに20歳未満の若年犯罪者の場合が顕著であった[23]。

しかし、最近は、死刑の適用のあり方が変化していると指摘されている。例えば、罪の重さ（応報）や遺族感情を理由として、被害者が１人の場合、犯人が20歳未満の場合、あるいは、更正の可能性がある場合でも死刑が科れる事案が現れている[24]。これが基準そのものの変化なのか、それとも同一基準の解釈方法の違いなのかについて議論を呼んでいる[25]。

2　自由刑回避の諸々の可能性

次いで、軽い領域での刑種選択の問題を論じる。自由刑回避の方法として、ドイツと日本の法制度上の３つの相違点を指摘しておきたい。第１に、ドイツの刑の執行延期制度に対応するものが、日本の執行猶予制度であるが、執行猶予は３年以下の懲役刑に対して付することができる（25条）。薬物事犯であっても、組織犯罪者ではない末端の個人についての薬物自己使用は、ほぼ執行猶予で処理されるなど、非常に多用されている。第２に、罰金は日数罰金制度ではなく、定額制であり、懲役・禁錮と同様に、上限・下限の幅を示した法定刑をもち、量刑基準に関する規定はない。計算によっては相当高額になるドイツの制度とは異なって、自然人に科せられる刑罰は、経済刑法などの領域では例外もあるが、刑法典上の犯罪としては、例えば、過失致死罪の法定刑は、50万円以下の罰金である。第３は、この現状を正確に

23　これについては、同じく永山事件の原審判決（東京高判昭和56年８月21日東京高裁（刑事）判決時報32巻８号46頁）を挙げておく。

24　例えば、最判平成18年６月20日最高裁判所裁判集刑事289号383頁、最判平成20年２月29日最高裁判所裁判集刑事293号373頁。

25　平川宗信「判批」平成18年度重判161頁、永田憲史「死刑選択基準は変化したのか――光市事件を素材に」関大法学58巻６号（2009年）1087頁以下など。

把握することは困難なものであるが、日本では、起訴便宜主義が取られており、検察官の起訴猶予裁量は非常に広く、有罪立証が困難な場合のみならず、要罰性の低い場合も実際に相当この段階で篩い分けられているものと考えられる。

そしてまた、自由刑の実刑を科す際に考慮されるべき要因も、実務と学説の間には若干の齟齬があるようである。有力な学説によれば、刑種を決定するのは、主に犯人の危険性である。これに対して、実務では、特別予防的考慮によるというよりは、犯罪の重さが重視されるという。しかしながら、犯罪の重さはすでに刑量の決定で考慮済みであり、それで刑期を短かく量定しながら、再度、犯罪の重さを刑種選択の要因と考えることはやはり難しいように思われる。

また、殊にこの軽い領域での刑種の選択の問題については、その思考方法について、実務と理論との間には、次のような異なった発想がなお残るようにも思われる。理論的には、刑種の選択で、Aという刑種かそれともBという刑種かを選択するにあたり、AとBとの間に軽重の違いはないはずであり、Bという刑種を選択したからといって、刑罰の軽減が起こったとは考えられない。しかし、例えば、3年の懲役の実刑と5年の執行猶予付きの3年6月の懲役とでは、実際上、とくに被告人にはどちらでもよいわけではなく、後者が軽いと考えられていることは明らかであろう。また、論理的には、まず実刑での刑量を考察し、次に同じ重さの刑をどのような態様で執行するかを考えるというのが現行法の規定である（たとえば、刑法25条）。実際の刑事裁判では、まず実刑が必要かどうかも合わせて執行猶予の要件を満たす刑量を提示するということも行われているようである[26]。もっともこれは、判決文に現れるわけではない。したがって、このような思考順序を辿ることが直ちに結論的にも誤りとは断言はできないとしても、まず執行猶予ありきの結論が先行して、それに合わせて量刑事実を選別し、そのために刑量を決定するという順序がもし実際に取られているとすれば、直感的量刑の疑いが

---

[26] 原田國男『量刑判断の実際〔第3版〕』（2008年）43頁は、「実務は、まず、刑期を定めてから、執行猶予を付すべきかを判断するという順序を取っていない」とされる。

あり、やはり理論的には疑問が残るところである。

IV 結 語

現時点では、裁判員制度の下での量刑がどのようなものになってゆくのかの正確な予言は不可能である。将来的に、厳罰化が進むという見方もあれば、裁判員は刑罰の適用に慎重となり、むしろ厳罰化に歯止めがかかるとの見方もある。量刑も法的判断であるからには、裁判員裁判とは、裁判員が直感で刑量を決めることを許す制度であるはずがない。したがって、量刑「法」を職業裁判官がうまく裁判員に仲介することが決定的に重要となる[27]。裁判員制度が我々の社会に真に根づくか否かは、裁判員の行う量刑に国民の敬意と信頼が向けられることが条件となろう。いずれにせよ、今後は、量刑評議は基本的に判決文に明示されることにもなるということであり、従来以上に、量刑の理由づけが現実に即したものとなることが期待できる。それを基に、さらに新たな量刑「法」を発展させる必要があるが、これは、まさに実務家と研究者が手を携えて行うことが期待される共同作業である。

---

[27] 原田・前掲（注26）351頁以下および井田良「わが国における量刑法改革の動向」慶応法学7号（2007年）12頁以下。

第5テーマ・第6テーマに対する実務家のコメント

中桐　圭一
函館地方裁判所判事

　私は、現在刑事裁判に携わっている裁判官の一人としてこのシンポジウムに参加しているので、浅田・岡上報告について直接評するのではなく、これらの報告で論じられたテーマに関して、日本の裁判実務において、これまでどのような考え方がとられてきたかを紹介し、議論の素材を提供したい。

1　量刑事実としての行為前の事情と行為後の事情について

　日本の刑事裁判においては、犯行の動機、態様、結果、共犯事件における関与の程度など犯罪行為自体に関する情状を考慮して刑の大枠を定めた上、その大枠の範囲内において、行為者の年齢、性格、経歴、犯行後の反省態度、被害者との和解の成否や損害賠償等の事情を考慮し、一般予防、特別予防のほか刑事政策的観点をも加味して、具体的な刑を量定するのが一般である。

　そして、行為者の前歴や犯行後の態度は、上記の刑の大枠の範囲内において、具体的な量刑を上下させる事情のひとつとして考慮されているといえる。

　まず、行為者の前歴についてみると、日本の刑事裁判実務において重視されているのは、前歴の中でも前科、特に同種前科の存在である。同種前科の存在は、刑を重くする方向で考慮され、犯罪類型等によっては、同種前科の有無が具体的な量刑に大きな差を生じさせる場合がある。ただし、同種犯罪を重ねるたびに際限なく刑を重くしてよいとは考えられておらず、当該犯行の態様や犯罪結果等に照らし、どの程度重い刑を科することができるかを慎重に決定しているのが実情である。また、余罪を量刑事情として考慮することができるか否かについても、浅田報告で紹介されたとおり、最高裁判決において、被告人の性格、経歴および犯罪の動機、目的、方法等の情状を推知

するための資料として余罪を考慮することは許されるとされているが、日本の裁判官は、審判の対象とされている犯罪事実を基礎として刑を量定しようとする姿勢が強く、余罪を量刑上考慮することには極めて慎重であるのが一般的な態度であると思われる。

次に犯行後の態度についてみると、日本の刑事裁判実務において、行為者の犯行後の態度は重要な量刑事情として考慮されている。

学説においては、行為者の犯行後の態度は、もっぱら特別予防的観点から刑を軽減する方向でのみ考慮することが許されるという見解も有力であり、浅田報告も同様の見解に立っている。しかし、行為者の犯行後の態度には、自己の犯した罪を反省し、被害弁償に努めるような場合だけではなく、逃亡や罪証隠滅を図ったり、単に犯行を否認するにとどまらず、被害者の名誉を著しく損なうような虚偽の弁解をして罪を免れようとするなどの場合も含まれるのであり、後者の場合には刑を重くする方向で考慮するのが実務の一般的な感覚ではないかと思われる。また、犯行後の態度のうち、特に損害賠償や被害者との和解については、必ずしも特別予防的観点のみからこれを量刑上考慮しているとはいえないと考える。

もちろん、日本の刑事裁判実務においても、行為者自身が損害賠償のために真摯に努力した場合には、それが自己の犯した罪に対する反省や更生の意欲の表れとして特別予防的観点からもこれを評価し、損害賠償はなされたものの行為者に反省の態度がないことが明らかな場合や、行為者自身の努力によらずに損害賠償がなされた場合等とは刑を軽減する度合いに明らかに差を設けている。しかし、そうはいっても、賠償額が相当高額な場合などには、行為者の動機、意図にかかわらず、あるいは、行為者の努力によらない場合であっても、損害賠償がなされたという客観的事実に着目して、これを刑を軽減する方向で考慮する場合がある。例えば、第１審で不合理な弁解をして否認していた被告人が、第１審で実刑判決を受けたため、控訴審において一転して事実を認めた上、被害者側と和解し、相当高額の賠償を行った場合には、損害賠償等を行った意図が実刑回避にあることが明らかであったとしても、控訴裁判所としては、刑を軽減する方向で第１審判決の量刑を見直すのが通例である。

裁判官の関心事は、判決の時点において、当該行為者にどの程度の刑を科すのが相当かという点にあり、行為者の犯行後の態度により処罰の必要性の程度に変動が生じれば、それを考慮することは当然とも考えられ、刑の大枠の範囲内において、犯行後の事情をも考慮した上、判決の時点において、必要かつ相当な刑を科すというのが日本の刑事裁判実務の運用であるといえる。

2 刑量と刑種の基準について

岡上報告にもあるように、日本の刑事裁判実務においては、量刑スケール論は、具体的な刑を量定するにあたっての基準として機能するとは考えられていない。その理由としては、岡上報告が挙げる理由に加えて、日本の刑法典は、構成要件の定め方が包括的で法定刑の幅も極めて広いこと、1907年に制定された刑法典が、近年に至るまで大幅な改正が行われないできたことが挙げられる。日本の裁判官も、刑を量定するにあたって、その事案が当該犯罪類型の中で重い方に属する事案なのか、軽い方に属する事案なのかは当然意識しており、法定刑を一応の目安にしているとはいえるが、それだけでは具体的な刑量を導き出すことは困難である。また、刑法典制定後の約100年間における日本社会の大幅な変動を考えれば、刑法典で定められた法定刑を量刑スケールとして現在の刑事裁判にそのまま適用することは妥当でない場合があると考えられる。

それでは、日本の刑事裁判において刑の数量化の基準がないのかというと、そうではない。日本の裁判官は、過去の同種の事案に対してなされた量刑の集積により形成されたいわゆる量刑相場に従って具体的な刑量を決定してきた。量刑相場は、同種、同性質、同程度の行為を内容とする事件に対しては、同程度の刑を量定するのが妥当であるという公平の理念を根拠とするものであり、控訴裁判所の量刑審査の基準としても機能している。

日本の裁判官は、自己が担当する刑事事件の量刑を決めるにあたって過去の同種事案についての量刑傾向を調査し、これを踏まえた上で当該事件の個別事情を考慮し、量刑を決定するという作業を繰り返し、様々な事件を経験することにより自分なりの量刑基準を確立していくのであるが、ある程度実

務経験を積んだ後も他の裁判官の量刑傾向に注意を払い、自己の量刑が他の同種事案の量刑と著しい不均衡を生じないように公平な量刑を心がけている。また、日本では量刑不当が控訴理由とされ、控訴裁判所において第1審裁判所における量刑のばらつきが是正されることや、裁判官が全国規模で転勤すること、統一的な研修制度の存在などの要因も重なって、裁判官による個人差や裁判所の所在地による地域差が極めて少なく、かなり狭い幅の量刑傾向が形成されたと考えられる。これがいわゆる量刑相場であり、日本の刑事裁判において事実上の量刑基準として機能し、裁判所全体としての公平な量刑の実現に寄与してきた。

　このように、量刑相場は、過去の量刑の集積を基礎とするものではあるが、必ずしも固定的なものではなく、日本の裁判官は、過去に積み重ねられた量刑を踏まえた上で、社会情勢の変化などをくみ取りながら、時代の変化に柔軟に対応し、その時代時代の量刑相場を形成してきたと考えられる。

　裁判員裁判によって従来の量刑傾向に変化が生じるか否かについては、裁判員制度の施行後間がなく、十分な事例が集積されていないため、これを具体的に予測することは困難であるが、従来の狭い幅の量刑相場がそのまま維持されるのではなく、より幅の広い量刑傾向に変化していくのではないかと予測されている。裁判員裁判においても、具体的な刑量を決める際には、過去に集積された量刑資料が参考にされることになると考えられるが、刑事裁判に国民の健全な社会常識を反映させようという裁判員制度導入の趣旨に照らすと、これに強い拘束性を認めるのは相当でない。また、裁判員裁判においては、証拠が厳選されるため、従来のようなきめ細かな量刑事実の認定が困難になることも考えられる。

　最後に刑種選択の基準について一言触れておくと、死刑選択の基準については、死刑が究極の刑罰であることから、最高裁判決において示された基準を踏まえ、死刑の適用は極めて慎重に行われている。死刑の適用に関しては上訴審による審査も厳格に行われており、自由刑と比べて第1審裁判所の裁量の幅は小さいと考えられている。

第3部　訴訟上の量刑問題

ドイツ側報告

[第7テーマ]
事実審における量刑決定

ルイーザ・バーテル
カールスルーエ上級地方裁判所判事

訳・辻本　典央
近畿大学准教授

Ⅰ　公判における量刑事実の探求
Ⅱ　素人裁判官（参審員）が関与した下での判決評議における量刑事実の認定と評価
Ⅲ　判決理由における量刑決定

　量刑法の発展、刑罰問題における上告裁判所のコントロールの強化は、事実審に対して影響を与える。公判を経て、事実審裁判官は、罪責問題だけでなく、刑罰問題にも、回答を示さなければならない。事案の解明および被告人の罪責の立証が主たる争点となる場合も、裁判官は、その視点を、狭義の量刑および法効果宣告[1]全体に重要となりうる事実資料にも向けなければならない。この任務を果たすことができるのは、量刑決定の構造、刑罰により追求される目的、それゆえに量刑に重要となる事実についておよそ明確な観念を持っている者だけである。この点について、判例と学説とで大きな違いはない[2]。それゆえ、本報告ではこの問題に詳細に立ち入ることはできない。事実審裁判官にとって、自身の判決が上告裁判所による審査に耐えうるよう

1　広義の法効果宣告には、制裁システムの二分化に沿って、改善および保安処分（例えば、禁断治療施設における麻薬中毒症の被告人の収容、精神科病院における精神障害のある犯罪者の収容、保安拘禁施設における危険性がある犯罪者の収容）も含まれる。

2　Vgl. *Frisch*, Strafkonzept, Strafzumessungstatsachen und Maßstäbe der Strafzumessung in der Rechtsprechung des Bundesgerichtshofs, in 50 Jahre Bundesgerichtshof, Festgabe aus der Wissenschaft, Bd. 4 (2000), S. 269-308.

にするためには、上告裁判所の判例に従うことが良い方法である。

　本報告は、与えられたテーマに沿って、量刑に重要な事実の解明および刑罰問題の決定に際して事実審裁判官が歩むべき手続法上の過程を叙述することに限定する。それゆえ、まず、公判において量刑事実を探求するための要件に視点を向ける。ドイツで採用された刑事訴訟の形態によると、量刑事実の探究は刑事手続の中核を構成し[3]、証拠調を刑事手続のより早い段階へと前倒しする近時の傾向が多くの立場から批判されていることを考慮しても[4]、その意義を過小評価することはできない。IIでは、ドイツ刑事訴訟における現在の素人裁判官関与についての若干の一般的なコメントを述べた後、合議裁判所における判決評議の過程に目を向け、参審員が関与する下での量刑問題における決定を見い出すにあたっての問題点をいくつか詳しく提示する[5]。最後に、書面に記載される判決理由において量刑決定を基礎づけるべき要件を叙述するが、この点についても、判決起案についてのいくつかの一般的な原則の検討に限定せざるを得ない。

　本報告は、成人被告人に対する刑事訴訟を主たる検討対象とし、ドイツでは固有の法律——少年裁判所法——で制定されている少年刑法の特殊性についての言及は、与えられた時間の都合により割愛する。

I　公判における量刑事実の探求

　公判は、罪責問題の決定に重要な事実の認定にも資するだけでなく、法効果問題に重要な事情にも及ぶ。裁判所が量刑決定に重要な事実の解明のために辿るべき手続法的過程を、簡潔に叙述する。その要件は、あらゆる観点において、罪責宣告の基礎となる事実の認定に適用されるものに合致する[6]。決定に重要な事実を、訴訟関係人の申立に関わりなく職権で、いわゆる厳格

---

[3]　*Gollwitzer*, in LR StPO (25. Aufl.), Vor § 226 Rdn. 3.

[4]　*Eschelbach*, in KMR, Vor § 226 Rdn. 35 mwN.

[5]　主として、陪審裁判所としても活動するカールスルーエ地方裁判所刑事部における陪席裁判官としての私の経験に基づく。

[6]　BGHR StGB § 46 Abs. 1 Begründung 2 unklare Erwägungen, stRpsr.; *Schäfer/Sander/van Gemmeren*, Praxis der Strafzumessung (4. Aufl.), S. 287.

な証明の方法[7]で解明するという義務は、量刑事実にも妥当する[8]。事実資料の範囲に対する訴訟関係人の影響力は、証拠申請権によって保障される[9]。

通常は、被告人の従前の生活状況[10]——経歴や現在の人的、経済的環境——、犯行後の被告人の態度、刑罰によりその将来の生活に対して予測される効果[11]といったものについての認定が、通常は不可欠である[12]。被告人が量刑に重要なこれらの事情について黙秘している場合、事実審裁判官は、職権で解明することを義務づけられる。被告人のこれまでの生き方や、その人的、経済的生活環境についての情報を得るためには、被告人と密接な社会的関係にある人を証人として召喚し、尋問することが必要となりうる。裁判官の日常的実務において通常は考慮される前科[13]は原則として行為責任を高める。なぜなら、行為者は刑罰の警告効果を無視し[14]、それゆえ彼の法敵対的信条を推定させるからであるが[15]、その認定は、前の判決の要約を朗読することによって行うことができる。さらに、前の犯罪の遂行形態が刑を加重する方向で援用されるべき場合で、被告人が朗読される判決に含まれている犯行形式についての認定を争っているときは、事実審裁判官は、前の犯罪の解明を義務づけられる。裁判官は、判決理由に含まれた、朗読により公判に持ち込まれる事実認定を、審査することなく受け入れることを許されない[16]。

---

7 いわゆる自由な証明手続とは異なり、証拠の数が限定され、証拠調は、公開かつ口頭の公判で、裁判に関わる裁判体の成員の面前で行われなければならない。
8 § 244 Abs. 2 und 3 StPO.
9 Vgl. BGHSt 1, 51 〈54〉.
10 § 46 Abs. 2 StGB.
11 § 46 Abs. 1 Satz 2 StGB; vgl. BGHR StPO § 267 Abs. 3 Satz 1 Strafzumessung 18.
12 それらの認定が判決理由に欠けている場合、事実審裁判官の判決は、特により重い刑を科すものである場合には破棄される。Vgl. BGHR § 46 Abs. 2 Vorleben 15.
13 軽微かつ関連のない前科は、重要ではない。Vgl. BGHSt 41, 57 〈64〉.
14 *Theune*, in LK StGB (12. Aufl.), § 46 Rdn. 170. BGH の見解によると、公訴提起による手続が有罪判決によって終結するのではなかった場合でも、警告効果を持つ。Vgl. die Nachweise bei *Theune*, a. a. O.
15 BGHSt 24, 198 〈200〉; *Theune*, in LK StGB (12. Aufl.), § 46 Rdn. 169; kritisch zur Indizkonstruktion des BGH *Frisch*, a. a. O., S. 291.
16 BGHSt 43, 106 〈108〉.

量刑事実の認定に必要な調査は、裁判発見の質を確保するため、できる限り集中的に実施されるべき口頭による公判に、付加的な調査コストによる相当な負担をかけることになる。それゆえ、公判における遅延を回避するために、検察は、その調査を、狭い意味での犯行の解明に加えて、犯行の法効果の決定にとって重要となりうる事情にも及ぼしておかなければならない[17]。検察は、そのために、裁判前調査を利用することができる[18]。1975年に導入されたいわゆる裁判前調査は、実務では影のような存在であるが[19]、その法律趣旨によると、ソーシャル・ワーカーが、被告人の人的、経済的環境に関するできる限り包括的な報告を書面によって作成する[20]。この報告は、朗読の方法で公判に取り込むことはできないが、被告人の主張に対する弾劾を目的としては用いることができる。弾劾が奏功しない場合、報告に含まれる情報は、証人尋問の形で取り込まれなければならない[21]。実務では、量刑問題に重要な事実をできる限り早期に探究すべきであるという要請は、常に考慮されているわけではない。この点について、いくつかの理由がある。まず、刑事訴追機関は、事案解明に向けるその精力を、一次的には犯行の解明および行為者の罪責の立証に集中させる。加えて、早い段階での量刑事実の探究は、例えば行為者の人格の点で、無罪推定および対象者の人格権との緊張関係に陥り易い。またそれは、対象者への相当な負担にもなる。そのようなことは、まだ充分な犯罪容疑が存在しないとき、およそ支持できないものである[22]。他方で、被疑事実に関する捜査が、充分な犯罪容疑を認めうるほど進

17　Vgl. § 160 Abs. 3 Satz 1 StPO.
18　Vgl. § 160 Abs. 3 Satz 2 StPO.
19　Vgl. *Schöch*, Leferenz-Festschrift (1983), S. 127〈131〉. 裁判官および検察官の大半は裁判前調査を委託したことがないということは、今日でもなお現実のことである。
20　裁判前調査の組織の設置はドイツ連邦の構成上、連邦諸州の管轄に属するが、バーデン・ヴュルテンベルク州では、2007年以来、私的な受託者――オーストリア所在のNeustart有限会社――が担っている。裁判前調査担当者は、この私企業に所属して活動している。裁判前調査官は、検察官に代わって法律上の調査任務の一部を引き継ぎ、それにより機能的に刑事訴追の任務を引き継ぐことになるが、裁判前調査官の任務を私企業化することは、法的に全く問題がないのかには、疑いもあろう。
21　Vgl. *Schäfer*, Praxis der Strafzumessung (4. Aufl.), S. 393, Rdn. 1126.
22　Vgl. *Meyer-Goßner*, StPO (52. Aufl.), § 160, Rdn. 19; *Schöch*, a. a. O. S. 135.

渉しているとき、捜査手続は、終結するまでに熟している[23]。被疑者の人的環境に関するさらなる調査は、手続終結の遅延をもたらし、刑事事件に妥当するべき迅速化要請との摩擦につながる[24]。それゆえ、検察は、通常は捜査手続を終結し、公訴を提起し、以後の必要な調査を裁判所に委ねる。もっとも実際には、必要な調査が刑事手続の後の段階において埋め合わされることは、あまり見られない。包括的な解明義務が存在するにもかかわらず、実務は、今日[25]しばしば被告人自身の人的状況に関する供述で満足する。もっとも、彼がこの点の供述をする意思がある場合にではあるが。被告人の供述は、迅速な手続終結のために、しばしばそれがあまり説得的とは思われない場合でも受け入れられている。しかしそれは、時折、事実審裁判官の判決が上告審で破棄されることをもたらした[26]。

あらゆる支持可能な[27]解明努力にも関わらず、刑を加重する方向で考慮されるべき量刑事実の存在についての疑いが除去されない場合、事実審裁判官は、「疑わしきは被告人の利益に」の原則に従って判断しなければならない。この原則は、量刑にもそのまま妥当する。単なる推測[28]や仮定的考察は[29]、被告人に不利な方向で考慮することを許されない。事実審裁判官は、量刑の領域でも、個別事例の事情に応じて考えられる可能性のうち、被告人に最も有利なものを出発点としなければならない[30]。

23　§ 170 Abs. 1 StPO.
24　BGHSt 52, 124 〈129 f.〉. もっとも、さらなる調査により生じる手続の遅延は、実質的に必要なものであるといえる。
25　2009年5月28日に議決された「刑事手続における合意の法制化のための法律」（BT Druck 16/11736）は、新たに刑事訴訟法257c条2項において、裁判所と訴訟関係人とが法律効果について合意を結ぶ機会を明示で可能にしたが、本法律の施行後に、裁判官による解明義務の範囲が変化するかは、今後の動向を待たなければならない。
26　BGH NJW 1976, 2220.
27　Vgl. BGHR StPO § 267 Abs. 3 Satz 1 Strafzumessung 17 persönliche Verhältnisse.
28　BGH NStZ 1997, 336; StV 2000, 656.
29　BGH StV 1995, 408によると、誰も害することのなかった被告人の犯行が「全く別の結果となっていたかもしれない」とする考え方は、法的に誤りである。
30　BGHSt 43, 195 〈209〉. 執行猶予（§ 56 StGB）の判断に重要でありうる事情に関する疑いの取扱の問題は、本件では検討されていない。Siehe dazu *Schäfer/Sander/*

以上で、量刑の領域における事実認定の手続法上の過程を、簡潔に叙述した。個別事例において如何なる事実が量刑に重要となりうるかは、すでに前の報告で検討されているため、本報告では繰り返さない。

II 素人裁判官（参審員）が関与した下での判決評議における量刑事実の認定と評価

1 名誉職裁判官——参審員と呼ばれる[31]——の刑事司法への関与は、ドイツにおいて長い伝統を持つ[32]。素人裁判官の関与は、その起源が古く、糾問主義訴訟の克服以来、基本的に維持されてきた[33]。司法権への関与の形式および範囲は[34]、それに付与される機能と同じく、大きく変化してきた[35]。今日では、素人は、司法権へのその関与によって、特に、市民の司法への信頼を強化し[36]、裁判官による裁判がより良く受け入れられることに寄与し、そして同時に、裁判事象のわかり易さを高めるものとされている。もっとも、——素人参加の支持者が期待するように——素人がそれを越えて、刑事訴訟で提示される事実問題および法律問題についての激しい議論に加わり、職業裁判官による——有害な——決まりきった結論に反対することができるかは、疑問であるように思われる。経験的研究[37]は、どちらかといえば、公判進行および裁判結果に対する参審員の影響は、それを支持する者が期待す

---

van Gemmeren, a. a. O., S. 292.
31 Vgl. § 45a DRiG.; Rennig, a. a. O.
32 Casper/Zeisel, Der Laienrichter im Strafprozess (1979), S. 11.
33 Kühne, in LR‑StPO (26. Aufl.), Einleitung, Abschnitt J, Rdn. 27 mwN.; Rüping, JR 1976, 269 f..
34 伝統的な形式によると、純粋な陪審裁判所の構成では、陪審員だけで罪責問題について判断し、参審裁判所の構成では、職業裁判官と素人裁判官が協働して罪責問題および刑罰問題を判断する。Vgl. Linkenheil, Laienbeteiligung an der Strafjustiz (2003), S. 29-31.
35 Kühne, a. a. O., Rdn. 29.
36 Rieß, Festschrift für Schäfer (1980), S. 217; Roxin, Strafverfahrensrecht (25. Aufl.), S. 32.
37 Rennig, Die Entscheidungsfindung durch Schöffen und Berufsrichter in Rechtlicher und Psychologischer Sicht (1993); Casper/Zeisel, a. a. O..

るよりも小さい、ということを示している[38]。しかし、素人裁判官は職業裁判官よりも世論による情動的影響、予断、干渉を受け易いという危惧は[39]、前述の研究によっては裏付けられていない[40]。刑事司法における参審員の関与は、今日に至るまで維持され、争われてはこなかった。現在の刑事裁判所の構成は、区裁判所[41]のレベルでは軽度または中度の犯罪領域に管轄を持つ参審裁判所、ならびに、地方裁判所の刑事部――区裁判所判決に対する控訴に管轄を持つ小刑事部（裁判所構成法74条3項、76条1項1文）と、重大な犯罪の領域に管轄を持つ大刑事部および陪審裁判所（同法74条1項、2項、76条）――で、事実審における素人裁判官の関与を予定している。軽微犯罪の処理[42]および国家保護事件の審判[43]は、素人裁判官が関与することなく行われる。上告審についても、素人の刑事裁判への関与は、規定されていない。参審裁判所と小刑事部は、1人の職業裁判官と2人の参審員とで構成される[44]。地方裁判所の大刑事部裁判には、原則として[45]――陪審裁判所に関しては例外なく――3人の職業裁判官と2人の参審員が関与する。19世紀後半

---

38 *Rennig*, a. a. O., S. 570-574. これは、多くの職業裁判官による素人裁判官関与の意義に対する評価に合致する。Vgl. *Streng* (1984), S.378.
39 *Rüping*, a. a. O., S. 272/273.
40 *Rennig*, a. a. O.
41 区裁判所は、裁判所構成法24条によると、刑が4年を超えることが見込まれる、あるいは被告人を精神科病院に収容する必要性という理由から地方裁判所の管轄に属する事件、または検察官が証人の特別な要保護性、事件の特別な範囲または意義ゆえに地方裁判所に公訴を提起した事件、あるいは上級地方裁判所の管轄に属する事件を除く、刑事事件に管轄を持つ。
42 この場合、単独裁判官として活動する職業裁判官が管轄を持つ。Vgl. §§ 25, 22 GVG.
43 この場合、上級地方裁判所が管轄を持つ。Vgl. §120 GVG.
44 裁判所構成法29条2項は、いわゆる拡張的参審裁判所（第二の職業裁判官が加わる）の機会を開く。
45 ドイツ再統一により生じた人的資源の不足ゆえに、1993年に経過的規定として導入された裁判所構成法76条2項の規定は、刑事部が陪審裁判所として管轄を有するのではなく、また事件の規模や困難さから第三の裁判官の関与が必要的とは思われない場合に、大刑事部（公判では裁判長を含む2名の裁判官と2名の参審員とで構成）が公判開始を裁判することができると定める。経過的規定として期限が付され、例外として厳格に解釈されるべき本規定は、切実な雇用削減に基づく人的資源の不足ゆえに、この間に裁判体構成の原則的な形態となっている。

に導入された伝統的な陪審裁判所は、3人の職業裁判官と12人の陪審員とで構成され、罪責問題と刑罰問題とを区別して裁判することになっていたが、同裁判所は、1924年に、3人の職業裁判官と6人の陪審員から成る大参審裁判所に改変され[46]、最終的には1975年に、その構成において3人の職業裁判官と2人の参審員とに縮小された[47]。

参審員は、公判中は、完全な範囲で[48]、職業裁判官と対等の権限を持って裁判官としての職務を遂行する。彼らは、刑訴法240条2項により、公判において質問する権利を持ち、公判の過程で行われるべきすべての裁判に関与する（裁判所構成法30条を参照）。彼らは、職業裁判官と協働し、対等の権限を持って、罪責問題および刑罰問題について評議し、裁判を行い、それゆえ、法律問題の判断にも関与する。手続結果への彼らの考えうる影響力の評価に関して、刑訴法263条[49]が罪責問題および犯行の法効果に関して被告人に不利となる裁判を行うには全体の3分の2の多数を要求している、ということに注目されなければならない。従って、参審裁判所においても、刑事部においても、少なくとも1人の参審員が同意しなければ、被告人に不利な裁判を下すことができない。重大犯罪の場合には、参審員は、少数派であるが、軽度および中度の犯罪の場合には、全体の3分の2の多数を占める。もっとも、参審員は、刑事部においては、その一致した意見により、被告人の無罪判決を導くことができる。

以上から、ドイツにおける現在の素人関与のシステムは、2004年5月21日に成立した「裁判員の参加する刑事裁判に関する法律」により導入された日本での素人関与のシステムとは異なる。同法は、死亡結果を伴う一定の重大犯罪の審理に関して、基本的に3人の職業裁判官と6人の素人裁判官の関与

---

46 1924年1月4日のいわゆるエミンガー命令による。Vgl. *Kühne*, LR StPO, Einl F Rdn. 37.

47 1974年12月9日の刑事手続法改正のための第一法律（BGBl. I, 3393）による。法案理由では、参審員の相当な時間的負担とその軽減が指摘されている。改正に対して反対は、*Honig*, MDR 1974, 898 ff..

48 しかし、今なお支配的な見解によると、参審員には記録閲覧権はない。Vgl. *Pfeiffer* in KK-StPO (5. Aufl.), Einl. Rdn. 60; vgl. *Rennig*, a. a. O., S. 149-170.

49 裁判所構成法196条と異なる。同条によると、絶対多数で決定する。

を定めている[50]。

2　公判に引き続き、非公開で行われる罪責問題および刑罰問題に関する裁判所の評議および評決では[51]、まず罪責が、続いて法効果が検討、決定される。

判決評議は、参審員に具体的事例の決定に重要なすべての量刑原則を熟知させ、量刑法に関する必要な知識を与えるための場である[52]。

その際、参審員は、まず個別事例において犯罪および責任に相応すると認められる刑の決定を見い出すにあたり踏まれるべき過程について、説示を受ける。この過程は、――個別事例に存する特別の困難さ、望まれる簡素化は捨象するが――簡潔に記せば次のとおりである。

第一段階では、刑罰枠の選択と狭義の量刑にとって重要な事実の認定および評価が必要である。刑罰目的を考慮しつつ量刑に意味のある事実は、その評価方向に沿って確定され、被告人に有利なものと不利なものとが対置される。この点に関する事実審裁判官の裁量は広い。例えば、経済的に良好な環境が財産犯の遂行に際して刑を加重する方向で考慮されるべきかは、裁判官の裁量に委ねられる[53]。

第二段階では[54]、具体的に如何なる刑罰枠が狭義の量刑の基礎となるべきかが、検討される。例えば、罪となるべき事実が既遂に至らず、(処罰可能な) 未遂の段階にとどまる場合、事実審裁判官は、まず、刑法22条、23条1

50　または1人の裁判官と4人の素人裁判官で構成する。Vgl. *Uetomi*, Der Gesetzentwurf zur Einführung des Laienrichtersystems in Japan, gendai keijihô Nr. 67, 2004, S. 34 f, in deutscher Übersetzung veröffentlicht in *Marutschke*, Laienrichter in Japan, Deutschland und Europa (2006), S. 5.

51　区裁判所での単独裁判官としての刑事裁判官は、軽微犯罪において手続迅速の理由から単独で裁判するものであるが、その決定は、ここでは考慮しない。

52　参審員に対する教育は、――参審員としての任期の初めに、一般的に要請される導入的講習を除いて――現在バーデン・ヴュルテンブルク州では行われていない。手引書によって、参審裁判官の活動と関連する非常に重要な問題についての情報が与えられる。少年裁判参審員に関しても、そのような手引書がある。

53　BGHSt 34, 345 〈350〉.

54　任意的な刑罰枠の軽減が存することを理由に刑法49条により軽減された刑罰枠を適用する場合、量刑は、――本文記述のとおり――2つの行為によって行われる。Vgl. *Theune*, in LK StGB (26. Aufl.), Vor §§ 46-50 Rdn. 13 mwN.

項、49条１項による刑罰枠引き下げの可能性を検討し、決定しなければならない。この決定も、事実審裁判官の義務的裁量に委ねられる。この点で、上告審のコントロールは、事実審裁判官が刑罰枠引き下げの可能性を考慮し、自身に与えられた裁量を行使したか、という問題の検討に限定される。

　それに続く量刑の――最も困難な――段階では、犯行が「それによって侵害された法秩序に対するその意義および行為者の人格的責任の程度」に応じて[55]具体的刑罰枠へ位置づけられ、刑の形態および重さが確定される。刑法典各則規定の――広い――刑罰枠の範囲内で犯行をどこに位置づけるかというこの場面で、事実審裁判官が指標として用いることのできる一般的に妥当するルールはない。連邦通常裁判所は、事実審裁判官が指標として用いることができる「規範的な標準事例」の考え方を否定している[56]。そのため、実務は、経験的に通常生じる事例、平均事例という考え方でやりくりしている[57]。それゆえ、事実審裁判官の日常的実務では、事実審裁判官の従前の経験、匹敵する量刑上の考察、量刑の伝統が、重要な役割を果たしている[58]。特にこのことは、南ドイツと北ドイツで刑罰水準が異なること、南部は比較的重いが、北部は比較的軽いことの原因の一つといえよう。さらに、地方裁判所ごとに――さらにはその内部の裁判体ごとに[59]――、似たような事例状況で刑の重さに違いがあることも認められる。

　犯行が刑罰枠へ位置づけられると、これに続いて、具体的な刑の形態についての判断――罰金刑か自由刑か、６か月未満の自由刑の場合に法秩序の防衛または行為者への影響ゆえに例外的に短期の自由刑を科すか（刑法47条を参照）――が行われる。例えば、軽微犯罪の事例で、被告人の当該前科が多くあることに鑑みて――短期――自由刑に処するべきか、またはなお罰金刑を科すことができるかという問題が決定のために提起されるとき、参審員は、

55　BGHSt 20, 264 〈266〉.
56　BGHSt 34, 345 〈351〉.
57　Vgl. BGHSt 34, 345 〈351〉, 28, 318 〈319 f.〉. これによると、経験上日常的に行われる事例の平均は、あまり重くない事例にあたるかまたは特に重い事例にあたるかという問題の検討に関する指標を与える。
58　*Streng*, Strafzumessung und relative Gerechtigkeit (1984), S. 49 mwN..
59　*Streng*, a. a. O..

裁判長または報告担当裁判官より、刑法47条の規定の解釈および適用について説示を受ける。同条によると、6月未満の自由刑に処することは、例外的であり、犯行または行為者の人格における特別の事情から、行為者への影響または法秩序の防衛のために、短期自由刑を科すことが不可欠であるという場合に限り認められる[60]。

3 判決のための評議および評決は秘密で行われるため（ドイツ裁判官法43条および45条）、総論としての評議の経過、各論としての参審員の評議における行動に関する法実証的研究は、あまり見られない[61]。私の個人的経験によると、評議は、通常、報告担当裁判官が口頭で自身の所見を述べることによって始まる。彼は、公判の結果を自身の視点からまとめ、――罪責問題に引き続き――前述した広義の量刑の過程に沿って、つまり刑罰枠の選択から、被告人に有利および不利となる量刑事実を衡量した上での狭義の量刑、そして具体的な刑の提案までを述べる。その際、個別事例により提起される事実点および法律点における問題点が、包括的に検討される。報告担当裁判官の所見に続いて、評議が行われる。これは裁判長が主宰する[62]。評議の進行について、確たるルールはない[63]。参審員には、刑罰問題について職業裁判官に質問し、自身の見解を申し述べる機会がある。

もっとも、私の経験によると、参審員が自発的に、意見を求められてもいないのに活発に評議に参加することは、どちらかといえば稀である。参審員が公判の中で質問権を行使することに非常に控え目であるのと同じく[64]、評議でも、一定の控え目な態度が見られる。私は、職業裁判官と参審員との間で、刑量に関して長時間または激しい議論が行われることを経験したことが

---

60 上級地方裁判所判例では、軽微犯罪の事例において憲法上の過剰禁止が制約効果を発揮し、短期自由刑を科すことを妨げ得るかという問題について、争いがある。Vgl. die Zusammenfassung des Meinungsstreits in BGHSt 52, 84〈85 f.〉.

61 *Casper/Zeisel*, a. a. O.; Rennig, a. a. O..

62 § 194 GVG; vgl. *Mellinghoff*, Fragestellung, Abstimmungsverfahren und Abstimmungsgeheimnis im Strafprozess（1988）.

63 BVerfG, NStZ 1987, 334.

64 質問権に関する参審員の控え目な態度は、通例彼らは裁判長から公判開始前に、忌避申立のリスクを避けるため質問は中立的に表現することを要請される、ということも理由にあるかもしれない。

ない[65]。このことは、報道機関が事前に華々しく報道し、世間の注目を浴びた陪審裁判所での手続でも同様である。この控え目な態度の原因[66]がどこにあるのかを、私は、述べることはできない。もしかすると、参審員は、自分よりも経験および法的知識で優る職業裁判官に対して、多少の自信のなさがあるのかもしれない。時には、裁判長による緊張感を持った評議の運営も、参審員の控え目な態度に寄与しているかもしれない。特に、参審員は、比較可能な事例では、通常このくらいの刑を科しているという職業裁判官の論拠に、有効に対抗することができない。さらに、彼らの控え目な態度の原因は、彼らは一般的に職業裁判官に迎合する傾向にある、という点にも認められるであろう。個別事例における原因はおくとして、刑罰問題について見解の対立が生じることは、非常に稀であった。罪責問題についての見解の対立は、証拠状況が困難である場合や、犯行を争っている被告人について好ましい印象がある場合に、生じていた[67]。刑量についていったんは見解の対立が生じても、それは、評議の過程で双方の意見が接近することによって、たいてい克服できた[68]。その原因は、個別事例における具体的な刑が犯罪および

---

65 刑量に関する議論は、せいぜい職業裁判官同士の見解の対立により生じる程度である。

66 *Rennig*, a. a. O. によると、職業裁判官は、見解の対立が存在することをあまり認識していない。

67 近時の注目された刑事裁判において、2人の参審員の意見が、被告人の――暫定的な――無罪判決をもたらした。本件被告人は、自分の2人の娘の殺害について訴追され、第一次の手続では、困難な証拠状況において、謀殺罪により終身自由刑に処せられたが、第二次の手続(再審による)では、ギーセン地方裁判所より無罪とされた。判決宣告時の2人の参審員の非常に感情的な反応――両名は涙を流した――および書面に記載された判決理由――その証拠評価はあまり一貫していなく、このために判決の破棄に至った――は、訴訟を見守る多くの者から、参審員両名は職業裁判官を「投票で打ち負かし」――より正確にいえば、無罪判決に投票し――、これによって有罪判決を阻止したと解釈された。連邦通常裁判所は、検察官の上告に基づいて、無罪とした原判決を破棄し、被告人は、第三次の手続で、謀殺罪を理由に終身自由刑に処せられた。

68 *Casper/Zeisel* の研究 (a. a. O., S. 55-66) は、この経験を確証する。同研究は、初期の陪審裁判所――3人の職業裁判官と6人の陪審員で構成される――に関して、しばしば冒頭では刑量に関する見解の対立が生じていたと報告する (22件中10件。S. 69 ff.)。ただしこの構成においても、陪審員は、研究された22件のうち3件でのみ、結

責任に相応するものと認めることができ、あるいは、認められるべきかという問題が、裁判官の日常実務では答えにくい、という点にも認めることができるであろう。法律上の刑罰枠は、大まかな出発点以上のものではない。（完全な責任能力がある）被告人が、重大な障害を持つ自分の子供を、以後の苦しみから免れさせるために、布地で絞殺した場合、――謀殺罪の要素が認定されないときには――故殺を理由に5年から15年までの自由刑で処罰することができる。陪審裁判所より科された6年の自由刑は、多くの減刑事由の存在に鑑みて責任に相応すると認められるか、またはそれよりもなお軽い刑が犯罪の重さおよび行為者の個人責任によりよく適合するものであるかという問題について、決定に関与する3名の職業裁判官と2名の素人裁判官とで、見解が異なるかもしれない。その判断は、いずれかが正しく、いずれかが誤っていると分類することはできない。犯罪および責任に相応する刑の上限と下限の重さ如何という問題に関する論争の可能性は、限定されている。刑罰問題の決定に関わる全員が、刑罰枠の選択、量刑事実およびその評価方向の確定、並びに刑の形態の選択について一致するが、被告人に有利および不利となるすべての事情を裁判官の必要的な評価活動に基づいて衡量するにあたり[69]、異なる結果に到達することがある。判例で支配的となっている「幅の理論」は、この特殊な問題状況を考慮したものである[70]。

　評議の最後にまだ刑の重さに関する見解の不一致が残る場合、それは、評決の方法で決定される。その際、最初に報告担当裁判官、続いて参審員、職業裁判官の順で、そして最後に裁判長が投票する（裁判所構成法197条）。

III　判決理由における量刑決定

　刑事部が評議の後にさしあたり口頭で宣告した決定は、法律上定められた

　　果に具体的に影響を与えたにとどまる。2件はより軽い処罰を、残り1件はより重い処罰を導いた（vgl. S. 70）。
69　BVerfG, NStZ 2007, 598; BGHSt 52, 84〈87〉; *Mosbacher*, in Festschrift für Seebode（2008）, S. 227〈237〉.
70　BGHSt 20, 264〈267〉; 24, 132〈133〉; *Schäfer/Sander/von Gemmeren*, a. a. O., S. 164; kritisch *Hörnle*, JZ 1999, 1081.

期間内に[71]、書面に書き留められる。これは、参審員の関与なく行われ、通常は、書面記載の判決理由は参審員には知らされない。判決理由の書面化は、いくつかの目的を追求する。第一に、判決理由によって、被告人に向けられる罪責および刑罰宣告が正当化されるという。次に、判決理由は、上告審における事実審決定の事後審査の基礎である。最後に、判決理由は、執行手続の基礎を形成する。この機能は、特に判決が確定した場合や、刑訴法267条4項により判決理由の略式起案が許される場合には、見落とされがちである。刑の執行および行刑は、憲法上、有罪判決を受けた者の再社会化に向けて可能な限り寄与するという任務を課せられる[72]。事実審裁判官の判決は、刑罰執行に携わる機関、すなわち検察官、行刑施設、行刑裁判部にとって最も重要な情報源の一つである。彼らは、刑罰執行の基礎となる判決が有罪判決を受けた者のこれまでの経歴に関する叙述、または、犯行の準備、詳細な犯行形式、犯行の何らかの動機に関する陳述を含んでいない時には、その者の再社会化に努力するという、彼らに課せられた任務を適切に果たすことができない。しばしば、行刑裁判部から行刑手続において犯罪予後についての鑑定所見の作成を依頼された鑑定人は、書面による判決理由が犯罪予後に重要なこの事情に関する認定を含んでいない、それゆえ自身の活動が困難である、との苦言を呈している。

　事実審裁判官の判決は、被告人の経歴およびその現在の人的、経済的環境についての叙述から始まる。この最初の判決部分において、場合によっては、被告人の前科にも言及される。第二段階における犯行の記述、証拠評価、犯罪の法的評価に続いて、判決の最後の部分では、刑罰問題に理由が付されることになっている。この点で要求される量刑に関する判決理由の内容について、さしあたり刑訴法267条3項1文が適用される。同条項によると、その判決が上告審で争われる事実審裁判官は、判決理由において量刑に関す

71　通常は5週間である。vgl. § 275 Abs. 1 Satz 2, 1. Halbsatz StPO. その期日は、──審理期日数に応じて──延長することができる。判決起案の期日に遅れた場合、被告人が期日途過を手続非難の方法で適切に主張すれば、判決は破棄される。vgl. § 338 Nr. 7 StPO.

72　BVerfGE 98, 169 〈200〉; siehe auch § 2 Satz 1 StVollzG.

る一定の事情を叙述することを義務づけられている。判決に対し上訴が提起されないとき、量刑で何を考慮したかに関する判決の起案は、事実審裁判官の裁量に委ねられる（刑訴法267条4項2文）。事実審裁判官の実務では、すでに確定した判決を略式で執筆する可能性が広く行使されているが、前述したとおり、それは行刑手続にとっての不都合な帰結を伴う。

しかし、量刑を理由づけるという要請は、上告裁判所、特に連邦通常裁判所の判例により、——刑訴法267条3項の文言を広く超えて——形成されている。確かに、今日でもなお、事実審裁判官より宣告された刑の重さに関して、上告裁判所の明らかな抑制的態度が支配的である。なぜなら、この点に関して、通常は事実審裁判官の方が公判に基づいて量刑に必要な、犯罪と行為者についての包括的な評価に適しているということは、広く承認されているからである[73]。刑が「責任と刑との著しい不均衡が明らかである程に、正しい責任清算であるというその性質から、上限または下限において逸脱している」という例外的な場合に限り、刑の重さに異議が述べられるにとどまる[74]。これに対して、量刑決定の根拠づけという観点での上告裁判所によるコントロールの程度は、比較的強い。事実審裁判官が誤った刑罰枠を量刑の基礎としたとき、狭義の量刑の範囲で行われた考慮がそれ自体において誤りがあるとき、刑法46条3項の二重評価禁止に違反しているとき、または事実審裁判官が法的に承認された刑罰目的を無視しているときには、原判決が破棄される。事実審裁判官は、責任に相応した刑罰であることを根拠づけるために、刑罰枠を選択した後、狭義の量刑を記述する際、あらためて被告人に有利および不利となるすべての事情の全体評価を行うことを義務づけられる[75]。その際、裁判官は、個別事例の特殊性に応じて、すでに刑罰枠の決定のために援用した事情を参照することができる。狭義の量刑は、刑罰が刑罰枠の上限[76]または下限[77]に近づくほどに、より詳細に基礎づけなければなら

73　BGHSt 17, 35 〈36〉; 29, 319 〈320〉.
74　Beispiele bei *Schäfer/Sander/van Gemmeren*, a. a. O., 165.
75　BGHSt 26, 311.
76　BGHR StGB § 46 Abs. 1 Begründung 3 Verhängung der Höchststrafe.
77　BGHR StGB § 46 Abs. 1 Beurteilungsrahmen 7 - Mindeststrafe und Beurteilungsrahmen 8 - unvertretbar milde Strafe. 事実審裁判官は、被告人を、相当量のハシッ

ない。不明確な[78]または道徳的な考慮は、判決の存続を危うくさせうる。

シュを業により不法に取引した罪により、麻薬法29条の1年から5年までの刑罰枠の中で2年の自由刑に処した。連邦通常裁判所第三刑事部は、この刑を、減軽理由の記載が非常に簡素であることに鑑み、支持できないほど軽いものであると判断した。第三刑事部は、――判決で明示したところによれば――比較基準として、同部がより重い刑を認めていた、同じ程度の重さである麻薬不法取引の事例を用い、比較された原審の量刑は外部の第三者にとって共感できない程のものであると判示した。

78 BGHR StGB § 46 Abs. 1 Begründung 2 unklare Erwägungen（「搾取的な売春斡旋で追及された被告人は、冷酷かつ粗暴な態度で行為し」、その犯行は、「情け容赦がなく、無思慮で、陰険な暴力的心情の表れ」である）。

日本側報告

[第7テーマ]
事実審における量刑決定

中川　博之
大阪地方裁判所判事

　Ⅰ　量刑事実の審理
　Ⅱ　量刑評議・評決
　Ⅲ　量刑理由の判決書への記載

Ⅰ　量刑事実の審理

1　量刑事実の証明

a)　厳格な証明と自由な証明

　量刑事実の中でも、犯情に関する事実（犯罪の動機・手段・方法・結果の程度と態様、共犯関係、挑発等の被害者側の事情など）について厳格な証明が必要であることに異論はなく、確定した実務の立場である。これらは「罪となるべき事実」そのものか、それに準ずる重要性を有する事実であって、判決でも、しばしば「罪となるべき事実」の中に認定されている。

　これに対し、犯情以外の一般情状に関する事実（被告人の年齢・性格・生育環境、反省態度、被害弁償や示談の成否、被害感情、被告人の前科など）の証明方法に関しては、学説上は、(1)厳格な証明必要説、(2)自由な証明説、(3)適正な証明説（公判廷で証拠を示して、相手方にその証明力を争う機会を与えることが必要であるとする）、(4)片面的構成説（被告人に不利な事実については厳格な証明が必要だが、それ以外の事実については自由な証明で足りるとする）の4説が主張されているところであるが、実務では、厳格な証明による運用が一般的に行われている。その理由については、純粋な情状に関する事実であっても量刑に大きな影響を及

ぼすことが少なくないから、その重要性に鑑み、適法な証拠調べを経た証拠に基づいて量刑を判断するという厳格な証明に準じた扱いをしていると説明されている。もっとも、例外的に自由な証明の方法で証拠を取り調べている例がないわけではなく、大阪地方裁判所でも、傷害事件の被害者が作成した嘆願書（被告人を宥恕する趣旨が記載されているもの）、強姦事件の示談書、被告人が作成した反省文、検察官が作成した被害者からの電話聴取書（被告人を許してはいないという趣旨が記載されているもの）などについて、相手方が不同意意見を述べたにもかかわらず自由な証明として採用し、取り調べた事例が報告されている。ただ、自由な証明による場合でも、少なくとも証拠の内容を公判廷に顕出し、相手方当事者にこれを争う機会を与えることが必要であるとする点では、実務家間に共通認識が形成されている。

b) 証明の程度

厳格な証明を要する事実については、証明の水準として確信（合理的な疑いを超える証明）が必要であることにほぼ争いがない。

他方、一般情状に関する事実について、自由な証明で足りるとした場合、その証明の水準としては、(1)確信が必要であるとする説、(2)証拠の優越で足りるとする説、(3)対象となる情状事実いかんによるとの3説があるとされている。この点、実務の運用は必ずしも明らかではないが、情状事実に関する諸々の証拠書類や証言について、証拠に現れた言葉そのものについてオールオアナッシングの判断をするのではなく、この限度では確実であると認めてよいといったところを抽出しながら、その範囲で量刑判断の基礎に加えているものと思われる。例えば、わが国では、被告人の反省態度が問題になることが多いが、被告人が公判廷で「深く反省しています。」と述べた場合について、その言葉自体をとらえて判断するのではなく、反省の具体的内容や弁解状況、前科の内容、被害者に対する慰謝の努力などの諸事情を総合考慮して、「被告人は真摯に反省している」というレベルから、「深く反省している」「反省の態度を示している」「一応反省する態度を示している」「反省の言葉は口にしているが、真摯な反省は窺われない」の各レベルまで、この限度では確実であるというところを認定して、それを量刑に反映させているものといえる。

この問題は、一般情状に関する事実の立証について、証明責任の観念を認めるかどうかにも関連している。学説では、量刑事実についても、被告人に有利・不利を問わず検察官が一律に証明責任を負うという考え方が有力であるが、実務は必ずしもそのような学説には従っていない。例えば、弁護人から被害弁償の事実について主張されたが、それが真偽不明であるという場合を想定すると、検察官に証明責任があるとの理由から被害弁償があったものとして取り扱う運用はなされていないものと思われる。実務は、被告人に不利な量刑事実については検察官が、有利な量刑事実については被告人が証明責任を負うとする考え方か、そもそも量刑事実については証明責任を観念し得ないとする考え方に依拠しているようである。証明責任を観念し得ないとする考え方の背景には、量刑は、ある量刑事実が不明のままでも、その点を不利にも有利にも考慮せずとも、認定できた他の量刑事実によって判断することができ、裁判が不能になるということはないのであるから、証明責任の考え方を持ち出す必要がないとの思考がある。

2　量刑事実に関する証拠調べ（手続二分論的運用）

犯罪事実認定の段階と刑の量定の段階とを手続上区分すべきであるとする手続二分論は、わが国でもかなり古くからその採用を求める主張が有力であった。しかし、刑事訴訟法自体が手続を二分する制度的枠組みを用意してはおらず、これまでの実務では、情状立証は罪体立証がほぼ終了した段階で行うという法廷慣行は一応成立していたものの、例えば、否認事件においても、検察官の冒頭陳述で被告人の前科や悪性格への言及がなされたり、情状関係のみを立証趣旨とする証拠書類が罪体に関する証人尋問に先立って取り調べられたりする扱いも行われるなど、必ずしも手続二分論的運用は徹底されていなかった。しかし、裁判員裁判の施行を見据えて、2005年の改正により新設された刑事訴訟規則198条の3が「犯罪事実に関しないことが明らかな情状に関する証拠の取調べは、できる限り、犯罪事実に関する証拠の取調べと区別して行うよう努めなければならない。」と規定したことにより、手続二分論的運用に法的根拠が与えられることになった。

現在のところ、裁判員裁判の模擬裁判を重ねる中で、一般情状のみに関係

する証拠は、罪体に関する証拠調べ終了後に取り調べること、否認事件の場合には、検察官の冒頭陳述で被告人の前科に関する具体的な事実には触れないことついては、実務家間で合意ができている。その上で、第1に、否認事件で被害者を証人として尋問した場合に、罪体に関する証言に続いて被害感情についても証言させてよいか、また、被告人質問についても、罪体に関する被告人質問と情状に関する被告人質問とを分けて実施しなくてよいのか、第2に、罪体の証拠調べが終了した後、情状に関する証拠調べを開始する前に、当事者に情状関係の冒頭陳述をさせるべきか否か、第3に、罪体の審理が終わった段階で中間評議を行い、罪体の成否に関する結論を出してから情状関係の審理に移行すべきか否かなどについて議論が行われている。なお、第1の点に関連して、2007年の刑事訴訟法改正で被害者参加の制度が設けられた（刑事訴訟法316条の34）ことにより、被害者が公判期日に出席している場合には、再度の証人尋問により被害感情を述べてもらうことが可能となっている。

3　当事者の科刑意見

　証拠調べが終了した後の弁論段階で、検察官が「被告人に対しては懲役10年および罰金200万円に処するのが相当である。」というように具体的な科刑意見を述べるのが通例である。なお、2007年の刑事訴訟法改正により、被害者参加人も科刑意見を述べることができることになった（刑事訴訟法316条の38）。

　これに対し、これまで弁護人は、「寛大な判決を求める。」とか「執行猶予の付された判決が相当である。」といった抽象的な意見を述べることがほとんどであったが、今後は、裁判員事件も念頭に置き、「被告人に対しては長くても懲役5年程度の刑が相当である。」とか「懲役3年、執行猶予5年の判決を求める。」といった具体的な科刑意見を述べる例が増えてくるものと予想されている。

II 量刑評議・評決

1 評議・評決に関する法の規定

　裁判所法は、合議体（事実審の裁判官は3名）でする裁判の評議はこれを公行しないこと（裁判所法75条1項）、評議は、裁判長がこれを開き、これを整理すること（同条2項）、裁判官は、評議において、その意見を述べなければならないこと（同法76条）、裁判は、過半数の意見によること（同法77条1項）、刑事については、過半数になるまで被告人に最も不利な意見の数を順次利益な意見の数に加え、その中で最も利益な意見によること（同条2項2号）を規定している。裁判官が意見を述べる順序に関して、わが国の旧裁判所構成法122条には、年少の裁判官から先に意見を述べ、裁判長は最後に意見を述べることが規定されていたが、現行の裁判所法には明文の規定は置かれていない。

　このように、評議・評決に関する法の規定は比較的簡略であり、裁判長に評議の指揮権、主宰権が委ねられている。したがって、いつ評議を開くか、評議の対象として何を採り上げるか、いかなる順序で評議するかは、基本的に裁判長がその裁量によって定めることになる。

　2009年5月21日、裁判員の参加する刑事裁判に関する法律（裁判員法）が施行された。裁判員は、事件ごとに原則として6名が選ばれ、3名の裁判官と共に一定の刑事事件の審理および判決に関与する（同法2条2項）。その対象となるのは、(1)法定刑に死刑または無期刑を含む事件と、(2)故意の犯罪行為により被害者を死亡させた事件である（同法2条1項）。裁判員の権限には、「事実の認定」と「法令の適用」に加え、「刑の量定」も含まれる（同法6条1項）ため、裁判員は、量刑判断についても独立してその職権を行い（同法8条）、裁判官と対等の権限を行使することになる。評議における判断は、裁判官および裁判員の双方の意見を含む合議体の員数の過半数の意見による（同法67条1項）。そして、刑の量定について意見が分かれ、その説が裁判官および裁判員の双方の意見を含む合議体の員数の過半数の意見にならないときは、その合議体の判断は、裁判官および裁判員の双方の意見を含む合議体の

員数の過半数の意見になるまで、被告人に最も不利な意見の数を順次利益な意見の数に加え、その中で最も利益な意見によることになる（同条2項）とされている。

2　評議・評決の運用

a)　量刑事実の認定とその評価

量刑評議においては、まず量刑事実の認定が行われる。実務では、合議事件の場合、事件の主任裁判官が、評議のために作成した評議用レジュメに基づき、当該事件の量刑判断のために採り上げることが可能な量刑事実を、原則として犯情、一般情状の順に、被告人に不利な事情と有利な事情に分けて具体的に指摘し、それに基づいて議論が交わされるのが通例である。次いで、認定された個々の量刑事実について、当該事案におけるその重要性の程度を判断していく段階に移る。これは、当該量刑事実が被告人に不利あるいは有利な方向にどの程度作用するのかという、量刑事実の方向性と重要性の程度を判定する作業ということができる。その結果、当該事案において重視すべき事情、反対に重視すべきでない事情が浮かび上がり、それら犯情および一般情状に関する複数の有利または不利な量刑事実が有機的に組み合わされることで、その事案の全体像についての合議体の共通理解が得られることになる。

なお、わが国の刑法には、ドイツ刑法46条3項のような二重評価を禁止する明文の規定は存在しないが、既に構成要件の要素となっている事情を重ねて考慮しないという基本的認識は裁判官の間では共有されつつある。

b)　量刑資料（量刑データ）の参照

刑量を決定するに際して、その前提として、量刑資料に基づいていわゆる量刑相場（量刑分布）の確認が行われている[1]。わが国の刑法が定める法定刑の幅は、例えば殺人を例にとっても、死刑、無期懲役から、5年以上20年以下の有期懲役と広く（減軽事由があれば2年6か月まで下げることができ、執行猶予

1　「量刑相場」とは、「刑事裁判官により、量刑不当を理由とする上訴に対する上訴審の審査結果等によって制御されつつ、経験的に積み重ねられてきた基準」を意味している。

を付することも可能となる)、公平性確保の観点からも、量刑分布の把握は不可欠なものとなっている。具体的には、最高裁に集約されている「裁判員量刑検索システム」の判決データ等に基づき、当該事案の全体像に近い事例を複数例ピックアップし、その量刑分布を把握している。もとより、それは、あくまで参考情報として、量刑分布を把握し、そこから量刑相場を探求するということであり、最も類似した事例を探し出してそれに当該事案の量刑をピンポイントで合わせるというような「正解探し」をするということではない。

c) 宣告刑（刑量）の決定

以上のようなプロセスを経て、検察官の求刑や、弁護人が科刑意見を述べた場合はそれも参考にしつつ、各裁判官が最終的な結論（刑種の選択、酌量減軽の要否、刑量、併科の要否、執行猶予の可否、没収・追徴）について順次意見を述べることになる。意見は、左陪席（主任裁判官）、右陪席、裁判長の順に述べられるのが通例である。当初の意見が裁判官の間で一致しないことは珍しくないが、ほとんどの事案では、さらなる議論を経て、最終的には特定の刑を合議体の結論とすることで意見が一致しているものと思われる。もちろん、議論を尽くしても最後まで意見が対立したままのときは、多数決による評決が行われる。

3 裁判員事件の量刑評議

a) 量刑評議の基本的枠組み

裁判員が参加する評議においても、個々の量刑事実をまず認定し、その認定された量刑事実の方向性と重要性の程度を判断し、それらを有機的に結びつけることによって当該事案の全体像を把握するという量刑評議の基本的枠組みは堅持されるべきものである。そうすることによって、裁判員としても量刑について自らの意見を述べるための議論の足場を確保することができ、裁判官と裁判員が意義のある意見交換をするための共通の前提条件が整うことになるからである。このプロセスを経ない議論は、いかに活発に意見が述べられても、印象論、感情論に基づく相互に噛み合わないままの意見表明に終始し、結局のところ、情緒的判断に陥ることが必然のように思われる。そ

の意味では、裁判官がこれまで実践してきたのと同様、犯情に関する量刑事実をまず議論した後に一般情状に関する議論に進むのが望ましいものと考えている。

そして、わが刑事訴訟法が規定する当事者追行主義の原則に照らすと、合議体が評議の場で一から量刑事実を採り上げて組み立てていくのではなく、当事者の主張、とりわけ公訴維持の責任を負う検察官が論告で主張する量刑事実を裁判長が俎上に載せ、その当否を弁護人の弁論を参照しつつ検証するという手法が妥当である。そのためには、公判前整理手続（刑事訴訟法316条の2以下）において、少なくとも重要な量刑事実について当事者の主張が整理され、争いのあるところは争点として確認されていることが必要である。また、後述の「裁判員量刑検索システム」を当事者が利用するのであれば、その利用方法（論告・弁論での援用の仕方など）についても具体的に詰めておくことが望まれる。

なお、裁判員事件の評議では、裁判官のみによる評議とは異なって、主任裁判官が評議用レジュメに基づいて評議の素材を提供するような手法は予定されていない。

b) 評議の運用

裁判員法66条5項は、「裁判長は、《中略》評議において、裁判員に対して必要な法令に関する説明を丁寧に行うとともに、評議を裁判員に分かりやすいものとなるように整理し、裁判員が発言する機会を十分に設けるなど、裁判員がその職責を十分に果たすことができるように配慮しなければならない。」と規定している。ここでは、裁判官と裁判員が合議体の対等な一員として活発な意見を述べることにより、法律専門家である裁判官と一般国民から選任された裁判員の間に双方向のコミュニケーションが成立し、両者の協働による掘り下げた議論が行われることが期待されているといえる。

もっとも、これまで実施された裁判員事件の模擬裁判の経験からは、量刑評議の困難さが浮かび上がってきている。公訴事実の認定の場面では、公判廷に顕出された個別の証拠について、それが信用できるかどうかといった事柄が議論の中心になる。そのような信用性の判断は、日常生活の中で日々経験する事実の存否に関する状況判断と相通じるものがあるのに対し、量刑を

決めるという作業は、一般国民からするとまさに非日常的な世界にかかわることであり、その拠って立つ基盤がそもそも形成されていないことに由来するものと思われる。

　そうすると、裁判員事件の評議においても、裁判員が適切な量刑意見を形成するためには、量刑資料（量刑データ）の適切な利用が必要になるものと考えられる。量刑資料としては、犯罪類型ごとの量刑の傾向（量刑のレンジ）を大づかみすることができる程度の比較的簡略なものを示すことが考えられている。例えば、「金融機関強盗」「住居侵入強盗」などの類型に分けた上で、それが単独犯か共犯か、計画的犯行か偶発的犯行か、被害者の落ち度の有無といった、代表的ないくつかの量刑要素で検索することにより、実刑か執行猶予か、刑期としては何年程度の事例が多いかというような大まかな量刑傾向を示す資料が、棒グラフなどの視覚的に把握できる形式で提供されればとりあえず十分であろう（239頁の〔参考資料１〕を参照）。量刑資料が詳しすぎると、量刑資料への依存度が高くなり、裁判員の感覚を量刑に反映させようという制度本来の趣旨が生かせなくなる弊害が懸念される。ただ、量刑評議がある程度進んだ段階で、量刑レンジの上限や下限に位置する事件がどういった事件か、執行猶予が付されているのはどういった事件かを把握したいとの要望が生じることも予想される。そのような場合に備えて、個々の事案の概要や被害弁償の有無等が把握でき、量刑傾向について裁判員がいま少し具体的なイメージを持つことができるような説明を可能とする量刑資料（事例の一覧表のようなもの）を準備しておくことも必要であろう。

　検察官および弁護人には、合議体が評議で用いる量刑資料の前提となるデータベースである「裁判員量刑検索システム」の開示専用端末の利用を可能にし、その検索結果を論告・弁論に取り込む形で活用してもらう運用を予定している。

　c）評決

　裁判員および裁判官が最終的な量刑意見を述べる段階で、意見を述べる順序は、裁判員、裁判官の順とするのが妥当である。裁判員間の順序は、特段の事情がない限り、適宜の順（例えば、裁判員に番号が付されている場合には、その番号順）でよいであろうが、場合によっては、裁判長が若年の裁判員を先

に指名するようなことも考えられる。裁判官の間では、左陪席、右陪席、裁判長の順で意見を述べることになる。

　それ以前の段階で、裁判員に具体的な量刑意見を求める必要がある場合には、これまでの模擬裁判では、無記名投票の形式が比較的多用されてきた。評議の初期の段階で口頭で順番に意見を求めるような方法を用いると、各裁判員の量刑イメージがいまだ固まっていないため、たまたま最初に述べられた裁判員の意見に他の裁判員が影響を受けるおそれが多分にあると思われるし、また、いったん自らの意見として表明してしまうと、これを後に修正したり撤回したりすることに裁判員が抵抗感を抱き、以後の評議の進行に支障が生じる懸念もあるからである。実際の裁判員事件の評議においても、無記名投票の活用が考えられている。

　量刑の評決についても、公訴事実の存否についての評議と同様、それが可能であれば全員一致によるのが望ましい。裁判長としては、各自の量刑意見が一応述べられた後も、できるだけ全員一致に向けた意見の調整に努めるべきである。もっとも、量刑意見は多分に感覚的な要素を含むものであり、合議体が9名もの多数で構成されていることからすると、全員一致には至らないことも少なくないように思われる。そのようなときは、裁判員法の規定に従って多数決が行われることになる。

　そして、裁判員が加わった評議・評決が積み重ねられることにより、やがては、裁判員事件について「新たな量刑相場」が形成されていくことが予想される。しかし、それは、これまでの量刑相場のようなある程度の「基準」としての機能を持つものではなく、あくまで裁判員事件の量刑の「傾向」を示すにとどまるものと思われる。

III　量刑理由の判決書への記載

1　これまでの実務

　判決書に量刑の理由を記載することは、法律上は要求されておらず、また、記載するについても、その書き方に定型はない。これまでの実務では、合議事件についてはかなり詳細な量刑の理由が判決書に記載されることが多

く、単独事件についても、重い刑を科す場合や、実刑か執行猶予かの判断が微妙な事案の場合などには量刑理由が判決書に示されてきた。その記載方法としては、一般的には、被告人に不利な事情と有利な事情を書き分け、最後に総合判断として量刑判断を示すという手法が多く用いられてきたが、近時、判決書平易化の一つの工夫として、量刑理由の中に「犯行に至る経緯」と「量刑に当たって特に考慮した事項」を書き分けるなどの工夫も行われている。

　ただ、これまでの判決書では、裁判所が認識した量刑相場や、最終的な結論（刑量）を導くに至った理由を具体的に示そうとする努力も行われてはいるが、必ずしも実務の大勢を占めるには至っておらず、多くの判決書では、今なお量刑理由の最後に、「そこで、当裁判所は、これら諸般の事情を総合考慮して、被告人を主文の刑に処するのが相当と判断した。」などと判示されるにとどまることも多い。それは、量刑の最終的な判断過程を具体的に文章に表し、その趣旨を的確に伝えることが困難であることに由来するものであるが、このような判示の仕方では、何故にそのような刑期や金額が選択されたのかについて不透明な部分が残ることは否めない。そこで、この点について、例えば、「類似の事案では、懲役6年から10年程度で処断されている例が多いが、本件ではAとBの事情を特に重視して、その量刑分布の上限に近い懲役9年が妥当と判断した。」といった一歩踏み込んだ記載をすることも提案されている（240頁の〔参考資料2〕）を参照。

2　裁判員事件の判決書

　裁判員事件の判決書は裁判官において作成するものとされており、そのスタイルは基本的には従前と変わらない。したがって、量刑理由の記載は必要的ではないが、裁判員裁判対象事件が社会的関心の高い重大事件であることに加え、判決書の機能について、「裁判員に対し、その活動の結果・意義を確認してもらう」という側面が新たに加わることからすると、これまでの合議事件の判決と同程度の詳細な量刑理由は付せないとしても、判決書には、主文の刑を導くに至った具体的な理由について、合議体としてどのような量刑事実を重視したかを明らかにしつつ示しておくのが相当である。

また、裁判員の意見が量刑にどのように反映されるに至ったのか、そのプロセスを明らかにする趣旨で、評議ではどのような点（量刑事実）を中心に議論し、どのような観点から意見が交わされ、どのような結論に至ったのかを、守秘義務に反しない限度で明らかにしていく工夫も考えられる。量刑事実の評価をめぐって意見が複数に分かれ、それが最後まで対立したような場合には、量刑理由の記載に困難を来すことも予想されなくはないが、そのような場合でも、当事者が主張する量刑事実の当否を検証するという基本的スタンスに拠るときは、多数意見を支える論拠を簡潔であっても記述することは可能であると思われる。

量 刑 分 布

〔参考資料1〕

(件数)

判決（懲役）	実　刑	保護観察	執行猶予	計
3年以下	1	4	2	7
4年以下	7			7
5年以下	7			7
6年以下	3			3
7年以下	3			3
8年以下	3			3
9年以下				0
10年以下	1			1
計	25	4	2	31

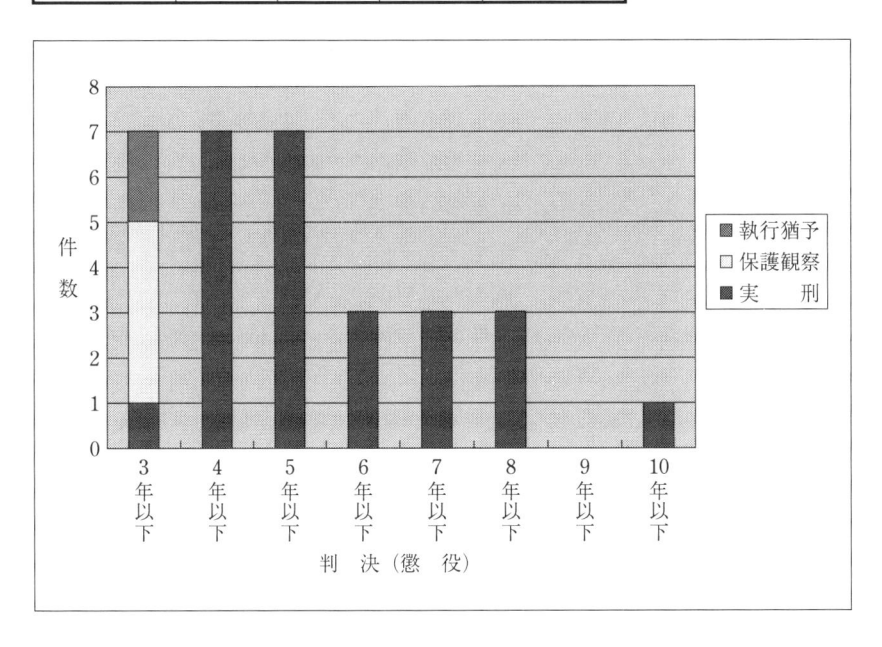

【判　決】　　　　　　　　　　　　　　　　　　　〔参考資料２〕
　主　文
　　被告人を懲役６年に処する。《以下略》
　理　由
　（犯罪事実）
　　被告人は、平成10年３月１日午前零時ころ、東京都千代田区隼町４番２号隼町ホームズ113号室の自宅で、夫の佐藤一郎（当時40歳）と喧嘩になった際、とっさに殺意を抱いて、果物ナイフでその右前胸部を１回突き刺し、心臓刺創による心タンポナーデにより一郎を即死させた。
《中　略》
　（量刑の理由）
１　本件は、夫婦関係を原因として、妻が夫に対し、一時的・偶発的な殺意を抱いて、刃物で刺殺した事案である。こうした事案における量刑判断は、これまで概ね、懲役５年から10年の間で分布しているところであるが、本件では、特に次の事情が考慮されるべきである。
　(1)　被告人の殺意は、被害者との喧嘩を機に怒りが募ってとっさに生じたものであり、強固なものではない。
　(2)　被害者には殺されるまでの大きな落ち度は認められないものの、本件の遠因として、被害者の被告人に対する従前からの暴力や浮気を指摘することができ、さらに、本件直前に被害者が被告人の顔面を殴りつけたことが、本件を誘発した側面は否定し難い。
　(3)　検察官は、被告人が殺意を争っており、真剣に反省していないと主張するが、弁護人の主張するとおり、被告人は、自分の起こした事件の重大さについては十分認識しており、その上で、悔やみ反省している様子が認められる。
　(4)　被告人には10歳と５歳の子供がいるところ、将来、２人が健全に成長していくためには、許される限り早期の段階で、母親である被告人の養育の下に戻すことが必要である。

(5)　なお、検察官は、被告人が犯行後に罪証隠滅行為に及んでいるとして、これを刑を重くする方向に考慮すべきであると主張する。しかし、被告人のしたことは、被害者の服を着せ替えたり、血の付いた布団やフロアーマットを風呂場に移したりするといったことにとどまっている。子どもたちに惨状を見せたくなかったという被告人の弁解も理解できないわけではなく、特に被告人の刑を重くすべき事情とは考えなかった。

2　以上のように、本件は被害者を殺害したという重大事案であり、遺族の被害感情が大きいことも当然であるが、被告人のために考慮すべき事情が相当程度認められ、前記の量刑分布をも参考に検討すれば、その下限に近い懲役6年の刑が相当と判断した。

※参考資料2が参照している量刑分布は、参考資料1の量刑分布とは異なるものである。

ドイツ側報告

［第8テーマ］
量刑決定の上告審審査

ヴォルフガング・フリッシュ
フライブルク大学教授

訳・岡上　雅美
筑波大学教授

Ⅰ　歴史的縦断における量刑と上告可能性：
　　立法動機から今日の判例状況まで
Ⅱ　体系的考察：法適用としての量刑
　　——量刑の際の法律違反
Ⅲ　若干の結論：量刑過程の各段階の上告可能性
Ⅳ　まとめ

　ドイツ刑事訴訟法典337条によれば、「上告は、判決が法律違反に基づくことのみを理由に行うことができる」。これに従い、上告審の審査も、異議を申し立てられた判決が法律違反を含み、または法律違反に基づいたか否かに限定される。それ故、刑事訴訟法の立法動機に従い、上告は、法律問題に限定されるとか、事実問題は上告審に対して遮断されるといわれることがある[1]。この決まり文句のような、上告可能な領域と不可能な領域の区別が何を意味し、法律違反という要件が、上告審による量刑審査（上告可能性）の問題にとって何を意味するのかは、決して自明なわけではない。これは、量刑と法適用の関係、そしてそれと共に量刑における法的瑕疵の可能性をどのように解すべきかに依存する。まさに、量刑が上告しうるかにとって意味のあるこの点において、刑事訴訟法典の施行以来の大きな変化が起こったのである[2]。

　1　一般に広まっているこの対比とその問題性について、より詳細には、SK-StPO-*Frisch*, 37. Aufbau-Lfg., März 2004, § 337 Rn. 10 ff. m.w.N.

I 歴史的縦断における量刑と上告可能性：立法動機から今日の判例状況まで

1 刑事訴訟法典の立法動機による理解とその問題性

刑事訴訟法典立法動機は、量刑の上告可能性の問題について、もっぱら傍論的に立場を表明しているが[3]、記述は、比較的明瞭である。裁判官による量刑は、——少なくともかなりの部分では——事実の領域に、したがって上告審コントロールには服さないとされる領域に属するというのである。その場合、このような位置づけから、以下のような帰結が導き出される。法律上の刑罰枠の中で刑を量定した場合は、明らかに上告不可能であり、いずれにせよ、刑の延期が法律上の刑罰枠の中にあれば、量刑不当という理由で異議を申し立てることはできないというのである[4]。量刑に法的瑕疵があり、上告で異議申立てができるのは、刑の延期が誤った刑罰枠から出発する場合、とくに所定の刑罰枠の限界を超えた場合、またはその他、関係法規定に違反した場合である。法規定違反の例は、例えば、刑法旧21条に定める重懲役と禁錮との法律上の換算割合の誤認、または合一刑の形成に関する規定への違反であった。法規定違反は、上告審としてのライヒ裁判所の活動の初期にすでに一定の役割を演じていた[5]。これに対して、立法者の見解によれば、その他は上告しえない事実問題すなわち「事実審裁判官の問題」であった。

---

2 以下についてより詳しくは、*Frisch*, Festschrift für Eser, 2005, S. 257, 261 ff.; より簡単な概略は、SK–StPO–*Frisch*, 31. Aufbau–Lfg., Mai 2003, vor § 333 Rn. 9, 12, 13.

3 以下について、vgl. *Hahn*, Die gesamten Materialien zu den Reichs–Justizgesetzen, Bd. 3 Abt. I, 1885, S. 250 f.

4 Vgl. *Hahn* (Fn. 3), S. 250 f.「上告審裁判官に、事実問題の判断が純粋に許されないということから、刑罰が法定刑の中にある限り、刑種や刑量の決定が不適切だという主張で上告を根拠づけることはできない。」

5 Vgl. etwa RGSt 8, 76, 77 f.; RG DJZ 1908, Sp. 1108. 古い判例の概観として、*Lamertz*, Revisibilität der Strafzumessung in der höchstrichterlichen Rechtsprechung, Diss. Köln 1960, S. 57 ff.; *Mannheim*, Beiträge zur Lehre von der Revision wegen materiell–rechtlicher Verstöße, 1925, S. 165 ff.; *Pohle*, Revision und neues Strafrecht, 1930, S. 115 ff.; *Schmid*, ZStW 85 (1973), 392 f.; *Spendel*, Zur Lehre vom Strafmaß, 1956, S. 58 ff.

量刑の上告可能性に関する、このようなまさに抑制的な立場は、時がたつにつれてますます問題視されざるを得なかった。この立場の帰結は、――とりわけ重大事件におけるように――上告が唯一の上訴である手続においてとくに、結論的に過酷で、満足のいくものではなかった。ここで、一部には10年以上にも及ぶ法律上の刑罰枠の内部において刑を定めたときは一般に上告しえないこととなり、それにより、まさに多くの被告人にとって、罪責や証明の問題と並ぶ、総じてもっとも重要なことが、ほぼ完全に上告不可能であった[6]。刑事訴訟における上訴としての上告は、法の統一性のみならず、個々の事例での正しさにも資するものでなければならないという認識が受け入れられるようになるにつれ、上告の目的から見ても、この点が広く上告不能であることは、ますます問題であるように思われた[7]。次第に、立法動機の出発点が法理論的に正当かについての疑念も表明されるようになった。遅くとも20世紀初頭には、刑罰枠内の刑量決定であっても、かなりの範囲で、事実に対する法適用が問題であることを指摘する声が増していった[8]。刑罰枠の中で刑が量定されても、一定の法的視点が尊重されるべきであり、そのような視点が尊重されていたかは、その他の場合と同様に、上告に服さねばならず、誤った考え方に異議を申立てられなければならない、と。

6　量刑の上告可能性をめぐる議論における、この点の意味については、SK-StPO-*Frisch* (Fn. 2), vor § 333 Rn. 10; LR-*Hanack*, StPO, 25. Aufl. 1999, vor § 333 Rn. 9; *Fezer*, Festschrift für Hanack, 1999, S. 331, 334.

7　この意味で、例えば、*Beling*, Deutsches Reichsstrafprozeßrecht, 1928, S. 330 Anm. 2 und 396 Anm. 2; *von Hippel*, Der deutsche Strafprozeß, 1941, S. 582; *Mannheim* (Fn. 5), S. 21 ff.; *Peters*, ZStW 57 (1938), 53 ff., 66; *Pohle* (Fn. 5), S. 83. *Duske*, Die Aufgaben der Revision, Diss. Marburg 1960, S. 41 ff., 56 ff. に詳細な記述がある。

8　これについての例は、etwa *Mannheim* (Fn. 5), S. 174 ff.; *Drost*, Das Ermessen des Strafrichters, 1930, S. 54 f.; *Peters*, Die kriminalpolitische Stellung des Strafrichters bei der Bestimmung der Strafrechtsfolgen, 1932, S. 98; ders., ZStW 57 (1938), 75 ff.; *Pohle* (Fn. 5), S. 61 ff., 65, 67.

2 ライヒ裁判所および戦後初期の判例による、量刑の上告可能性の漸次的発展

遅くとも1920年以来、ライヒ裁判所判例においても、上述の内容を述べたものが見られる。事実審裁判官が、許容されないやり方で、すでに法定刑の基礎となっている構成要件メルクマールを量刑の枠内で再び用いたことを非難する上告決定が、明文規定からの逸脱がないにもかかわらず、刑罰枠の中に収まっている量刑に異議を申立てる端緒となった[9]。1920年代には、罰金刑に関する立法が、さらなる異議申立ての可能性に道を開いた。それによれば、刑法旧27b条において、法律上、自由刑のみが法定刑となっている場合で、刑罰目的が達成しうるときは、事実審裁判官は、それに代えて罰金刑を科すことができるようになった。ライヒ裁判所によれば、この規定の導入により、事実審裁判官が法律上開かれたこの可能性に取り組んだか否か、その限りで刑罰目的の適切な理解を出発点としていたか否かが、上告可能な問題となった[10]。同時に、事実審裁判官によって量刑で行われた考慮が刑罰目的と一致したか否かが、上告審によってさらに一般に審査されることになった。後に、事実審裁判官が量刑上意味のある事情を明らかに考慮しなかったことにも、異議を認めた[11]。これに対して、ライヒ裁判所は、この領域で、量刑が何らの瑕疵も示さなければ、刑罰が適切かという側面の下で刑量を審査し、異議を唱える権限は自らにはないと考えた。おそらく政治的動機による後のいくつかの決定は別として[12]——これについての判断は、上告し得ない事実審裁判官の専権事項（およびその裁量権行使）だと考えられた[13]。

---

9 Vgl. z.B. RG DJZ 1913, Sp. 412; weit. Nachw. bei *Spendel*（Fn. 5）, S. 64.

10 Vgl. etwa RGSt 58, 106, 109; 59, 51; 61, 417. この判例の詳細な記述は、*Bruns*, Strafzumessungsrecht. Allgemeiner Teil, 1967, S. 158 ff.

11 Siehe z. B. RGSt 70, 290, 292; RG JW 1936, 3461（Nr. 30）; weit. Beispiele und Nachw. bei *Lamertz*（Fn. 5）, S. 60 ff. u. *Peters*, ZStW 57（1938）, 77 ff.

12 Vgl. etwa RG HRR 1941 Nr. 527; RGSt 76, 323, 325; siehe dazu näher *Bruns*, Strafzumessungsrecht, 2. Aufl. 1974, S. 665 ff.; *Frisch*, Revisionsrechtliche Probleme der Strafzumessung, 1971, S. 41 f.

13 Vgl. z.B. RGSt 8, 76, 77; RG bei *Pohle*（Fn. 5）, Rspr.-Verzeichnis, S. 117 Nr. 76; RGSt 69, 157, 162; 70, 58, 62; RG JW 1937, 3301; 1938, 3111; siehe erg. *Bruns*（Fn. 12）, S. 663 ff.

上級地方裁判所の判例は、このような量刑コントロールを主要な部分で継続しただけではない。その判例は、一定の限度で、刑種と刑量の決定をも上告審コントロールに服させたとき、決定的な点で量刑コントロールを拡大した。残虐で過剰に重く、不正な刑罰を禁じる連合軍管理委員会の規定（Art. IV Nr. 8 MRG 1）を根拠に、イングランド占領地区の上級裁判所並びに若干の上級地方裁判所は、その後、量刑決定がこの要請を正当に評価したかを審査した[14]。

3　連邦通常裁判所の判例による、上告審の量刑コントロールのさらなる拡大

連邦通常裁判所の判例は、量刑コントロールの程度をさらに高めるに至った。連邦通常裁判所は、次第に、ありうる瑕疵の原因の完全なカタログを発展させ、そこで、事実の提示に基づき、それらの瑕疵について判断の自由があるかを検討した[15]。連邦通常裁判所によれば、量刑決定に法的瑕疵があるのは[16]、正しい刑罰目的から出発しない場合、または、刑罰諸目的の関係を不適切に考察した場合、量刑にとって意味のない事情を意味があるものと考えもしくは意味のある事情を不適切に（例えば、軽減的にではなく、加重的に［あるいはその逆に］）評価した場合である[17]。さらに、判例によれば、事実審裁判官が、量刑の枠内で、経験則上重要な事情または事案の状況によれば当然考慮すべき事情もしくは他の関係で認定された事情に踏み込まなかったという点は、事実的・法的瑕疵になりうるし[18]、認定された事実関係によれば、そ

14　Siehe etwa OGHSt 1, 171, 172, 174 ; OLG Hessen HESt 1, 195 und 198; OLG Köln HESt 1, 200; OLG Freiburg HESt 2, 112, 114. この判例およびそれにより否定された完全な適切性コントロールについては、*Frisch*（Fn. 12), S. 43 ; *Bruns*（Fn. 12), S. 668 f., 680 ff.

15　量刑の上告可能性についての連邦通常裁判所判例の詳細な記述があるのは、*Bruns*（Fn. 12), insbes. S. 645 ff., 669 ff.; *Frisch*（Fn. 12), S. 7 ff., 44 ff.; SK-StPO-*Frisch*（Fn. 1), § 337 Rn. 147, 168 ff.; LR-*Hanack*（Fn. 6), § 337 Rn. 180, 205 ff., 209 ff.

16　次の法的瑕疵について個別的には SK-StPO-*Frisch*（Fn. 1), § 337 Rn. 168 ff.

17　この種の瑕疵について詳細は、判例からの多くの事例を示す *Bruns*（Fn. 12), S. 617 ff., 620 ff.; SK-StPO-*Frisch*（Fn. 1), § 337 Rn. 171 ff.

18　Vgl. etwa die Nachweise bei SK-StPO-*Frisch*（Fn. 1), § 337 Rn. 150 ff., 153.

の適用が考慮されて当然の規定または現に考慮した規定(例えば、減刑の可能性、犯情のあまり重くない事案かとくに重い事案か)を、判決理由の中で、事実審裁判官が検討しなかったと述べた場合も同様である[19]。

ここ30年で、連邦通常裁判所は、事実審裁判官の決定に対するコントロールおよび異議申立てについて、単に刑の重さ(もしくは決定の帰結)の側面で長らく採られてきた抑制的態度を著しく相対化したことにより、量刑のたいていの部分的段階をこのように積極的にコントロールすることに向けて、さらに決定的な一歩を踏み出した。連邦通常裁判所は、確かに、刑の重さ(同時に刑種および刑の延期)についての決定を、依然として「事実審裁判官の事柄」と性質決定しており、事実審裁判官の見解が主張可能な枠内にある限り、事実審裁判官の見解に反する適切な結論について、その限りで場合によって事実審とは異なる自らの見解を押し通す権限が自らにはないと考えている[20]。その間確立した判例において、事実審裁判官の決定が、(連邦通常裁判所の目から見て!)主張可能な枠内から逸脱し、とくに刑量決定が(支持しうる根拠づけがなく)特定の事実関係に関する通常の刑罰から著しく逸脱しているとき、または有責な不法の量に対する正しい清算だともはや考えられないときは、連邦通常裁判所は、そのような決定に、事実的・法的に瑕疵があるとして異議を唱え、破棄している[21]。

II 体系的考察:法適用としての量刑
——量刑の際の法律違反

以上のような、上告審の量刑コントロールの今日的状況を刑事訴訟法典立

---

19 これについてさらに詳しい説明は、vgl. SK-StPO-*Frisch*(Fn. 1), § 337 Rn. 150 ff., 152.
20 Vgl. z.B. BGHSt 17, 35, 36 f.; 29, 319, 320; 34, 345, 349 [GS]; NStZ-RR 2003, 52, 53; siehe dazu auch die weit. Nachw. bei SK-StPO-*Frisch*(Fn. 1), § 337 Rn. 147, 176, 181.
21 Vgl. z.B. BGH JR 1977, 159, 160 m. Anm. *Bruns*; BGH StV 1987, 530; 1993, 71; 2001, 453, 454 und 545; NStZ-RR 2003, 52, 53; 138 und 214; StraFo 2003, 246 f.; weit. Nachw. bei SK-StPO-*Frisch*(Fn. 1), § 337 Rn. 158, 174-176.

法動機の構想と比較すると、以下のことが明らかとなる。刑事訴訟法典立法者の構想によれば、量刑は、事実問題と考えられ、そのようなものとしては一般に上告不能とされていたが、今日では、さまざまな側面の下で上告審コントロールに服する、ということである。したがって、上告審判例は、――その限りで指導的であった学説と一致して――法律上の刑罰枠の中での刑罰決定が一般に事実の領域に属するという立法動機の理解から離れたのである。

1 量刑における事実問題と法律問題（法適用）

もちろん、量刑の枠内でも、原則的に上告不能な事実問題という意味における事実とは何かが問題となる。この意味での事実問題とは、具体的事案において、それ自体量刑上重要な一定の事情が実際に存在したか否かである。事実審裁判官がこの点で行った認定は、もっぱら非常に限られた範囲でしか、上告審のコントロールに服さない。その限りで、罪責問題に関する事実認定におけるのと異なることが妥当するわけではない。しかし、裁判官がこれらの事実から出発して最終的に具体的刑量に到達するときに、裁判官が行っているのは法適用である[22]。

これが妥当するのは、法律上明文の法原則――例えば、今日ドイツでは、量刑の基礎を責任だとする刑法46条1項1文の量刑規定、一定の事情を考慮し、それらを相互に比較衡量するという刑法46条2項の指示、または、すでに法律上の構成要件要素となっている事情は、量刑の際に再度利用することは許されないという刑法46条3項の指示――が存在する場合だけではない。上述のまたは類似の法律上明文の法原則が存在しなくとも、量刑の枠内で法適用は問題となる。この例となるのは、刑の重さを決定するにあたり予防目的を考慮することができるか、そしてできるとすればどの程度できるかの問題、責任刑の幅を下回ることが許されるかの問題または手続が過度に長期化したという事情が刑量決定に関連するか、そしてするとすればどの程度かの問題である。これらの問題に対する解答も法律問題に属する。ここでは、法

---

22 Siehe dazu schon *Frisch* (Fn. 12), S. 67 f.

の一般原則、ありうる法的評価、憲法上の諸基準その他から、法の基本的要請および実務的合理性の知見に合致した法的解決を展開することになる[23]。量刑のほとんどの問題について、そのような解決は、その間、既存の規範や裁判官法の解釈というやり方で展開されてきた[24]。

事案に即して具体的事案の刑罰枠を具体化する枠内で、具体的な刑罰枠の重さを割り当てるのも、結局は、曖昧な法および法の基本的要請並びに実務的合理性の知見をそのような形で具体化することに他ならない。これらの具体化も、さまざまな法的要請を満足させなければならない。等しい事例を等しく取り扱い、かつ、関連する相違に応じて異なった量を考慮するという要請から始まり、罪刑均衡の必要性および不必要な負担の禁止を経て、定められた刑罰が可能な正義の観念と両立し、特定の犯罪類型に対する反作用としての刑量の一貫した体系に当該刑罰が統合しうるということにまで至る[25]。

2　法適用と法律違反

法適用としての量刑の性格、この法適用の構造および適用されるべき法原則の性質に関するこれまでの考察から、同時に、量刑の上告審審査の可能性についてのいくつかの帰結も明らかとなる。量刑が法適用である場合、その限りで、量刑は上告審で審査可能でなければならない。——しかも、この法適用が認められるべきか、それとも瑕疵があると考えられ、この意味で法律違反であるのかについて。

その場合、法適用が瑕疵あるものとなるのは、法規範が看過され、遵守されず、明白に誤って適用された場合だけではない[26]。法の解釈、適用および具体化において、それ自体では考慮に価しまたは是認しうると思われるもの

23　これについて、さらに *Frisch* (Fn. 12). S. 147 ff., 155 ff., 159 ff.; SK-StPO-*Frisch* (Fn. 1), § 337 Rn. 147 f. m. w. N.

24　*Bruns*, Strafzumessungsrecht. Gesamtdarstellung, 2. Aufl. 1974 und *Schäfer/Sander/van Gemmeren*, Praxis der Strafzumessung, 4. Aufl. 2008には、その間における印象的な豊富な量刑法の全記述がある。

25　Siehe dazu *Frisch* (Fn. 12), S. 142 ff., 155 ff., 161 ff.; *ders*., in: Frisch/von Hirsch/Albrecht (Hrsg.), Tatproportionalität, 2007, S. 155, 159 ff., 168 ff., 177 ff.

26　この事例については、SK-StPO-*Frisch* (Fn. 1), Rn. 35 f., 149.

であってもまた、退けられるべきことは稀でなく、それ故、それは上告審により法律違反だと宣言されなければならない[27]。これが必要となるのは、およそ、他に別の評価を伴うような事実関係が反復した場合に、異なる法律解釈や法の具体化をした方が、統一的に正しい法を示すという要求と合致するときである。なぜなら、それにより、法は内部矛盾するだろうからである[28]。この理由から、有罪を言い渡すレヴェルでは、何らかの意味で考慮に価するものとして解決されうる大多数の法律問題において、ある特定の適用が他の適用よりも望ましいものとされ、そこから逸脱した解決が法律違反と性格づけられる。これを行う任務は、この場合、法的安定性の保障として上告審に割り当てられる[29]。別の言葉で言えば、上告審は、その限りで何が法の正しい内容であるか（あるいは、そうあるべきであるか）の「立場を鮮明にし」なければならない[30]。

　上告審において同一の問題に対して相反する解答を認めれば、それにより、同様に、法がその統一性を失い、内部矛盾することになる限りで、量刑についてまさに同じことが妥当する。これは、一連の量刑問題、すなわちとくに二者択一の形でのみ答えられるべき諸問題[31]において、完全に当てはまる。――したがって、ここでも、主張可能なことがすべて認められうるわけではなく、考慮に価する解決も一部は瑕疵あるものとして却下されなければならない[32]。もちろん、まさに量刑の枠内で他の問題も存在する。そこでは、主張しうる解決を受け入れることで、法の内部矛盾と法の統一性の危殆

27　したがって、「法律違反」は、これらの事案においてはまったく悪い内容ではない！

28　法の無矛盾性が放棄できないことについては、基本的に vgl. *Engisch*, Die Einheit der Rechtsordnung, 1935, insbes. S. 46 ff., 54 ff., 67 f.

29　法の統一性を保障するという上告審の――争いのある――任務については vgl. mit eingehenden weiteren Nachweisen *Schwinge*, Grundlagen des Revisionsrechts, 2. Aufl. 1960, S. 26 ff.

30　Eingehend dazu SK-StPO-*Frisch* (Fn. 1), § 337 Rn. 4 ff., 11, 108 ff. (mit Einschränkungen).

31　ここで、典型的な問題は「AかBかの二者択一」の問題である。解答は、相反する形（例えば「重要だ」―「重要でない」）で示される。

32　Beispiele SK-StPO-*Frisch* (Fn. 1), § 337 Rn. 166 a.E., 171, 172 sowie unten III. 1.

化に至る危険は、ずっと少ないものである。これは、とくに、さまざまな解決が矛盾でなく、程度が異なるにすぎない場合——比較による位置づけや量へのあてはめのような場合である[33]。まさにこの問題において、特徴的なことに——そして、これは原則的に正しいのだが——、上告審の判例も事実審裁判官の量刑への介入を差し控えている[34]。量刑審査をそのように細分化するという帰結は、量刑の個々の段階とそれを指導する法原則に適切に目を向け、上述の観点から、この段階について上告可能性を決定しようとする場合にいっそう明らかとなる。

III *若干の結論：量刑過程の各段階の上告可能性*

量刑に関する決定は、一般に、量刑の基礎となる刑罰枠を示すことから始まる[35]。しかし、量刑決定は、そこから量刑事実を精査し把握する段階へと非常に速やかに移行するのが通常である。そうなるのは、１つの刑罰枠のみが考えられる場合であるが、それは、この場合、刑罰枠の中での本来的な量刑に直ちに移ることができ、これは関連する量刑事情を示すことから始まるからである。しかし、複数の刑罰枠が議論され、それらの間で選択が行われなければならない場合にも、裁判官は、刑罰枠を把握した後、関連する量刑事情に直ちに取り組まなければならない。なぜなら、さらなる量刑がどの刑罰枠に基づくべきかは、関連量刑事情に、より正確に言えば、それについての一定の判断[36]に依存するからである。

---

33 本文で簡単にしか述べられなかった問題について、詳細かつ基本的には siehe SK-StPO-*Frisch* (Fn. 1), § 337 Rn. 4 ff. (insbes. 5 f., 8 f., 11 ff., mit Konkretisierungen in Rn. 107 ff., 109 ff., 148, 161 ff., 176 f., je m.w.N.); weiterführend und vertiefend Maurer, Komparative Strafzumessung, 2005.

34 上述のＩ２および３を参照。

35 量刑の諸段階について詳細は、*Bruns* (Fn. 12), S. 46 ff.; *Frisch* (Fn. 12), S. 8 ff.; *Schäfer/Sander/van Gemmeren* (Fn. 24), Rn. 487-654; *Streng*, Strafrechtliche Sanktionen, 2. Aufl. 2002, Rn. 479 ff.

36 例えば、その事案が全体評価において平均事例から明らかに逸脱するか否かの判断である。これについては後述２を参照。

1 量刑事情の精査、把握および評価方向に即した評価

　どのような事情が量刑上重要かは、裁判官個人の裁量の問題ではなく、法的な言明により示される。量刑の際に考慮されるべき事情に関して、法律上の特別な言明がないところでは、特定の事情が――刑罰目的の達成に意味をもつという理由で――量刑に関連するか否かを決定しうるのは、とくに法律の基礎にある刑罰目的に依拠することによる[37]。しかしながら、多くの国では、裁判官に向けて、裁判官が量刑の際に特定の事情を考慮すべきであると定める特別の法原則も存在する。ドイツでは、刑法46条2項がこれにあたる。ただし、それはもちろん例示列挙に過ぎないのだが。基本的側面において、より重要でより包括的な意味を持つのは、量刑の基礎について行為者の責任を掲げる刑法46条1項1文である。そこから明らかになるのは、量刑の枠内で、責任の量すなわち有責な不法に意味のあるすべての事情を考慮すべきだということである。刑法46条1項2文は、さらなる指針を含む。すなわち、それによれば「社会における行為者の将来の生活について刑罰に期待しうる効果」について何らかのことを表す事情も量刑上重要な事情だということを明示する[38]。

　ここで関心の対象とする量刑の諸段階に関するこのような法的背景に鑑みて、これらの段階での処理が正しいかは上告可能である（し、そうでなければならない）ことは、長い説明を要しない。上告可能な法律違反が存在するのは、その限りで、事実審裁判官が、（例えば、不法または責任の量にとってそれに意味があるという理由で）これらの指針によれば、量刑に関連するとして考慮されるべきだった事情（例えば、犯行の特別な結果または犯行の危険性）を考慮しなかった場合だけではない[39]。たとえ事実審裁判官がそれらの事情を考慮したとしても、その事情が量刑上重要と考えるべきか否かについての裁判官の決定は上告可能である。これが妥当するのは、不法と責任（または特別予防の

37　Vgl. statt vieler *Bruns*（Fn. 12), S. 46 f., 357 ff.
38　§46 Abs. 1 S. 2 StGB のそれぞれにおける意味については、*Frisch*, Festschrift für Kaiser, 1998, S. 765 ff.
39　Vgl. z.B. BGH NJW 1976, 2220 = JR 1977, 162 m. Anm. *Bruns*; BGH NStZ 1991, 231; weit. Nachw. bei SK-StPO-*Frisch*（Fn. 1), § 337 Rn. 153, 170 f.

必要性）についてその事情の量刑関連性の有無が明白である場合に限られない。その関連性を争うことのできる事情が問題である場合もまた、上告審は、ここでも同様に、特定の事情の量刑関連性の有無について相反する判断を受け入れることはできない[40]。なぜなら、これでは、法の統一的適用に配慮するその任務にとって明らかに不十分だからである。したがって、さまざまな立場が議論しうる場合においても、上告審は、ここで「旗色を鮮明にし」、自らの理解によれば正しいと考えられる見方が正しい法適用であり、そこから逸脱する見解は法律違反であると性質決定しなければならない。この意味で、上告審は、優越的な態度をとる[41]。もちろん、この場で明確化よりもむしろ、混乱を引き起こす方向に作用した決定もいくつか存在する[42]。

量刑に関連する特定の事情がそもそも何を意味するかは、量刑に関連する特定の事情が刑罰加重的に作用するか、軽減的に作用するかの問題にも同時に妥当する[43]。その場合、ここでこの評価方向の問題が、量刑固有の評価段階なのか、それとも、そのような関連において「刑罰加重的」か、「軽減的」かはつねに共に考えられるという理由から（その限りで、中立的な関連性というものは存在しない）、特定の事情を関連的だと把握することの一部なのかは不明である。いずれにせよ、1つのことが明らかである。すなわち、ここでも、法の統一性のために、上告審が、同一の問題（ある特定の事情が刑罰加重的に関連するのか、軽減的にか）に対して相反する解答を共に正しいと受け容れることは許されない[44]。ここでも、上告審は、自らの理解により、よりよい根拠づけの立場を正しい法適用とし、それから逸脱した立場を法律違反と特徴づけることで、むしろ法の統一性に配慮しなければならない。

40　OLG Frankfurt NJW 1976, 2220; JR 1977, 249; LR-*Hanack* (Fn. 6), § 337 Rn. 205, 209 m.w.N.; SK-StPO-*Frisch* (Fn. 1), § 337 Rn. 166.

41　Eingehende Nachweise bei *Bruns* (Fn. 12), S. 257 ff., 713 ff.; SK-StPO-*Frisch* (Fn. 1), § 337 Rn. 170 f.

42　Nachweise bei LR-*Hanack* (Fn. 6), § 337 Rn. 239; SK-StPO-*Frisch* (Fn. 1), § 337 Rn. 166.

43　Siehe dazu näher *Bruns* (Fn. 12), S. 617 ff., 620 ff. mit zahlreichen Beispielen aus der höchstrichterlichen Rechtsprechung.

44　*Bruns* (Fn. 12), S. 620 ff.における「とくに疑わしい事案における」判例の概観により、上告審がこれを一般的に同様に考えていることが分かる。

2 量刑にとって基準となる刑罰枠の決定

刑の量定のためにたった1つの刑罰枠が用いられるのではなく、そのために複数の刑罰枠が考えられる場合に、裁判官は、本来の量刑の前に、刑罰枠から、まず、本来の量刑の基礎にどのような刑罰枠が置かれるべきかを明らかにしなければならない。それは、とくに、通常の刑罰枠の他になお、構成要件が「あまり重くない」事案に対する刑罰枠または／および「特別に重い」事案に対する刑罰枠を定める場合や、例えば未遂、限定帰責能力を理由に、または、その他の類型化された理由から、より軽い特別の刑罰枠を基礎にしうる場合である。

ここでも、通常の刑罰枠を基礎におくのか、それとも一定の特別な刑罰枠を基礎におくのかは、直ちに裁判官の自由な裁量に属するわけではない。どのような刑罰枠がさらなる量刑の基礎におかれるべきかは、再度、客観的な法的基準に従う。確立した判例によれば、犯情のあまり重くない事案またはとくに重い事案に対する刑罰枠が基礎におかれるべきなのは、次の場合である。すなわち、行為者人格をも考慮しつつ、犯罪が全体として、――とくに、引き起こされた損害の大きさ、犯罪意思の執拗さと強さ、または使用された手段の特別な危険性に関して――経験上、通常起こるが故に、正規の刑罰枠の幅で法律がすでに念頭に置いていた事案から、当罰性の点で、重い方向または軽い方向へと非常に大きく懸け離れ、したがって、正規の刑罰枠が不適切に思われる場合である[45]。同様の規定は次の問題につながる。すなわち、未遂が存在した場合、限定帰責能力の場合または不作為犯の場合に、通常の刑罰枠の代わりに、軽減された刑罰枠がどのようなときに正しいということになるかの問題である。そこでは、通常、すべてのまたは特定の範囲の量刑事実を考慮して、責任や当罰性が明らかに減少しているかが問題である[46]。

---

[45] Vgl. z.B. BGHSt 4, 8; 8, 186; 26, 97; 29, 319; siehe freilich auch BGH NStZ 1991, 529, 530 und（考えうる他の基準と逸脱について）*Schäfer/Sander/van Gemmeren*（Fn. 24）, Rn. 576 ff., 580 ff.; *Streng*（Fn. 35）, Rn. 411 ff.

[46] その限りで判例が基礎においた基準の詳細な記述は、*Schäfer/Sander/van Gemmeren*（Fn. 24）, Rn. 505 ff.; 判例の概観は、SK-StPO-*Frisch*（Fn. 1）, § 337 Rn. 169.

基礎におかれるべき刑罰枠に関する決定の、このような法的関係を考えるとき、2つの点が容易に理解できる。すなわち、これらの段階でも、法的瑕疵が考えられること、および、それ故、これらの段階もそのようなありうる法的瑕疵を理由に原則として上告可能でなければならないということである。——判決理由が何も述べていないことから——事実審裁判官がさまざまな刑罰枠を考えうること全く意識せず、それ故、そのような場合になされるべきであった法的考察をおよそ行わなかった場合にのみ、上告可能な法的瑕疵が存在するだけではない[47]。基準となる刑罰枠に関する決定は、事実審裁判官がその限りで不適切な基準に方向づけられていた場合にも法的瑕疵となる。適切な基準から出発したとしても、事実審裁判官が——基準から逸脱して——意味のある事情をその考慮に入れなかったり、不当にも基準によれば意味のない事情を考慮したりしたという理由から、その決定が法的瑕疵となることもある[48]。裁判官が正しい基準を基礎とし、量刑上重要な事情に方向づけられていたとしても、法的瑕疵がなくなるわけではない。この場合もなお、裁判官の決定が、法的に瑕疵ある評価となることもある。もちろん、これは、ここで求められる複雑な全体評価および（軽い、通常、とくに重いといった）相対評価による言明に鑑みて、説得的にいいうるのは、事実審裁判官の評価が間主観的に是認しえないと思われる（そしてそれと共に、それを維持すれば、法の統一性という側面において耐え難い効果を生じさせるであろう）場合に限られる。上告審自身であれば異なった決定をしたであろう場合であっても、総合判断とその相対評価による位置づけが是認しうるときには、事実審裁判官の是認しうる決定に異論を挟む（そしてそれを法律違反と性質決定する）理由はない。正義という上告の目的は、是認しうる決定を破棄するように要求するわけではないし、そして同様に、是認しうる領域の内部で評価の細かなバラつきが存在し、価値関連的な視点の複雑さのために容易に比較することが難し

---

47 Vgl. z.B. BGH bei *Holtz*, MDR 1983, 619; LR-*Hanack* (Fn. 6), § 337 Rn. 212, 228; eingehend *Detter*, Festschrift aus Anlaß des fünfzigjährigen Bestehens von Bundesgerichtshof, Bundesanwaltschaft und Rechtsanwaltschaft beim Bundesgerichtshof, 2000, S. 679, 694 ff.

48 Siehe dazu z.B. BGH StV 1981, 541, 547; 1982, 71; NStZ 2000, 26 f.; LR-*Hanack* (Fn. 6), § 337 Rn. 219; SK-StPO-*Frisch* (Fn. 1), § 337 Rn. 153, 169.

い事案に関する場合に、法の統一性は、そのようなバラつきがあるからといって危険にさらされることはない[49]。以上のことは、大体のところ、連邦通常裁判所の判例にも合致する。

3 基準となる刑罰枠の中での責任刑の決定

具体的事案で量刑上基準となる刑罰枠が確定された場合に、裁判官は、この枠内で法的基準に従い、適切な刑罰を決定しなければならない。ドイツ法によれば、これは、まず行為者の責任に応じた刑罰についての考察を前提とする（刑法46条1項1文を参照）。この刑罰も、もちろん一足飛びに決せられるものではなく、構造的にも異なったいくつかの考慮を必要とする。

まず、裁判官が具体的事案における行為者の責任（すなわち有責な不法）の重さについての総合判断を行うことは不可避である。このためには、具体的事案のみに目を向けるだけでは十分ではない。むしろ、具体的事案における不法または責任を決定的に決する要因を、その形態の面で他の事案と関連づけ（、そのように位置づけ）ることが必要である。しかし、さらに、そのように評価された事情が相反する方向（軽減的/加重的）となることもあるが、そこからなお、この逆方向性を処理する総合判断をも行わなければならない[50]。その後さらなる手順において、刑罰枠の中でどの刑量が、それらの重さ（非常に軽い、軽い、軽いから中程度、中程度、重い、非常に重いなど）をもつ事案に適切に相応するかを問題としなければならない[51]。

裁判官による事案の判断もまた、ここで完全に自由なわけではなく、裁判官が基準を尊重しなければならないということは、容易に理解しうる。例え

---

49 Vgl. dazu SK-StPO-*Frisch* (Fn. 1), § 337 Rn. 169 i.V.m. 5, 12, 18, 113 ff., 147.
50 いわゆる事実の衡量と重さに応じた位置づけという、この段階について、詳細は、*Bruns* (Fn. 12), S. 49, 81 ff., 714 ff.; *Frisch* (Fn. 12), S. 14 ff.; *ders*., Tatproportionalität (Fn. 25), S. 155, 169 ff.; *Schäfer/Sander/van Gemmeren* (Fn. 24), Rn. 627 ff., 633 ff. je mit Nachweisen auch der Rechtsprechung; eingehend auch *Montenbruck*, Abwägung und Umwertung, 1989, passim.
51 いわゆる「価値の転換」のこの段階について、詳細は、*Bruns* (Fn. 12), S. 49, 87 ff., 714 ff.; *Frisch* (Fn. 12), S. 12; *ders*., Tatproportionalität (Fn. 25), S. 155 ff., 174 ff. 並びに、注50で掲げた文献。

ば、不法結果または特定の行為の危険性の考えうる形態は、具体的事案のそれぞれの不法事情を適切に等級づけるために、もっぱら限られた幅をもつ（そして他面では、間主観的に特定の評価を明白に瑕疵ある評価だと特徴づけることを可能にする）比較的明確なスケールを形成する。不法と責任にとって意味のある多くの他の要因の場合も同様である。他の事情との関連における特定の事情の原則的な重さ（例えば、行為の危険性に対する結果不法の重さ）、したがって、さまざまに形作られ、逆方向になることもある要因を総合判断へと連結させるときに必要な基準が問題となる限りで、法的基準は、それほど明確でない[52]。しかし、ここでもまた、法律上あらかじめ与えられている一定の評価（例えば、結果または行為の性質決定、特定の有利な取扱い等）並びに一般的な価値表象が、ある程度、方向性を示す。それを背景にして、確かに、特定の事案がなお「軽い」かそれともすでに「中程度よりやや軽い」かを争うことができる。しかし、──量刑の伝統によりさらに強固にされる──基準は、通常、明確なのであり、それによれば「重い」と等級づけられるべき事案が、事実審裁判官により「中程度よりやや軽い」とか、それどころか「軽い」として取り扱われた場合には、この基準の不遵守だと考えられなければならない。そのように基礎に置かれるべき基準を誤った評価またはそこからの逸脱が認められるとき、それらは、法の統一性のために──是認できる枠内での逸脱とは異なって──もはや受け入れることはできないのであり、したがって、上告審により法律違反として異議を唱えられる。

　裁判官が、量刑に関連する特定の事情をもって、事案に具体的な刑量を数値化する際に思考上の評価をする第2段階にも、同じことが妥当する。裁判官が、従来、行われてきた考察を行う場合、これは、例えば、「軽い」または「中程度の重さ」と等級づけられる事案に対して、裁判官が、刑罰枠の中のある刑量を割り当てるというやり方で行われる。この割当ても──刑罰枠の中で──自由な裁量によって容易に行なうことはできず、特定の基準を尊重しなければならない。そのような基準は、第1に、法律上の刑罰枠自体に

52　この問題性および以下について詳細に、*Frisch*, Tatproportionalität (Fn. 25), S. 169 m.w.N.; *Hauser*, Die Verknüpfungsproblematik in der Strafzumessung, 1985, S. 158 ff., 165 ff.

存する。刑罰枠は、軽いものから重いものへと程度づけが考えられる犯罪事案のスケールに対して、同様に対応する、軽いものから重いものへと程度づけられる刑量のスケールを用いる[53]。もちろん、刑罰枠は、特定の重さをもつ犯罪に対して正確にどのような量を定めているかを示すものではない。絶対的な割当てのこの問題は、刑事実務が変わりゆく正義の観念と一致するために、未解決にされるべきことに意味がある。しかし、刑罰枠はすでに、一定の刑量割当てが当然であって、とくに特定の割当てがもはや法律の精神に相応しないという意味の表現を含む。軽い犯罪に属する事案に対して刑罰枠の上半分の領域の刑を科し、または逆に犯罪の重い事案に対して刑罰枠下方の領域の刑罰を科すとき、法律の精神が害されている。それ故、連邦通常裁判所は、まさにこの路線で正当にも、事実審裁判官が、実際に生じている平均事例のグループや、同じく法の現実では犯罪の比較的軽い形に含められる事案に、(実際には、中程度から非常に重い事案に割り当てられる) 刑罰枠の中程度の刑を科したことに異議を唱えた[54]。

　刑の重さの決定のための基準は、もちろん、具体的な刑罰枠の特定の意図および構想にのみ存するわけではない。裁判官は、――すでに憲法的観点から――とくに社会で支配的な正義の観念という形で、正義の公理にも結びつく。これは、それ自体とくに正しくかつ適切だと感じられる裁判所実務という形に表れる[55]。なるほど、この明白な正義の観念もまた、通常は、具体的事案に特定の刑罰を割り当てるものではないが、それでも、そのような支配的な正義の観念に方向づけられるときには、適切な刑罰だと考えられる刑量

53　相対的な刑罰のスケールとしての刑罰枠の理解について、詳細は BGHSt 27, 2 ff.; OLG Stuttgart MDR 1961, 343; 学説からは、*Bruns*（Fn. 12), S. 81 ff. および脚注50で挙げた文献。このアプローチへの疑念として、*Streng*（Fn. 35), Rn. 493 ff.

54　Vgl. BGHSt 27, 2 ff.; siehe auch BGH NStZ-RR 2003, 52, 53 (「考えうる事例群の下方にある」事案に刑罰枠の中程または上方の領域にある刑を科した場合); weit. eingeh. Nachw. bei SK-StPO-*Frisch*（Fn. 1), § 337 Rn. 158, 174 (ここで上告審判例が、科される刑罰の不十分な根拠づけとしばしば取り組んでいることについても、同書および *Streng*［Fn. 35］, Rn. 513).

55　量刑についての裁判所実務の意味について、詳細は、*Frisch*, Tatproportionalität（Fn. 25), S. 155, 162 ff., 177 f. m.w.N.; *Streng*, Strafzumessung und relative Gerechtigkeit, 1984, S. 49 f., 204 ff. und Maurer（Fn. 33), passim.

の範囲を限界づけ、同時に、それによれば、明らかに重すぎるまたは軽すぎるという理由で是認することができないとして、多くの刑量を排除する。これは、上告審の活動にとっても意味がある。この基準により是認しうる枠内にとどまる量刑に対して、確かに、上告審は異議を唱えることはできない——しかも、是認しうる刑量の範囲にある他の刑量の方がいいと考えた場合であっても。正義の目的も、法の統一性という目的も、上告がそのような逸脱を法律違反と呼ぶように要求するものではない[56]。これに対して、支配的な正義の観念を表す基準により、事実審裁判官の量刑が是認しえないときは、事情がまったく異なる。そのような場合に、上告審は、比較的統一的な量刑基準が基礎に置かれるように保障するために、個別事例の正しさのためにのみならず、とくに平等および法の統一性のためにもまた、法律違反として量刑に異議を唱えなければならない。（ドイツ）連邦通常裁判所の上告実務の大筋もまた——刑事部相互に一定の揺れはあるものの——、その間、このようなものとなっている。それによれば、科された刑罰について、納得のいく理由づけもなく、当該犯罪に対する通常の刑罰からかなりかけ離れた判断をすれば、それは、法的に瑕疵あるものとして破棄される[57]。

4　量刑の予防的考慮

　固有の量刑の最終段階は、予防の必要性とその側面の処理である。この段階で片付けられるべき典型的問題は、例えば、責任刑の重さが複数考えられる場合に、事実審裁判官は、最終的に科される刑罰を予防の必要性に従って決定することができるか、事実審裁判官は、予防を理由に、下方へあるいはまたおそらく上方へも責任刑を逸脱しうるかという問題である。

　この問題に対する解答は、裁判官の自由な裁量に委ねられるわけではな

---

[56] 理論的な基礎について詳細は、SK-StPO-*Frisch*（Fn. 1），§ 337 Rn. 4 f., 8 f., 11 f., 113 ff., 147 f., 161 ff., 174 ff.

[57] Vgl. z.B. BGHR StGB § 46 Abs. 1 - Strafhöhe 5, 9, 10, 18; BGH JR 1977, 159, 160 m. Anm. *Bruns*; NStZ 1992, 381; 1994, 494, 495; StV 2001, 453, 454; weit. Nachw. bei *Theune*, Festschrift für Pfeiffer, 1988, S. 449, 458 f.; SK-StPO-*Frisch*（Fn. 1），§ 337 Rn. 175 f.; *Streng*（Fn. 35），Rn. 512 ff.（ここで大抵は——注意深く——科される刑罰の不十分な根拠づけの観点を介して破棄がおこることについても）．

い。上述の諸問題の解決にあたり、裁判官は、むしろ一連の規制に拘束される。規制は、一部には刑法47条1項のような法規定に含まれる。これは、6月未満の刑罰について、自由刑と罰金刑とは原則的に等価値であるということから出発し[58]、裁判官は、（短期自由刑の問題性に鑑みて）特別予防または一般予防が不可欠である場合にのみ短期自由刑を科すことが許されるとする。その他の規制は、連邦通常裁判所の判例自身が発展させた。これに属するのが、とくに幅の理論の表現である。これは、可能な予防の必要性を責任の幅の枠内で考慮することを裁判官に許し、また、義務づけるものである[59]。この種のさらなる規則は、予防の理由から責任刑を上回ることの禁止である[60]。予防を理由として（または予防の必要性がない場合に）責任刑を下回ることの禁止も、その違反は限定されているが[61]、これに関係する。

　上告可能性の側面の下で、量刑過程のこの段階は、先行する段階（責任刑の決定）ほどには問題性が少ない。現行法または裁判官法として、上述の規制を遵守したか否かは、もちろん原則的に上告しうる。それにより、予防の必要性（例えば、行為者に対するより長期の保安）を満足させるために、事実審裁判官が責任刑の量を超えた場合には、その事実審裁判官の判断は法律違反を含み、それ故、破棄しうる[62]。しかしまた、連邦通常裁判所は、その見解からすれば一貫して、予防上の理由からまたは予防の必要性が欠如する場合に、責任刑を下回ることにも異議を向けている。ただし、それは、自身が責任刑の下回りを認めるような事案でない場合であった[63]。

58　明らかな表れとして、§42 S. 1 StGBによれば、罰金刑の日数は、代替自由刑において自由刑1日に相当する。

59　Vgl. BGHSt 7, 28, 32; 16, 353; 20, 264; 24, 133. 幅の理論について詳細は、*Bruns* (Fn. 12), S. 263 ff.; *Schäfer/Sander/van Gemmeren* (Fn 24), Rn. 461 ff. これについて批判的なのは、*Frisch*, ZStW 99 (1987), 349, 363; *Hörnle*, Tatproportionale Strafzumessung, 1999, passim.

60　Vgl. dazu BGHSt 20, 264, 266 f.; *Streng* (Fn. 35), Rn. 30 ff.

61　Vgl. dazu BGHSt 24, 132, 134; BGH NJW 1977, 1248; 1978, 174, 175. しかし、挑発事例について、抑制的なのは、例えば、BGH NStZ 1986, 162; siehe dazu auch *Streng* (Fn. 35), Rn. 472 ff.

62　Vgl. dazu BGHSt 20, 264, 266 f.

63　注61に掲げるものを参照。

一連の法律違反は、結局、刑法47条1項の規定、したがって罰金刑と自由刑との間での決定についての法律上の指針との関係で考えることができる[64]。ここで、事実審裁判官の行為が法的瑕疵となるのは、刑法47条1項の規定に立ち入らずに（したがって、その限りで存在する可能性をまったく把握せずに）、6月未満の自由刑を科す場合だけではない。法律違反は、次の場合にも存在する。すなわち、裁判官が自由刑と罰金刑との間で決定しなければならないと認識していたが、刑法47条1項の限定された理由を基準とせずにこの決定を下し、または、その決定に際し、刑法47条1項に定める、決定にとって重要な概念を誤認した場合であり[65]、同様に、裁判官がその検討に意味のある事情に立ち入らなかった場合である[66]。裁判官が、刑法47条1項で立法者により原則的なものとして定められた罰金刑を科す決定をした場合に、上告しうる法律違反はあまり考えられない。しかし、ここでも、事実審裁判官が、決定に際し、具体的な事案において自由刑を不可欠としうる事情に取り組まなかったときは、上告可能な法律違反が存在する[67]。

5　刑の延期

刑法47条1項に定める、自由刑と罰金刑との間での決定が上告可能かについて上で述べたことは、判決で言い渡されるべき、したがって原則的に上告になじむ刑の延期に関する決定にも原則的に妥当する（それ故、ここでなお簡単に触れておこう）。ドイツ刑法は、56条で、刑の延期のための細かな規制をもつ。この規定の遵守と刑の延期の法律要件の遵守については原則的に上告可能である[68]。上告可能な法律違反があるのは、刑の延期が法律上原則的に考慮される事案で（すなわち、最近では2年未満の刑の場合。刑法56条2項を参照）、

64　LR-*Hanack*（Fn. 6），§ 337 Rn. 225 f.; SK-StPO-*Frisch*（Fn. 1），§ 337 Rn. 178にこれについての概観がある。

65　例えば、「法秩序の防衛」概念の誤認。Dazu BayObLG NJW 1970, 1382; NJW 1988, 3026; weit. Nachw. bei SK-StPO-*Frisch*（Fn. 1），§ 337 Rn. 178.

66　Vgl. etwa BGH bei *Dallinger*, MDR 1970, 116.

67　Vgl. z.B. OLG Frankfurt StV 1997, 253; OLG Schleswig StV 1982, 367.

68　§ 56 StGBの上告可能性について詳細は、LR-*Hanack*（Fn. 6），§ 337 Rn. 234 ff. und SK-StPO-*Frisch*（Fn. 1），§ 337 Rn. 179 ff.

裁判官が、刑の延期の可能性をおよそ審査しなかった場合だけではない[69]。刑の延期に関する決定に瑕疵があるのは、とくに、刑の延期を拒否することが許されない理由から、事実審裁判官がこれを拒絶した場合（例えば、6月未満の刑罰の場合に一般予防を理由として。これについては、刑法56条3項を参照）や、逆に、刑の延期を認めるのに不十分な要件でこれを認めた場合（例えば、1年を超える刑の場合に、良好な予後のみを理由とするとき。これは、「特別の事情」を要求する刑法56条2項に違反する[70]）である。原則的に破棄に至るさらに別の瑕疵は、刑の延期について基準となる法律概念を、事実審裁判官が誤って解釈し[71]、または将来刑罰とは無縁となる態度について、予後のために考慮しなければならないはずの事情を考慮しなかった[72]という点にありうる。本来の予後は、主として事実の領域に属し、それ故、是認しうる場合には、結論的に原則として上告不能であるが、それが形式的判断であった場合または事実審裁判官が経験的知識の領域で誤った推定から出発した場合には、法的瑕疵となることもある[73]。

IV　まとめ

振り返ってみると、古くからそして最近でも、刑罰枠の中での量刑は一般に上告不能な決定だと考えた刑事訴訟法典立法者の立場から、判例と学説は、ますます乖離しているということができる。その場合、量刑に関する法律上の明文規定のみならず、とくに、ほとんど見渡しえないほど多数の裁判官法により発展させられた、量刑のさまざまな基本問題や細部の問題に関す

69　BGHSt 6, 68 und 167 (172); BGH NStZ 1986, 374; LR-*Hanack* (Fn. 6), §337 Rn. 234 m. w. N.

70　たとえ判例が、そのような「特別な人的理由」を認めることに著しく寛容だとしても。Vgl. etwa BGH NJW 1976, 1413; NStZ 1998, 409; weit. Nachw. bei SK-StPO-*Frisch* (Fn 1), §337 Rn. 163, 165 f., 181.

71　例えば、「刑罰のない生活の期待」(vgl. BGHSt 7, 6, 10; BGH NJW 2003, 2841 f.) または「法秩序の防衛」(vgl. BayObIG NJW 1968, 3027); weit. Nachw. bei SK-StPO-*Frisch* (Fn. 1), §337 Rn. 179, 180.

72　BGH StV 1986, 293; OLG Düsseldorf JR 1994, 39, 40.

73　その限りで考えうる瑕疵について詳細は、SK-StPO-*Frisch* (Fn. 1), §337 Rn. 179.

る法原則が上告の対象となりうる。とくに、特定の考慮や決定を要求し、または特定の質的な（イエスかノーかで決せられる）問題提起（関連する事情か否か、加重的か軽減的か等）へ解答する量刑法の法原則は、実務上、完全に上告可能である。この種の問題において、法の統一性のために、相反する解答が等しく正しいものとして受け入れられることはありえない。それに対して、とくにこの結論が包括的な総合評価であるときに、相対的な量についての問題提起の場合に、上告審の介入権限はいくらか限定的となる。ここでは、事実審裁判官の是認しうる決定の意味とは異なって判断された場合ではなく、基礎におかれるべき基準によれば、事実審裁判官の結論が是認しえない場合に初めて、上告審によって保障されるべき個別事例の正しさと法の統一性から、上告審の介入が必要となる。そのような決定を認めれば、基礎におかれるべき基準とその適切な具体化への疑念が起こることにもなろう。したがって、そのような決定は、法の統一性のために反対されなければならない。

日本側報告

[第8テーマ]
量刑決定の上訴審審査

原田　國男
慶應義塾大学法科大学院客員教授

　I　日本の控訴審における量刑審査の特徴
　II　日本の上告審における量刑審査の特徴

I　日本の控訴審における量刑審査の特徴

1　控訴審が事後審であること

　日本の控訴審は、事後審査審として構成されている。すなわち、原判決の当否を、原判決の時点で原判決までの証拠資料により判断するというシステムを採用している。原判決後の新証拠は、原審で請求できなかったやむを得ない事由がなければ、採用されない。第2次世界大戦前の控訴審は、ドイツのそれと同様に、いわゆる覆審であり、控訴があれば、最初から審理をやり直す方式が採られていた。第2次世界大戦後に制定された新刑訴法において、覆審から事後審へと変革されたのである。その理由としては、(1)第1審の手続に直接主義・口頭主義を基本とする新しい方式が導入されたことに伴い、控訴審において第1審の手続と同様の手続を繰り返す方式を採ることが人的・物的負担となることから、事件数の多さもあって、控訴審の負担を軽減する必要があったこと、(2)上告審が法令等の違憲立法審査に力を入れる必要からその負担を軽減する必要があったこと、(3)第1審の審理を充実する必要が大きかったことなどが挙げられている。(1)の理由が決定的なものであったといわれている[1]。

　1　後藤昭『刑事控訴立法史の研究』(1987年) 292頁。

しかし、実際の控訴審の運用は、事後審といいながら、続審の傾向を強めてきた。その原因は、上訴の目的の一つである法令解釈の統一と並ぶものとしての個々の事案における具体的な妥当性の追求が重視されたこと、その観点から控訴審が事実認定でも量刑判断でも実質的にみて最終審であることを重視したからである。しかし、裁判員裁判が実施され、控訴審のあり方にも大きな変化が期待されるようになった。控訴審は、職業裁判官のみで構成される。裁判員裁判が第1審に導入されたのに、控訴審に関する規定は何ら変更されなかった。そこで、裁判員が関与している第1審判決を何故審査することができるのかが問題となっている。ドイツの控訴審では、参審員が加わっているから、この基本的な制度設計上の疑問は生じない。フランスやデンマークでは、参審員の数がより多いというからより整合性が認められる。その最も簡単な解答は、法律がそう定めたからであり、それ以上に詮索する必要はないというものである。しかし、それでは、答えになっていない。そこで、控訴審は、事後審であるから、それをより徹底すれば、上記の疑問に答えられるとする見解がある。これは、裁判員裁判の立法に関与した人たちの考え方である。最近では、控訴審の法律審としての特徴を強調する見解もみられる。すなわち、事実認定でも量刑判断でも、審査基準として法律的な判断が求められる。そこで、事実認定については、経験則違反や論理則違反がある場合に限って控訴審が介入すべきであるし、量刑判断についても、量刑の大枠という法律的基準の逸脱がある場合に限って、介入すべきであるというのである[2]。職業裁判官の優越性は、法律判断にあるというわけである。ドイツの上告審が法令違反を上告理由としつつ、法令違反の範囲を広げることにより具体的妥当な結論を得ようとしていると思われるのに対して、日本では事実誤認や量刑不当という広い控訴理由の下で上記のように法律審査の方向に向かっている。その結果、具体的な結論については、より近いものがあるのではないかと推測される。

なお、量刑不当を理由とする破棄には、2種類がある。刑訴法397条1項による破棄（実務上、1項破棄と呼ばれている。）と同条2項による破棄（実務上、

---

2 東京高等裁判所刑事部部総括裁判官研究会「控訴審における裁判員裁判の審査の在り方」判例タイムズ1296号（2009年）8頁。

2項破棄と呼ばれている。）である。1項破棄は、原判決の量刑が原判決時までの証拠によっても不当である場合である。2項破棄は、原判決の量刑は、原判決時までの証拠によれば、相当であるが、原判決後の新たな証拠（主に、示談や損害賠償等が原判決後できた場合等）によれば、これを破棄すべき場合である。2項破棄は、事後審の例外規定ということになる。例外規定であるから、その運用も当初は1項破棄よりもかなり少なかった。すなわち、制定当初の1956年では、1項破棄が95％で2項破棄が5％にすぎなかった。その後、1項破棄が確実に減少し、年を追って、2項破棄が増大したのである。近時は、1項破棄が20％台、2項破棄が70％台となり、まさに逆転している[3]。2項破棄の比率が増大した理由として、量刑相場が安定し、原判決の量刑判断自体を不当とすべき場合が著しく減少したことが挙げられている。控訴審の量刑審査が続審化している一つの現れと評価されている。この点が日本の控訴審による量刑審査の大きな特徴の一つとなっている。

　ここで量刑審査の実際を示しておこう。控訴審における量刑不当による破棄率は、ほぼ、全終局人員のうちの10％から13％程度である。最も新しい統計によると、2006年で、全終局人員9264人のうち、1項破棄になったものが306人であり、2項破棄になったものが707人である。事実誤認等による破棄は少ないため（事実誤認による破棄は、136人である。）、全破棄人員（1230人）中、量刑不当による破棄人員は、1項破棄及び2項破棄を合計した1013人であり、それが占める割合は82％に及んでいる[4]。

2　量刑が重過ぎるか軽過ぎることを理由に破棄することがほとんどであること

　量刑の破棄理由は、「量刑の不当」である。量刑が重過ぎるか軽過ぎるか

---

[3]　拙著『量刑判断の実際〔第3版〕』（2008年）225頁。
[4]　平成17年司法統計年報2刑事編100頁。ちなみに、平成22年司法統計年報2刑事編124頁によれば、全終局人員6856人のうち、1項破棄になったものが163人であり、2項破棄になったものが450人である。事実誤認等による破棄は少ないため（事実誤認による破棄は、85人である。）、全破棄人員（750人）中、量刑不当による破棄人員は、1項破棄および2項破棄を合計した613人であり、それが占める割合は81％に及んでいる。

である。したがって、これが破棄基準であるから、それを理由とする破棄がほとんどであることは当然である。なお、違法な量刑も量刑不当に含めて考えるのが一般である。

　そこで、控訴審における量刑審査は、点による審査か幅による審査かという問題がある。点による審査というのは、控訴審がその事案についての量刑判断をし、それと原判決の量刑とが異なれば、それだけで量刑不当に当たるという考え方である[5]。幅による審査というのは、原判決の量刑判断が一定の幅の中にあれば、量刑不当とはせず、その幅を逸脱しているときに、量刑不当に当たるという考え方である。控訴審が事後審であるということからして、幅による審査という考え方が主流となっている。もっとも、点による審査によっても、実際には、少しでも原判決の量刑判断が控訴審のそれとズレたからといって破棄すべき量刑不当に当たるとはしないので、両者の違いは相対化している。例えば、原判決が懲役1年6月の場合に、懲役1年5月が妥当だとして1月だけ軽減する例は極めて少ない。しかし、基本的な考えの枠組みとしては、異なるものがあることは否定できない。幅による審査の具体的例を挙げる。例えば、原判決が殺人について懲役14年としたとする。控訴審の裁判官が懲役15年が相当であると考えたとしても、懲役14年が審査の幅、ここでは、例えば懲役12年から懲役16年であるとすれば、その幅に含まれている懲役14年は量刑相当として維持される。原判決がこの幅を上限でも下限でも逸脱した場合にのみ、例えば、懲役11年とか懲役17年とかした場合に量刑不当として是正される。幅の中で控訴審が妥当であると考える例えば懲役15年に是正される。もちろん、不利益変更禁止の原則があるから、原判決の刑を重い方に変更できるのは、検察官控訴の場合のみである。被告人控訴の場合には、原判決が懲役17年であれば、懲役15年に是正される。

　裁判員裁判による量刑判断については、点による審査よりは、幅による審査のほうがふさわしいと考えられている。それは、基本的に、裁判員裁判において国民の意見を反映した量刑判断がなされた以上は、これを尊重すべきだからである。裁判官のみからなる控訴審において、当該事件の量刑がかく

5　拙著・前掲（注3）93頁。

かくのもであると考えたからといって、それに反する裁判員裁判による量刑を直ちに量刑不当とするのであれば、裁判員の意見を採り入れる第１審など必要性がないことになる。裁判官のみによる裁判で十分であったということになる。裁判員制度は、何も国民を裁判員を通じて啓蒙する法的教育を主目的とする制度ではない。国民の一員である裁判員の考え方を反映し、採り入れるための制度である。このように考えると、点による審査ではなく、幅による審査のほうがより裁判員裁判にふさわしいといえよう。

　以上は、１項破棄の場合であるが、２項破棄については、原判決後の情状を考慮する場合であり、多くは示談の成立や贖罪寄付があったときである。日本の実務では、示談の成立についてこれを考慮し、実刑を執行猶予にしたり、実刑の場合でもその刑を軽減することが多い。もちろん、その額にもよるが、考慮の程度はそれほどのものではない。刑期を半分にするようなことはない。例えば、強姦罪で原判決が懲役６年であれば、300万円程度の示談ができたときでも、よくて懲役５年くらいになる。性犯罪については、近年、被害感情を重視し、量刑の傾向がかなり重い方にシフトしている。従来であれば、懲役２年ないし３年の実刑が相場であったが、現在では、その倍の懲役５年ないし６年の刑が多い。従来であれば、示談が控訴審でできると、執行猶予（刑期は懲役３年が上限であり、執行猶予期間は、１年から５年までの隔年である。）も十分考えられたが、実刑の刑期の上昇に伴い、執行猶予は考えられず、実刑を維持し、上記のようによくて１年程度軽減する扱いがなされている。さらに、最近では、被害感情の強さから、示談が成立しない例や損害賠償の申し出を拒絶する事態も起こっている。贖罪寄付としては、弁護士団体等への法律扶助資金としての贖罪寄付が多く見られるが、一般的には、10万円程度と額が少なく、それを理由に原判決を破棄する例は少ない。未決勾留日数の算入を多くするなどの扱いが普通となっている。もっとも、1000万円以上の多額な寄付もあり、これをどの程度、どのような形で考慮すべきかは実務上悩ましい問題である[6]。

6　拙著・前掲（注３）236頁。

3　量刑の違法が破棄理由となることはかなり少ないこと

　上記のように、原判決の量刑が重過ぎるか軽過ぎるかが控訴審における量刑審査の主要なテーマであることの反面として、原判決の量刑が違法であることが破棄理由とされることはかなり少ない。日本では、量刑に関する法律上の規制が存在しない。後記の余罪処罰の禁止ぐらいがその数少ない例外である。法律上、責任主義は採用されていない。判例上も明確ではない。少なくとも、最高裁判例のレベルで責任主義を採用するとしたものはない。責任主義違反という控訴趣意もあまり見受けられない。責任主義に反するとした控訴審判例も見受けられない。そこで、実務上は、量刑判断の指針であるとか、思考方法の一つとして扱う向きが多い。この点、法律基準であることを明確にしている学説とは異なっている。その代わりに、日本では従来量刑相場と呼ばれるものが事実的な量刑基準として有効に機能してきた。量刑相場が事実上量刑の大枠を基礎付けてきた。これは、職業裁判官が長い間の経験と伝統により形成してきたもので、量刑の安定的な運用に役立ってきた。量刑相場は、同種・同性質・同程度の行為については、同程度の刑量を適用するのが妥当するという考え方に根拠をもっている。端的に言えば、公平な刑罰の実現に役立つものである。そして、その幅は、実際上、かなり狭いもので、おそらくドイツにおける責任の幅よりもかなり狭いものと推測される。職業裁判官の経験が長いほどその幅は狭くなる傾向があるという研究もなされている。そして、従来の控訴審の量刑審査では、量刑相場に反する量刑は、量刑不当になると考えられていた。もちろん、量刑相場に反しても量刑不当とされないような事例もあるが、大きく言えば、量刑相場は、責任主義に代わる事実上の量刑基準として機能してきた。しかし、裁判員裁判の実施に伴い、その判断を尊重するという趣旨から、従来の量刑相場を裁判員に押しつけるべきではなく、より広い幅の量刑判断を控訴審においても支持すべきであるとされている。この変化は、「量刑相場」から「量刑傾向」へと表現される。

　また、ドイツにおける二重評価禁止の原則（「すでに法律上の構成要件の要素になっている事情は、これを考慮してはならない」）や「被告人により不利な事情がないことをより有利な事情とすることはできない（またはその逆）」といった

原則は、日本にも紹介されているが、実務では意識されるに至っていない。弁護人の控訴趣意では、しばしば、後者の原則に反する主張がなされている。

4　量刑の理由が破棄理由となることはかなり少ないこと

日本では、判決に量刑理由を記載することは法律上要求されていない。刑訴法335条は、有罪判決に示すべき理由（罪となるべき事実、証拠の標目、法令の適用）として量刑の理由を挙げていない。実務上、量刑の理由を記載しない例も少なくない。窃盗罪や覚せい剤の自己使用等の比較的簡潔な訴因の場合には記載しない例が見受けられる。しかし、最近では、量刑理由を記載する例が多くなっている。特に、殺人罪等の重大犯罪では、記載しない例はないといってよい。裁判員裁判の場合は、その対象事件が重大犯罪であることから、記載することが一般的になると思われる。これからは、量刑理由中で量刑の大枠を示すことになるかもしれない。最高裁判所は、裁判員量刑検索システムを設置している。これは、全国の主要裁判員裁判対象事件について事案の概要と一定の量刑要素（殺人でいえば、動機、共犯関係、凶器、被害者との関係、被害者の落ち度、被告人の反省等）について担当裁判官が入力したデータに基づくものである。2008年4月1日以降に判決が宣告された事件を対象としている。裁判員裁判対象事件を担当している検察官や弁護士も利用することができる。裁判員裁判の評議室のパソコンからデータを容易に表示することができる。この幅は、量刑傾向を示すもので、責任の幅を示すものではない。従来の量刑理由は、被告人に不利益な事情と有利な事情を書き分けて、その総合判断として量刑結論を示すものが多かった。裁判員裁判では、量刑についても当事者の主張する論点を論告および弁論でかみ合わせて、その個々の論点についての判断を示すというモデルが考えられている（評価型量刑理由）。そこで、かなりコンパクトな記載となると予想されている。

控訴審が第1審の量刑理由の書き方が違法であるとして破棄することはまずない。ただし、その記載が不適切であるという指摘は指導的な意味で書くことがある。例えば、実例であるが、「女性特有の執拗さ、底意地の悪さ」という表現は不当であるが、だからといって、それは表現の問題であって、

量刑理由を違法とするものではないと一般的に考えられている。以上の例外として、余罪（起訴されていない犯罪事実）についての記載が違法・違憲とされる場合がある。最高裁判所は、実質上余罪を処罰する趣旨で量刑の資料とすることは許されないが、単に被告人の性格、経歴及び犯罪の動機、目的、方法等の情状を推知するための資料としてこれを考慮することは憲法31条、39条に違反しないと判示した（①最大判昭和41年7月13日刑集20巻6号609頁、②最大判昭42年7月5日刑集21巻6号748頁）。すなわち、実質処罰類型は、違憲であるが、情状推知類型は違憲ではないとした。第1審の量刑理由が余罪について詳細に認定したり、余罪に比重を置き過ぎる記載をしている場合に、実質処罰類型に当たるものとして違憲ないし違法とされ、破棄される例が1年に1件程度はある。余罪の記載自体が違憲になるわけではなく、余罪を情状推知類型の範囲内で記載することは許されるし、実務上その程度で判示することは少なくない。ただ、実質処罰類型とされるおそれが常にあるので余罪を記載しないほうが安全であるとも考えられている。というのは、上記の最高裁判例によっても両者の類型の区別は理論的には違憲か否かであり明確であるが、実際には微妙な場合があるからである。上記の最高裁判例の①と②ともに郵便局従業員による郵便窃盗の事案で、①では、情状推知類型に当たるとして適法とされ、②では、実質処罰類型に当たるとして違法とされた。①では、「被告人が本件以前にも約6ヶ月間多数回にわたり同様な犯行をかさね、それによって得た金員を飲酒、小使銭、生活費等に使用したことを考慮すれば、」と記載されていた。②では、「被告人は……中略……既に1962年5月ごろから130回ぐらいに約3,000通の郵便物を窃取し、そのうち現金の封入してあったものが約1,400通でその金額は約66万円に、郵便切手の封入してあったものが約1,000通でその金額は合計23万円に達している」、「これによれば、被告人の犯行は、その期間、回数、被害額等のいずれの点よりしても、この種の犯行としては他に余り例を見ない程度のものであったことは否定できないことであり、事件の性質上量刑にあたって、この事実を考慮に入れない訳にはいかない。」と記載されていた。結局、両者の差は、実体は同じようなものであるのに、余罪の記載の詳細さと強調の程度の違いにすぎないのではないかという批判もある。正直に詳しく記載すると違法とされるだ

けではないかというのである[7]。余罪の記載以外には、前科の記載を余り詳細に書くと一事不再理違反を疑われるといわれているが、具体的にそれを理由に破棄された例はないようである。余罪と前科以外に量刑理由の記載が破棄理由となるとは考えられていない。この点がドイツとは異なる。

5　量刑事実の審査も行われること

量刑事実に誤認がある場合には、誤った量刑事実に基づく量刑判断が是正される可能性がある。日本の量刑判断は、犯情により量刑の大枠が決定され、その量刑の大枠の中で一般情状を考慮して量刑を決定するというプロセスを採っている。犯情とは、犯罪行為自体の情状をいう。具体的には、犯行の手段方法、結果の程度態様、共犯関係など、犯罪事実自体のほか、これと密接に関連する事項として、犯行の誘因、直接的な動機、犯行準備の状況、被害者側の行為ないし事情、被告人の事後の行動ないし心情、犯罪の社会的影響等がある。一般情状は、被告人の年齢、前科前歴ないし生活史、健康状態、家庭環境、生活状況など、被告人の属性とみられる因子と、被害弁償、謝罪の努力、示談の成否ないし被害感情の強弱、社会事情の推移、関連法規の変動など、被害者及び社会一般の側の状態を示す因子とからなる。事実誤認の対象となる事実は、この犯情であると解されているので、量刑事実のうちの犯情についての事実誤認は、刑訴法382条の事実誤認として扱われる。そこで、その事実誤認が判決に影響する場合には破棄理由となる。判決への影響は、この場合には、判決主文である量刑への影響と考えられている。具体的例としては、偶発的犯行を計画的犯行と誤認した場合について刑訴法382条の事実誤認に当たるとした高裁判例がある[8]。その他、犯行の動機の誤認や確定的故意か未必的故意かについての誤認が犯情に関する事実誤認として処理される。これに対して、一般情状に関する事実誤認は、量刑不当の縁由となる事実の誤認として扱われる。その結果、他の情状も総合考慮して量刑が不当といえる場合に原判決を破棄することになる。具体的には、例え

7　拙著・前掲（注3）171頁。

8　東京高判1956年1月17日高集9巻1号1頁、東京高判1967年2月28日東高時報18巻2号58頁。この問題については、拙著・前掲（注3）241頁参照。

ば、示談の額が200万円であったのに、100万円と誤認した場合などである。

このように、犯情に関する事実誤認は、事実審査として行われる点に特徴がある。

6　量刑事実の評価の方向についての審査はこれまでまれであったこと

量刑事実について評価の方向を誤った場合も審査の対象とされるが、これまでの日本の実務では、被告人に不利な事情と有利な事情とを分けて判示し、それを総合すると、これこれの刑が相当であるとする例が多い。したがって、被告人に有利か不利かという以上に評価の方向やその程度を明示することはしないのが普通である。そこで、被告人に有利と評価すべき場合に不利に評価したときやその逆に被告人に不利と評価すべき場合に有利に評価したときに、その誤りを是正することがある。是正した結果、量刑の結論に影響があるときに破棄に至る。ただ、このような例は、職業裁判官のみによる裁判の場合にはあまり見受けられない。一つの問題としては、原判決が被告人の黙秘や否認を不利益な情状とした場合である。この点について、弁護人が控訴趣意書で違法ないし不当であると主張することは時々あるが、実務上は、事実が明らかであるのに悪あがきをしているような場合には不利益に考慮されてもやむを得ないというあたりがコンセンサスのようである。控訴審としてこの点について積極的に是正までした例は見当たらない。また、量刑理由の書き方として、同じ量刑事実でも被告人に有利な面と不利な面とを併せ持つような場合には、その一面のみを取り上げるのは適切でないとされることがある。例えば、被告人が老齢であるということは、老人を保護すべき面と規範意識を十分持つべきであるのに犯行に走ったという面とがある。よく主張されるものとして、被告人がいないと家族が困るという点があるが、これも被告人の更生を支える環境の維持という面と、そのような状況を自覚せず、安易に犯行に及んだという面がある。双方向の評価をすべきであるのに、一方のみを量刑の理由に掲げたからといって、控訴審は、不適切な説示ということはあっても、破棄につながるものとしては扱わないのが普通である。

このように職業裁判官の場合には、評価の方向自体が誤っているというこ

とはないけれども、裁判員裁判においては、裁判員の量刑事実の評価の方向と裁判官のそれとが食い違うことも予想されている[9]。例えば、被告人が犯行時少年（20歳未満）であることについて、最近行われた司法研究では、一般国民では、重くする方向に影響するとした者が、合計で25.4％あるのに対して、裁判官は、一人もいない。司法研究では、裁判官のこの回答傾向については、「法律家として、少年法の趣旨や規定の内容、現在の刑事裁判実務において、少年であることが被告人にとって有利な事情として扱われることが多いこと等を知っている点に由来するものと推測される。」とする。一般国民のこの回答傾向については、「おそらくは、裁判官との少年法についての知識等の差異に加えて、最近のマスコミの報道には、一般国民に少年による犯罪が増加し凶悪化しているという印象を与えるものが多いところ、今回のアンケートが10歳代に殺人を犯した者に対する量刑の中で少年であることをどう考慮するかを尋ねたものであること等が影響しているとは思われるが、あくまでも一般的な推測である。」としている。次に、この司法研究によれば、被告人の出所後10年以上経過した服役前科の評価については、一般国民は、前科の種類や時期にかかわらず、これを重くする方向で評価する傾向があるものとしている。裁判官は、被告人が少年であることを量刑上被告人に有利な情状と考え、あまり古い前科は被告人に不利益に考慮すべきではないと考えるのが普通である。前者については、少年法の理念が少年の健全な育成にあること（少年法1条）を刑事処分においても有利な情状として評価するからであり、あまりに古い前科を考慮することは、前科者は一生前科者だというレッテルを貼るもので、本人の更生にもかえってマイナスになってしまうことを懸念するからである。このような量刑評価はそれ自体極めて正当なものであり、裁判員裁判において、それに反する量刑評価がなされれば、控訴審としてもこれを是正せざるを得ないであろう。

　このほかにも、裁判員裁判の模擬裁判では、裁判員役の人から、反省しているのは当然であるからこれを有利な事情とするのは疑問であり、反省していない場合にこれを不利に考慮すべきであるとか被害感情が強いのは当た

9　以下の問題については、拙稿「裁判員裁判と量刑評議——模擬裁判を傍聴して——」刑事法ジャーナル16号（2009年）63頁以下参照。

前であるから、被害感情が強いことは被告人に不利な事情ではなく、被害感情が緩和したことを被告人に有利な事情とすべきであるといった量刑事実の評価方向についての疑問が提示されている。これまでの実務では、反省していることは、被告人に有利に、反省していないことは、被告人に不利に、被害感情が強いことは、被告人に不利に、被害感情が緩和したことは、被告人に有利に考慮してきた。これは、反省や被害感情の有無・程度には様々なものがあるので、それに応じて総合的に考慮するのが一般的だったからである。裁判員裁判が実施されれば、このような問題についても裁判官は明確な考え方を示さなければならなくなった。

II 日本の上告審における量刑審査の特徴

　上告審は、法律審であり、量刑不当による破棄は、職権による場合のみ認められる。しかも、「原判決を破棄しなければ著しく正義に反するとみとめるとき」に限定されている（刑訴法411条）。上告審は、純粋な事後審であり、原判決である控訴審判決後に生じた量刑事情は考慮されない。記録のみにより判断する。事実調べをすることはない。適法な上告理由は、憲法違反と判例違反の二つのみである。当事者は、量刑不当を理由として上告をすることができない。そこで、憲法違反や判例違反にからめて量刑不当を主張する。しかし、ほとんどの場合、それに名を借りる主張として決定で上告が棄却される。

　実際にも、上告審である最高裁判所が上記正義条項を適用して原判決を破棄した例は、最高裁判所発足以来60年あまりで25件しかない。2年に1件あるかないかという状況である。それを通覧すると、原判決である控訴審判決が破棄されたのは、(1)その量刑判断が量刑相場を逸脱している場合及び(2)その量刑判断の前提となる事実に対する見方に相違が生じた場合である。

　全体としては、実刑を執行猶予に変更した事例が圧倒的多数を占めている。そうでないものは、死刑を無期懲役としたものと、懲役刑の刑期を短縮したもの、懲役刑の刑期および執行猶予期間の双方を短縮したものなどがある。

量刑破棄の理由が前記(1)及び(2)であることは、控訴審で量刑不当により破棄する場合と基本的には共通である。上告審の量刑審査が極めて例外的であることからすれば、その逸脱の程度や事実評価の相違が著しい場合が量刑破棄に至るとみ得るであろう。しかし、これらの事例を通覧すると、ごく例外を除き、個々の判断は当然ながら相当であるといえるが、ただ、そのような量刑判断基準を設定すれば、それに照らして、破棄すべき事案は実際にはもっとあるように思える。最高裁がそれでも量刑破棄を続出させていないのは、量刑破棄があくまで例外的な措置であり、大多数は控訴審までに固まった量刑判断を尊重しているからである[10]。

10　拙著・前掲（注3）326頁。

総　括

ヴォルフガング・フリッシュ
フライブルク大学教授

訳・髙山　佳奈子
京都大学教授

I.

　今回の日独シンポジウム「量刑法の基本問題」は実験的な試みである、と私は開始の際に申し上げました——それは、重要な問題領域をめぐる日本とドイツとの間の刑法的対話を拡大する実験であり、またその対話において、実務法曹の方々のかかわりを従来よりも強化する試みだということでした。さて、会合を経ました今、この実験は行ってよかった、といえるでしょう。報告と討論とを通じて、量刑法は——その大部分が両国で別個独立に発展してきたという経緯から——それぞれの経験について知り、比較を行い、お互いから学ぶのに特に適した問題領域であることがわかりました。また、それだけではなく、報告や討論で紹介された経験からは、日本とドイツに共通して生ずる問題が数多くあることもわかりました。これらの問題はさらなる解明を必要としており、それに向けた共同の努力が多くの成果をもたらしうると考えられます。今後ぜひともこれに取り組んでいくべきでしょう。さらに、今回極めて有益であったのは、報告の一部を司法実務に携わる法律家にご担当いただくという試みでした。これにより、本シンポジウムは決定的に重要な部分において、経験に基礎づけられた具体的な情報と問題提起とを得ることができました。これは実務家の参加なくしてはおそらく不可能だったことでしょう。まとめて申し上げるならば、量刑の諸問題に関して、本シンポジウムの後にもさらなる会合を続けるべきである、そしてそれらを実現する際にも理論と実務との結合が重視されるべきである、といえるでしょう。

II.

　このように多くの報告と複合的な討論とを含むシンポジウムの成果を、わずかな時間で総括することは、もちろん容易ではありません。それでも短く一般的なまとめを試みるとすれば、3つのことが強調されるべきだと思われます。

　第1に、この会合を通じて、日本にもドイツにも、量刑に関する原理および基本理解という安定した基盤のあることがわかりました。それらの原理および基本理解は——両国で量刑法の大部分が独自の発展を遂げてきたにもかかわらず——かなりの程度一致を示しています。この一致は偶然によるものではありません。それは、両国に、刑罰の公正さと適切さに関して共通の基本観念があることの表れなのです。この共通基盤があることから、量刑の個別的問題に関する判断にあたっても、相手国の議論や歴史的展開を参照し、学ぶべきものがあれば採り入れることが有意義だと思われます。

　第2に、今回の報告および討論により、日本にもドイツにも、量刑に関し、争いのある問題やまだ十分に明らかにされていない問題が多々あることも認識されました。それらの問題領域の範囲は、日本とドイツで大部分共通するようです。量刑法に関する将来の共同の取り組みでは、これらの問題領域を集中的に扱うことが考えられるでしょう。

　本シンポジウムの第3の重要な成果は、量刑のもつ特徴が認識されたことでした。量刑は、たとえば特定の事情が量刑上重要性を有するか否か、といった、原則的・質的な問題だけに答えればすむものではありません。量刑においては、範囲や程度の問題にも答えなければならないわけです。今回の会合では、この後者の問題領域が、これまで長い間学説の中で全く検討されておらず、上級審でも掘り下げて扱われてこなかったこと、しかし次第にその重要性が認識されつつあることがわかりました。そして、それぞれの国の経験を分かち合い成果を得ることにより、その解決のためのモデルを展開できると思われるのです。

III.

　日本とドイツの量刑を共通して特徴づけると考えられる確立した基本原則の１つとして、刑罰を行為者の責任（責任の程度）に応じて量定するということがあります。行為者の危険性を基準とする目的刑は、いずれの国においても承認されていません。これは、特定の問題設定（刑種の選択や刑の執行猶予など）においては特別予防的観点も一定の役割を果たすということを排除するものではありませんが、刑の程度において支配的となるのが――公正性に基づく責任主義の表れとして――責任の程度であることに疑いはありません。

　また、両国の刑法秩序に共通するものとして、一般人に対する威嚇の観点に対し明らかな懐疑があることも挙げられます。責任の程度を超えて一般予防のために刑を加重することが広く拒否されているのは、単に規範（責任主義の適用に関する規範）がそうなっているからというだけではありません。それは――とりわけ本シンポジウムで量刑の経験的な側面に関する報告が示しましたように――犯罪学的にも根拠づけられるものです。たとえば複数の制裁の間には一定の代替可能性があるという洞察によってです。もちろん、いくつかの報告（特に、科刑実務およびその傾向を犯罪学的に明らかにしたもの）では、特定の犯罪領域（生命侵害など）で重罰化の傾向があり、それは消極的一般予防の表明だと推察されることも示されたところではあります。

　さらに、日本とドイツの刑法の共通点として、量刑判断の構造、量刑上特に重要な意義を有する事情、および、刑の重さの基準に関する認識があります。

　構造的な観点においては、量刑判断が多くの問題にかかわる複合的な判断であって、それらが論理的な順序に従って答えられなければならないとする点で、両国に一致がみられます。量刑判断は、刑罰の追求する目的や、そのために一般的におよび具体的事例において重要となる諸事情、そしてそれらの比重についての考察を前提としています。量刑判断ではさらに、そうした量刑上重要な諸事情とそれらの比重を、最終的に具体的な科刑へと「翻訳」することが必要となります。これもまた一定の統一的な基準に従って行われ

るのでなければなりません。

　量刑上重要な事情とは何をさすかという問題については、とりわけ、犯行自体、つまりその不法と行為者の責任とを示す諸事情が重要だとする点で明らかな見解の一致がみられます――したがって、特に行為の危険性ならびに背景、および、構成要件的結果の大きさが重要だとされています。もちろん、両国に共通することとして、重要となる事情の範囲がこれらに限定されるわけではなく、行為者の前科や一定のタイプの行為後の態度などの事情も重要性を有するとされています――考慮されるべき諸事情の範囲がどこまで及ぶかについてまでの一致はないとしてもです。

　そして、ある犯罪行為に対して具体的な刑量を特定の重要な事情に従って割り当てるための基準も、興味深いことに、日本とドイツとで原則的には一致がみられます。法定刑には幅があることから、とりわけ先行する判決実務が、最終的には量刑の基準になっているのです。これまでの量刑の伝統が、新たに判決すべき事案においても用いられているわけです。ただしこの点に関してはおそらく、事実審裁判所の実務が先例拘束性に留意すべきだとされる程度は、ドイツにおけるよりも日本のほうが強いようです。

IV.

　最後にやはり、今回のシンポジウムは、さらなる解明と議論を要する諸問題を示すのに役立ったという点でも実り多いものでした。

　その中にはたとえば、基本的な点として、責任刑からの逸脱が、どの程度までならば、原理的には適切な刑罰だとして許容されかつ有意義であるといえるのかという問題が含まれます。この点は、責任刑を基準とするのが原則であるときに、予防のための高度のあるいは特別の必要性を厳罰化の方向でそもそも考慮してよいのか、よいとすればどの程度でかという意味でも問題になりますが、それだけではなく、特別の理由から場合によっては責任刑を下回ることが許されるかも議論されなければなりません――ただしもちろん、そうした理由を量刑以外の局面（たとえば刑の執行）で考慮できるのであれば、下回る方向の問題はなくなる場合もあるでしょう。

量刑判断の構造の領域では、両国に共通する確立した要素の存在（刑種選択の問題と、量刑事情の評価を刑の高さへと「変換」する際の問題に関して）が明らかになったものの、──報告においても討論においても──いくつか相違のあることも示されました。これらの相違点は、今後解明していく必要性を示唆するものです。とりわけ、適切性に関する考察が２つの段階で必要になります。その２つとは、個々の事情を評価および衡量する段階と、衡量した結論を具体的な刑量へと変換する段階です。この２つの段階には具象性があるようにも見えますが、実はそのために必要な基準が欠けているせいで実務上運用ができないかもしれません。そうだとすれば、そこでは何が選択肢として問題となるのかを検討する必要があり、そのためには量刑実務をさらに厳密に分析していくべきだと考えられます。

　解明必要性の高い問題として、さらに、いくつかの特定の事情について量刑上の重要性が認められるかという点があります。犯行自体が示している諸事情のいくつか（たとえば構成要件外の結果や国家機関による行為者の誘導など）が量刑上の重要性を有するか否かでさえ、現時点では完全に解明されているとはいえません。特に見解の相違が大きいのはやはり、犯行の外側に位置する一連の諸事情が量刑要素となるかの問題に関してです──行為者による特定のタイプの行為後の態度を始め、行為後の長期間の経過、手続の遅延や国家機関による手続のミスに至るまで、いろいろな事情が考えられます。これらについて見解の相違のあることは、報告および討論において明らかになりましたし、ある事情の量刑上の重要性をどのような原則的基準によって判断すべきかについては、まだその解明もコンセンサスも不十分すぎることが推定されるのです。この領域が不分明である理由の１つは、ある事情が、刑罰全体（刑の執行の程度の影響も含めて）にとって有する重要性と、量刑上有する重要性との区別がなおあいまいであり、いま一度より厳密な区別を要するところにあるかもしれません。

　今回の会合はさらに、今日、量刑への関心が、刑の範囲についての説得的なあるいはコンセンサスを得られる言明を獲得することにこれまで以上に強く集中させられるべきことをも明らかにしました。刑罰の原則的な目的および諸事情の量刑上の重要性の有無に関する正しい言明があっても、その後に

続く刑の範囲が——批判される機会なく——全くまちまちになってしまうのでは、正しい言明もほとんど役に立ちません。これを打破するためには、刑の種類と程度とを決める基準（およびその具体化）に取り組むことが今後いっそう求められます。ある事件の判断において、従来の伝統と判決実務を参照するだけでは——当該判断もそこにはめ込まれなければならないわけですが——、多くのことを未解決のままで残すという点で、大ざっぱな解答にしかならないでしょう——従来の基準が法律や各法定刑とどのような関係に立つのかを始め、その基準の有効性および安定性の問題や、そもそも従来の実務が再検討を要しないかの問題、その再検討自体の基準はどうするかなど、さまざまな点が残されています。

最後に、これらの諸問題全体の中には、適切な刑量のこうした具体化において果たされるべき、あるいは果たされなければならない上級審の役割とは何かという問題も含まれます。上級審は刑量にかなりのばらつきがあってもそれらを受け入れるべきでしょうか、それともある程度の統一性を確保すべきなのでしょうか。今回の報告と討論は、この点に関して相当に異なった立場が考えられ、また主張されうることを示しました。ここでは規範的な論拠によるさらなる議論が必要でしょう。それだけでなく、事実審裁判所の量刑が上級審でコントロールされる程度が日本とドイツとで異なっていることから、上級審による審査と影響の度合いの相違が全体として量刑にいかなる帰結をもたらしているかに関する比較法的な検討の可能性も開かれたといえるでしょう。量刑の統一性の程度の大小はこの度合いに対応していることになるのか、また、上級審のコントロールとノルマが強いほど、実際に——これに反対する立場もあるわけですが——型どおりの量刑に至りやすいことになるのか、といった問題があります。ドイツ側から見ますと、適切な量刑判断に関するデータベースを用いた日本の経験はとりわけ興味深いものです。こういった情報システムはドイツにはないからです。

今後、量刑法上のこうした問題、またそれ以外の多くの未解決の諸問題の解明がさらに押し進められることになれば、それもまた本シンポジウムの素晴らしい成果だといえるでしょう。

2010年3月　京都・フライブルクにて

【執筆者紹介】

［編　者］

ヴォルフガング・フリッシュ (Wolfgang Frisch)	フライブルク大学教授
浅田和茂（あさだかずしげ）	立命館大学教授
岡上雅美（おかうえまさみ）	筑波大学教授

［著者・訳者］

ドイツ側

ヴォルフガング・フリッシュ (Wolfgang Frisch)	フライブルク大学教授
フランツ・シュトレング (Franz Streng)	エアランゲン大学教授
ディーター・デリング (Dieter Dölling)	ハイデルベルク大学教授
タチアナ・ヘアンレ (Tatjana Hörnle)	ベルリン・フンボルト大学教授
カール゠ルートヴィッヒ・クンツ (Karl-Ludwig Kunz)	ベルン大学教授
ハインツ・シェヒ (Heinz Schöch)	ミュンヘン大学教授
ルイーザ・バーテル (Louisa Bartel)	カールスルーエ上級地方裁判所判事

日本側

松宮孝明（まつみやたかあき）	立命館大学教授
髙山佳奈子（たかやまかなこ）	京都大学教授
小島　透（こじまとおる）	愛知大学教授
小池信太郎（こいけしんたろう）	慶應義塾大学准教授
井田　良（いだまこと）	慶應義塾大学教授
葛原力三（くずはらりきぞう）	関西大学教授
安原　浩（やすはらひろし）	元広島高等裁判所岡山支部長 （現兵庫県弁護士会所属弁護士）
浅田和茂（あさだかずしげ）	立命館大学教授
岡上雅美（おかうえまさみ）	筑波大学教授
中桐圭一（なかぎりけいいち）	函館地方裁判所判事
辻本典央（つじもとのりお）	近畿大学准教授
中川博之（なかがわひろゆき）	大阪地方裁判所判事
原田國男（はらだくにお）	慶應義塾大学客員教授

〔掲載順〕

量刑法の基本問題
―量刑理論と量刑実務との対話―

2011年11月20日　初版第1刷発行

|編　者|ヴォルフガング・フリッシュ
浅　田　和　茂
岡　上　雅　美|

発行者　阿　部　耕　一

〒162-0041　東京都新宿区早稲田鶴巻町514番地
発行所　株式会社　成　文　堂
電話　03(3203)9201(代表)　Fax　03(3203)9206
http://www.seibundoh.co.jp

製版・印刷　㈱シナノ　　製本　弘伸製本　　検印省略
☆乱丁・落丁本はおとりかえいたします☆

©2011 W. Frisch, K. Asada, M. Okaue
Printed in Japan

ISBN978-4-7923-1925-0　C3032

定価（本体5000円＋税）